JN095114

# 改訂 信託の理論と実務入門

公益財団法人
トラスト未来フォーラム ◉編

三井住友信託銀行
田中 和明・田村 直史 ◉著

日本加除出版株式会社

# 改訂版はしがき

　本書の初版が 2016 年に発刊されてから 4 年半が過ぎようとしていますが，その間，信託法や信託実務を網羅的にとりあげた書籍については基本書や体系書がいくつか出版されているものの少数にとどまっており，とりわけ，商事信託に関するものは，ほとんど出版されていない状況です。

　その一方で，少子高齢化を背景に，一般の個人が受託者となって設定される家族信託に関する実務解説書が数多く出版され，講演会や勉強会も各地で開催されています。これらの影響により，家族信託が急激に増加していますが，弊害も見受けられるようになってきました。

　本書は，このような状況の中で発刊しますが，初版と変わらず，ベーシックな信託の理論と実務の入門書です。すなわち，理論編においては，信託法をわかりやすく解説するとともに，信託の歴史と信託の規制法（信託業法，金融商品取引法等）についても説明を加え，実務編においては，信託を活用した様々なスキームを，最新の信託商品を含めて説明するとともに，信託に係る税務・会計面についても解説を付加しています。

　本書（改訂版）についても，このコンセプトを変えずに，アップデートしています。

　本書の初版が発刊された 2016 年 1 月以降，債権法と相続法が改正されたことに伴い，信託法についても，詐害信託の取消し，詐害信託の否認，自己信託における信託財産に属する財産に対する強制執行等の制限，損失てん補責任等に係る債権の期間の制限，信託報酬，受益権の譲渡・質入れ，受益債権の期間の制限，共同相続における受益権の承継の対抗要件について改正されています。さらに，2019 年 6 月に成立した「成年被後見人等の権利の制限に係る措置の適正化等を図るための関係法律の整備に関する法律」に基づき，信託法においても，

受託者の不適格者から，成年被後見人及び被保佐人が除外されるという改正がなされています。本書においては，理論編でこれらの改正内容について，わかりやすく解説を加えています。また，実務編においては，専業信託銀行各社が取扱いを開始した高齢者のための「認知症に備える手続代理機能付信託」や，私人間等で設定される「家族信託」をとりあげて解説しています。

　最後に，本書の初版は，公益財団法人トラスト未来フォーラムの企画により始まったものですが，このような機会を与えていただいた高橋温理事長をはじめ同財団の役職員の方々，また，本書の刊行に多大なご尽力をいただいた日本加除出版株式会社の野口健氏に，この場をお借りして，厚く御礼申し上げます。

　2020 年 9 月

執筆者を代表して<br>田　中　和　明

# は　し　が　き

　公益財団法人トラスト未来フォーラムは，わが国における信託制度の一層の普及，発展のために様々な活動を行っております。その活動の中で，最近，民事信託を中心に多くの実用書が本屋の店頭に並んでいるが，体系的に信託の理論と実務の両面をわかりやすく解説した信託の入門書はないのかとの声を耳にします。

　そうした声をきっかけとして，本書は，当財団が，三井住友信託銀行の田中和明氏と田村直史氏とともに，信託の理論と実務のアウトラインを習得することを目的とした入門書として企画し，刊行したものです。理論編を田中和明氏が担当，実務編を田村直史氏が担当して執筆しております。

　理論編においては，信託法を旧信託法との比較を踏まえて，わかりやすく丁寧に解説するとともに，信託の歴史と信託の規制法（信託業法，金融商品取引法等）についても，説明を加えております。

　また，実務編においては，信託を活用した様々なスキームを，最新の信託商品も含めて網羅するとともに，信託に係る税務・会計面についても解説を付加することで，実務に携わる方にとっても実践面で役に立つことを念頭に，編集しております。

　最後に，本書の刊行に多大なご尽力をいただいた日本加除出版株式会社の野口健氏，執筆の際に，様々な点でご支援をいただいた三井住友信託銀行の役職員の方々，校正にご協力いただいた小出卓哉弁護士，三井住友信託銀行法務部の佐久間亨氏に，この場をお借りして，厚く御礼申し上げます。

2016 年 1 月

公益財団法人トラスト未来フォーラム

理事長　高橋　　温

# 凡　例

## 1　法　令

| | |
|---|---|
| 信託法 | 信託法（平成 18 年 12 月 15 日法律第 108 号） |
| 旧信託法 | 平成 18 年信託法制定前の信託法（大正 11 年 4 月 21 日法律第 62 号） |
| 整備法 | 信託法の施行に伴う関係法律の整備等に関する法律（平成 18 年 12 月 15 日法律第 109 号） |
| 信託業法 | 上記「整備法」に基づき改正された信託業法（平成 16 年 12 月 3 日法律第 154 号，改正平成 20 年法律第 65 号） |
| 旧信託業法 | 上記「信託業法」改正前の信託業法（平成 16 年 12 月 30 日法律第 154 号） |
| 兼営法 | 上記「整備法」に基づき改正された「金融機関の信託業務の兼営等に関する法律」（昭和 18 年 3 月 11 日法律第 43 号） |
| 旧兼営法 | 上記「兼営法」改正前の「金融機関ノ信託業務ノ兼営等ニ関スル法律」（昭和 18 年 3 月 11 日法律第 43 号） |
| 金商法 | 金融商品取引法（昭和 23 年 4 月 13 日法律第 25 号） |
| 金商法施行令 | 金融商品取引法施行令（昭和 40 年 9 月 30 日政令第 321 号） |
| 金商業等府令 | 金融商品取引業等に関する内閣府令（平成 19 年 8 月 6 日内閣府令第 52 号） |
| 金商定義府令 | 金融商品取引法第 2 条に規定する定義に関する内閣府令（平成 5 年 3 月 3 日大蔵省令第 14 号） |
| 企業内容開示府令 | 企業内容等の開示に関する内閣府令（昭和 48 年 1 月 30 日大蔵省令第 5 号） |

| | |
|---|---|
| 特定有価証券開示府令 | 特定有価証券の内容等の開示に関する内閣府令（平成 5 年 3 月 3 日大蔵省令第 22 号） |
| 証取法 | 証券取引法（昭和 23 年 4 月 13 日法律第 25 号） |
| 投資信託法 | 投資信託及び投資法人に関する法律（昭和 26 年 6 月 4 日法律第 198 号） |
| 投資顧問業法 | 有価証券に係る投資顧問業の規制等に関する法律（昭和 61 年 5 月 27 日法律第 74 号，現在廃止） |
| 資産流動化法 | 資産の流動化に関する法律（平成 10 年 6 月 15 日法律第 105 号） |
| 商品ファンド法 | 商品投資に係る事業の規制に関する法律（平成 3 年 5 月 2 日法律第 66 号） |
| 米国統一信託法典 | Uniform Trust Code 2000，なお，条文の日本語訳については，大塚正民・樋口範雄『現代アメリカ信託法』（有信堂高文社，2002）を参考にしている。 |

## 2　パブリックコメント

### ［1］平成 16 年信託業法パブコメ回答

信託業法の施行に伴う政令・府省令の整備案に対するパブリックコメントの結果について（平成 16 年 12 月 27 日公表）

### ［2］平成 19 年信託業法パブコメ回答

「信託法及び信託法の施行に伴う関係法律の整備等に関する法律の施行に伴う金融庁関係政令の整備に関する政令（案）」及び「信託業法施行規則等の一部を改正する内閣府令等（案）」に対するパブリックコメントの結果について（平成 19 年 7 月 13 日公表）

### ［3］金商法パブコメ回答

「金融商品取引法制に関する政令案・内閣府令案等」に対するパブリックコメントの結果等について（平成 19 年 7 月 31 日公表）

［4］　平成 20 年金商法等改正パブコメ回答

　平成 20 年金融商品取引法等の一部改正のうち，ファイアーウォール規制
の見直し及び利益相反管理体制の構築等に係る政令案・内閣府令案等に対す
るパブリックコメントの結果等について（平成 21 年 1 月 20 日公表）

## 3　用　語
### ［1］商事信託
　「信託において受託者が果たす役割が財産の管理・保全または処分をこえ
る場合，あるいはそれとは異なる場合」（神田秀樹「商事信託の法理につい
て」（信託法研究 22 号，1998）50 頁）を前提とし，従来の信託銀行，信託
会社が取り扱ってきた信託のうち，「民事信託」を除くものとして，使用し
ている。したがって，営業信託とは，異なる概念。

### ［2］民事信託
　「受託者が果たす役割が財産の管理・保全または処分である場合」（神田秀
樹「商事信託の法理について」（信託法研究 22 号，1998）50 頁）を前提と
し，家族を中心に，個人間で利用される信託を意味しているが，信託銀行，
信託会社が受託者となるものも包めて使用している。したがって，非営業信
託とは異なる概念。

### ［3］デフォルト・ルール
　本稿においては，信託行為の定めにより変更できる「任意規定」のこと，
すなわち，「信託行為に定められた規律があればその定めに従うが，その定
めがなければ，当該法律に定められている規律どおりに従うということとさ
れている法律に定められている規律」をいうが，「基準としての法規範」の
意味合いを含めて使用している。

### ［4］プロラタ弁済
　ある債務者に対して複数の債権者が存在する場合に，債権額に応じて弁済

することであるが，本書においては，「固有財産」に属する債権及び各「信託財産」に属する債権について，それぞれの財産を一人の債権者とみなして，これらの財産に属する債権の債権額に応じて弁済する意味で使用している。

## 4　金融機関の信託業務の兼営等に関する法律の規定

　金融機関の信託業務の兼営等に関する法律は，信託業法を準用している部分が大半を占めているため，本書においては，金融機関の信託業務の兼営等に関する法律と信託業法とで異なる業務範囲のほか①大口信用供与規制（兼営法4条，兼営法施行令12条，兼営法施行規則33条），②定型的信託契約約款の変更等（兼営法5条），③損失の補てん等を行う信託契約の締結（兼営法6条）以外の規定については，信託業法の規定のみで説明している。

# 目　次

## 第1編　理論編

### ■第1章■総　　説 …………………………………………………… 1

第1　信託の構造　1

第2　信託の特色　2

第3　信託と他の類似の財産管理制度との比較　2

第4　信託の機能　4

第5　信託の法的構成の考え方　6

第6　商事信託の法理について　7

### ■第2章■信託の歴史 ……………………………………………… 8

第1　信託の起源とイギリス・アメリカにおける信託の発展の
　　　歴史　8

　1　信託の起源　8

　2　イギリスにおける信託の始まりと発展の歴史　9

　3　アメリカにおける信託の始まりと発展の歴史　11

第2　わが国における信託の始まりと発展の歴史　13

　1　わが国の信託制度と信託法制の始まり　13

　2　旧信託法・信託業法の制定と信託会社の確立　14

　3　第二次世界大戦前後の信託制度と信託銀行の誕生　15

　4　戦後の高度成長と信託の発展　16

　5　金融の自由化の中での信託制度の変革　17

　6　信託業法の改正による信託の担い手の拡大と信託財産の
　　　規制の撤廃　18

　7　信託法の改正　18

　　8　信託法改正後の民事信託の発展　20

　　9　信託法の民法の改正等に伴う改正　20


■ 第**3**章 ■ **信託の設定** ················································ 22

　第1　信託の設定方法　22

　　1　三つの設定方法　22

　　2　契約による設定　22

　　3　遺言信託　23

　　4　自己信託　24

　　5　自己信託と二重信託との関係　25

　第2　信託目的　26

　第3　信託財産　26

　第4　受託者の資格　27

　第5　受託者の利益享受の禁止　27

　第6　脱法信託・訴訟信託・詐害信託の禁止　29

　　1　脱法信託　29

　　2　訴訟信託　29

　　3　詐害信託　30

　第7　信託会計　32


■ 第**4**章 ■ **裁判所の監督** ············································ 34

　第1　裁判所による一般的な監督の廃止　34

　第2　検査役制度　34


■ 第**5**章 ■ **信託財産** ················································ 36

　第1　信託財産の範囲　36

　第2　信託登記　37

　　1　信託法における信託登記の意義　37

　　2　不動産の信託登記　38

第3　信託財産の付合等と信託財産の分割　41

　　1　信託の付合等　41

　　2　信託財産と固有財産等との識別不能の規律　41

　　3　共有物の分割　42

第4　信託財産に属する財産についての混同の特例　42

第5　委託者の占有の瑕疵の承継　43

第6　信託財産に対する強制執行等の制限　44

第7　自己信託の強制執行等の特例　44

第8　信託財産と受託者の破産等との関係　45

第9　委託者の破産管財人の有する双方未履行双務契約の解除
　　権　46

第10　信託財産責任負担債務　47

第11　信託財産に属する債権等についての相殺の制限　48

　　1　信託に属する財産と固有財産に属する財産との相殺の可
　　　否　48

　　2　第三者が信託財産に属する債権を受働債権としてする相
　　　殺の制限　49

　　3　第三者が固有財産に属する債権を受働債権としてする相
　　　殺　50

　　4　受託者が信託財産に属する債権を自働債権としてする相
　　　殺　50

　　5　受託者が固有財産に属する債権を自働債権としてする相
　　　殺　51

　　6　受託者が受益権を受働債権とする相殺　52

■第6章■受託者の権限 ……………………………………56

第1　受託者の権限　56

第2　受託者の権限違反行為　56


■**第7章**■ **受託者の義務** ················································58

第1　信託法上の受託者の義務　58

第2　信託事務遂行義務　58

第3　善管注意義務　59

第4　忠実義務　59

　1　一般規定　59

　2　利益相反行為の制限　60

　3　競合行為の制限　61

　4　利益相反行為・競合行為の制限の例外　62

　5　忠実義務違反の効果　63

　6　利益取得行為　66

第5　公平義務　66

　1　公平義務の意味　66

　2　公平義務に関する受託者の行為に対する差止請求権　67

第6　分別管理義務　68

　1　分別管理義務の意義　68

　2　分別管理の方法　68

　3　信託行為による分別管理の別段の定め　69

　4　実務上の対応　69

第7　信託事務の処理の第三者への委託　70

　1　信託事務の処理の自己執行義務から他人へ委託できる権
　　限への転換　70

　2　信託事務の処理の第三者への委託の規律　71

　3　信託事務処理を第三者へ委託した場合の受託者の責任
　　71

第8　信託事務の報告・帳簿等の作成義務　72

　　　1　信託事務の処理の状況等についての報告義務　72

　　　2　信託帳簿等の作成，報告及び保存の義務　72

　　第9　信託帳簿等の閲覧等の請求　73

　　第10　他の受益者の氏名等の開示の請求　74


■第8章■受託者等の責任 ……………………………………75

　　第1　受託者の責任　75

　　第2　法人受託者の役員の責任　75

　　第3　受託者の義務違反についての責任の三つの特則　76

　　　1　信託事務の処理の第三者への委託に関する規定違反に関
　　　　する特則　76

　　　2　忠実義務違反に関する特則　76

　　　3　分別管理義務違反に関する特則　76

　　第4　損失てん補責任等の免除　77

　　第5　損失てん補責任等に係る債権の期間の制限　77

　　　1　損失てん補責任等に係る債権の期間の制限　77

　　　2　法人受託者の役員の連帯責任に係る債権の消滅時効　78


■第9章■受託者の費用等の償還請求権 …………………79

　　第1　受託者の信託財産に対する費用等の償還請求権　79

　　第2　受託者の費用等の償還請求権と他の信託の債権者との関
　　　　係　80

　　第3　信託財産責任負担債務の弁済による受託者の代位　80

　　第4　受託者の受益者に対する費用等の償還請求権　81

　　第5　信託財産が費用等の償還等に不足している場合の措置　82

　　第6　信託財産に対する損害賠償請求　82

　　第7　信託報酬　83

■ 第10章 ■ 受託者の変更 ………………………………………………… 85

第1　受託者の任務の終了　85

第2　受託者の解任・辞任　86

1　受託者の解任　86

2　受託者の辞任　86

第3　受託者の変更における権利・義務関係　87

1　前受託者の通知及び保管の義務等　87

2　前受託者の相続人等の通知及び保管の義務等　88

第4　新受託者の選任　89

第5　信託財産管理者等　90

1　信託財産管理者　90

2　信託財産法人管理人　91

第6　受託者の任務終了時の信託に関する権利義務の承継等　91

第7　承継された債務に関する前受託者と新受託者の責任　92

第8　新受託者への事務引継ぎ等　92


■ 第11章 ■ 受託者が複数の信託 ………………………………………… 94

第1　複数受託者の信託の信託財産の所有形態　94

第2　信託事務処理の決定と執行方法　94

第3　受託者が複数である場合の受託者の責任　96

1　複数受託者の場合の受益者に対する責任　96

2　複数受託者の場合の第三者に対する責任　97


■ 第12章 ■ 受益者と受益権 ……………………………………………… 99

第1　受益者の権利の取得　99

第2　受益者の指定権・変更権　99

第3　受益者の権利行使の方法　101

1　旧信託法における受益者の権利行使の方法　101

2　受益者が複数の場合の意思決定の方法　101

3　受益者集会　102

4　受益権取得請求権　103

5　信託行為の定めで制限できない受益者の権利　103

6　受託者の法令等違反行為に対する差止請求権の創設
106

第4　受益権の譲渡　107

第5　受益権の質入れ・放棄　108

1　受益権の質入れ　108

2　受益権の放棄　109

第6　受益債権　110

1　受益債権　110

2　実績配当主義　110

3　受益債権の期間の制限　110


■第13章■ 信託管理人・信託監督人・受益者代理人 … 112

第1　信託法における受益者保護のための三つの機関　112

第2　信託管理人　113

1　信託管理人の権限と義務　113

2　信託管理人の選任方法　113

第3　信託監督人　113

1　信託監督人の権限と義務　113

2　信託監督人の選任方法　114

第4　受益者代理人　115

1　受益者代理人の権限と義務　115

2　受益者代理人の選任方法　116

目　次

■ 第**14**章 ■ **委託者** ················································· 118

　第1　委託者の地位　118

　　1　委託者の権利　118

　　2　法定帰属権利者　122

　第2　委託者の地位の移転・承継　122

　　1　委託者の地位の移転　122

　　2　委託者の地位の承継　122


■ 第**15**章 ■ **信託の変更・併合・分割** ················ 124

　第1　信託の変更　124

　　1　信託の変更の定義　124

　　2　裁判所の関与による信託の変更　124

　　3　合意による信託の変更　125

　第2　信託の併合　126

　　1　信託の併合の定義　126

　　2　信託の併合の手続　127

　　3　債権者保護手続　128

　　4　信託の併合の意義　128

　第3　信託の分割　129

　　1　信託の分割の定義　129

　　2　信託の分割の手続　129

　　3　債権者保護手続　130


■ 第**16**章 ■ **信託の終了・清算** ·························· 132

　第1　信託の終了　132

　　1　信託の終了事由　132

　　2　委託者と受益者の合意による終了　133

　　3　特別の事情による信託の終了を命ずる裁判　133

　　4　公益の確保のための信託の終了を命ずる裁判　134

　第2　信託の清算　135

　　1　信託の清算　135

　　2　信託の清算開始原因　135

　　3　信託の存続の擬制　135

　　4　清算受託者の職務内容と権限　135

　　5　残余財産の帰属　136

　　6　帰属権利者の権利義務　137

　　7　清算受託者の職務の終了　137

　第3　信託財産の破産　138

　　1　信託破産制度の創設　138

　　2　破産の対象となる信託　138

　　3　信託財産の破産手続開始の原因　139

　　4　支払不能　139

　　5　債務超過　140

　　6　破産手続開始の申立権者　140

　　7　信託債権者及び受益者の地位　140


■第**17**章■ **新しい類型の信託** ………………………………………… 142

　第1　自己信託　142

　第2　受益証券発行信託　143

　　1　受益証券発行信託の定義　143

　　2　受益証券発行信託の信託受益権の性質　144

　　3　受益権原簿の作成　144

　　4　受益権原簿の備置きと閲覧等　145

　　5　基準日　146

　　6　受益証券発行信託の権利義務の特例　147

　第3　限定責任信託　148

　　　1　信託財産への責任財産の限定　148

　　　2　限定責任信託の創設　148

　　　3　債権者の保護措置　149

　　　4　受益証券発行限定責任信託　151

　第4　信託社債　152

　第5　受益者の定めのない信託　152

　　　1　旧信託法下における受益者の定めのない信託　152

　　　2　受益者の定めのない信託のニーズ　153

　　　3　受益者の定めのない信託の創設　153

　第6　セキュリティ・トラスト　154

　第7　事業の信託（信託設定時の債務の引受け）　155

　第8　遺言代用の信託　156

　　　1　遺言代用信託の意味　156

　　　2　遺言代用信託の規律　156

　　　3　遺言代用信託の利点　157

　第9　後継ぎ遺贈型の受益者連続信託　157

　　　1　後継ぎ遺贈型の受益者連続信託の意味　157

　　　2　後継ぎ遺贈型の受益者連続信託の創設　158

　　　3　後継ぎ遺贈型の受益者連続信託の期間　158

　　　4　後継ぎ遺贈型の受益者連続信託の利用例　159


■第18章■ 雑則・罰則 ………………………………………… 160

　第1　法人である受託者についての公告の方法　160

　第2　法人受託者の合併等の債権者に対する保護手続の特例　160

　第3　罰則制度　161


■第19章■ 公益信託 ………………………………………… 162

　第1　旧信託法における公益信託の規定の改正　162

第2　公益信託ニ関スル法律　163

　1　公益信託の定義と効力要件　163

　2　公益信託の監督　163

　3　公益信託固有の規律　164

　4　罰　　則　165

　5　公益信託制度の見直し　165


■第20章■信託業法 ……………………………………………… 166

第1　信託に関する法律　166

第2　信託業法の規制と適用　166

第3　信託関連業務　167

　1　信託関連業務の種類　167

　2　信託会社の業務範囲　168

　3　信託契約代理業　168

　4　信託受益権売買等業務　169

第4　信託業法の適用除外　169

第5　信託業法の私法上の効果　170

第6　信託の引受けに関する規制　170

　1　信託の引受けに関する行為準則　170

　2　信託契約の内容の説明義務　172

　3　信託契約締結時の書面交付義務　173

　4　善管注意義務　174

　5　忠実義務等に関する規制　175

　6　分別管理義務等の体制整備　179

　7　信託業務の委託　181

　8　信託財産状況報告書の作成・交付義務　183

　9　受託者の受益者に対する費用等の償還等に関する説明義
　　務　183

　　　10　重要な信託の変更等　184

　　　11　信託会社の合併と会社分割　184

　　　12　自己信託の規制　185

　　第7　信託業法と金融機関の信託業務の兼営等に関する法律の
　　　　　規制の違い　185


■ 第21章 ■ 金融商品取引法の規制 ················· 188

　　第1　金融商品取引法における金融商品取引業　188

　　　1　金融商品取引業　188

　　　2　金融商品取引業の種類　188

　　　3　金融商品取引法における登録金融機関業務　189

　　第2　金融商品取引法における規制対象有価証券　189

　　第3　信託受益権に関する規制　190

　　第4　金融商品取引法と信託業法の適用関係　191

　　　1　信託受益権の発行者と発行時　191

　　　2　信託の設定に関する規制　191

　　　3　信託受益権の売買（取得・譲渡）に関する規制　192

　　　4　信託契約締結の代理・媒介　194

　　　5　信託会社の自己運用行為　194

　　第5　信託についての開示規制　195

　　　1　金融商品取引法における開示制度　195

　　　2　信託受益権についての開示規制　198


■ 第22章 ■ 信託業法による金融商品取引法の準用 ········ 200

　　第1　金融商品取引法の準用対象　200

　　第2　特定信託契約　200

　　第3　特定投資家制度　201

　　第4　広告等規制　202

第5　契約締結前交付書面の交付義務　202

第6　説明義務　203

# 第2編　実務編

## 第1章　信託の分類と種類 ……………………………………… 205

## 第2章　元本補てんのある信託等 …………………………… 207

第1　貸付信託　207

　　1　概　　要　207

　　2　特　　徴　208

第2　合同運用指定金銭信託　210

　　1　概　　要　210

　　2　特　　徴　211

## 第3章　運用を目的とする信託 ……………………………… 214

第1　単独運用指定金銭信託・指定金外信　214

　　1　概　　要　214

　　2　単独運用指定金銭信託　214

　　3　指定金外信　215

第2　特定運用金銭信託・特定金外信　216

　　1　概　　要　216

　　2　特定運用金銭信託　217

　　3　特定金外信　218

## 第4章　投資信託 ………………………………………………… 219

第1　投資信託制度　219

　　第2　証券投資信託　222

　　第3　不動産投資信託（REIT）　227

　　第4　ETF　228


■第5章■ 有価証券の信託 ……………………………………… 230

　第1　有価証券管理信託　230

　　1　概　　要　230

　　2　有価証券管理信託の活用ニーズ　231

　第2　有価証券運用信託　231

　　1　概　　要　231

　　2　有価証券の運用方法　232


■第6章■ 年金信託 ……………………………………………… 233

　第1　企業年金制度　233

　　1　わが国の年金制度の概要　233

　　2　企業年金信託業務　234

　第2　適格退職年金信託　235

　第3　厚生年金基金信託　236

　　1　概　　要　236

　　2　特　　徴　237

　第4　確定給付企業年金信託　238

　　1　概　　要　238

　　2　特　　徴　239

　第5　確定拠出年金信託　240

　　1　概　　要　240

　　2　特　　徴　240

　第6　退職給付信託　241

　　1　概　　要　241

　　　2　退職給付信託の要件　242

　　　3　退職給付信託のメリット　243

　　第7　互助年金信託　243

　　　1　概　　要　243

　　　2　互助年金信託の仕組み　244

　　　3　互助年金信託の給付　244

■第**7**章■**資産の流動化を目的とする信託**……………………245

　　第1　資産の流動化と信託　245

　　　1　概　　要　245

　　　2　わが国における資産の流動化の沿革　248

　　　3　信託方式による流動化　248

　　第2　金銭債権の流動化のための信託　250

　　　1　概　　要　250

　　　2　特　　徴　250

　　第3　不動産の流動化のための信託　252

　　　1　概　　要　252

　　　2　流動化に信託を活用することのメリット　252

　　第4　一括支払信託　253

　　　1　概　　要　253

　　　2　一括支払信託のメリット　254

■第**8**章■**不動産の信託・動産の信託**……………………256

　　第1　不動産の信託　256

　　　1　概　　要　256

　　　2　信託できる不動産　257

　　　3　信託の登記　257

　　　4　土地信託　258

　　5　不動産関連税制の取扱い　260

　第2　動産の信託　261

　　1　概　　要　261

　　2　動産設備信託　261

　　3　動産の移転　262

　　4　信託財産であることの公示　263


■第9章■ 財産の保全を目的とする信託 ················ 264

　第1　顧客分別金信託　264

　　1　概　　要　264

　　2　特　　徴　265

　第2　デット・アサンプション　267

　　1　概　　要　267

　　2　会計処理　268

　第3　エスクロー信託　268

　　1　概　　要　268

　　2　具体例　269

　第4　弁済資金保全信託　270

　　1　概　　要　270

　　2　具体的場面　271


■第10章■ 知的財産権の信託 ······························· 273

　第1　知的財産権の特性　273

　第2　知的財産権の管理を目的とする信託　274

　第3　知的財産権の流動化を目的とする信託　275


■第11章■ 事業会社運営に関する信託 ················ 276

　第1　信託型ライツプラン　276

1　概　　要　276

2　信託型ライツプランの種類　277

3　信託型ライツプランの留意事項　278

第2　自己株式取得指定金外信・自己株式処分指定金外信　279

1　概　　要　279

2　特　　徴　280

第3　ESOP 信託　281

1　概　　要　281

2　従業員持株会型 ESOP 信託　281

3　株式給付型 ESOP 信託　282

第4　事業承継のための信託　283

1　概　　要　283

2　具体例　284

■第12章■ 個人のための信託 ……………………………… 286

第1　特定障害者扶養信託　286

1　概　　要　286

2　対象となる特定障害者の範囲　287

3　信託の期間・残余財産の帰属　288

4　信託財産の範囲　289

第2　教育資金贈与信託　289

1　概　　要　289

2　贈与者・受贈者　291

3　贈与税非課税の対象となる教育資金の払出し　291

4　信託期間　292

5　信託終了時の信託財産　292

第3　後見制度支援信託　293

1　概　　要　293

2　利用者　294

3　信託財産　294

4　信託期間　294

5　契約手続　294

第4　認知症に備える手続代理機能付信託　296

1　概　　要　296

2　利用者・手続代理人　297

3　代理権の発生・支払い請求の目的範囲等　297

4　信託財産　297

5　他の財産管理制度・商品との比較　298

第5　家族信託　299

1　概　　要　299

2　家族信託の柔軟性　300

3　留意点　300

第6　特定寄附信託　301

1　概　　要　301

2　利用者　302

3　寄附先　302

4　信託期間　302

5　信託財産　302

6　税制上の優遇措置　303

7　一部受取り　303

第7　遺言代用信託を利用した信託　303

1　概　　要　303

2　活用例　304

■第13章■公益信託 ………………………………… 305

1　概　　要　305

　　2　公益信託の特色　306

　　3　公益信託のポイント　306

　　4　公益信託の種類　307

　　5　公益信託の税制　308


■第14章■信託の税制・会計 ················· 310

第1　信託の税制　310

　　1　概　　要　310

　　2　収益への課税　311

　　3　他益信託の受益者への課税　313

　　4　受益者の追加・交代　313

　　5　信託の終了　313

第2　信託の会計　313

　　1　概　　要　313

　　2　受託者会計　314

　　3　受益者会計　315


事項索引 ················· 319

# 引用・参考文献

法務省民事局参事官室「信託法改正要綱試案　補足説明」(2005.7.15)

金融審議会金融分科会第二部会「信託業のあり方に関する中間報告書」(2003.7.28)

金融審議会金融分科会第二部会「信託法改正に伴う信託業法の見直しについて」
　　(2006.1.26)

金融審議会第一部会「中間整理（第二次）」(1999.12.21)

金融審議会金融分科会第一部会「中間整理」(2005.7.7)

金融審議会金融分科会第一部会「投資サービス法（仮称）に向けて」(2005.12.22)

金融審議会金融分科会第二部会「中間論点整理～平成16年改正後の信託業法の施行状況
　　及び福祉型の信託について～」(2008.2.8)

相澤哲編著『一問一答　新・会社法』(商事法務，2005)

新井誠『信託法 [第2版]』(有斐閣，2005)

新井誠『信託法 [第4版]』(有斐閣，2014)

新井誠編『新信託法の基礎と運用』(日本評論社，2007)

新井誠編『キーワードで読む信託法』(有斐閣，2007)

新井誠監修，鈴木正具・大串淳子編『コンメンタール信託法』(ぎょうせい，2008)

新井誠・神田秀樹・木南敦編『信託法制の展望』(日本評論社，2011)

新井誠編集代表『信託法実務判例研究』(有斐閣，2015)

伊藤眞『破産法 [第4版補訂版]』(有斐閣，2006)

井上聡『信託の仕組み』(日本経済新聞出版社，2007)

井上聡編著『新しい信託30講』(弘文堂，2007)

入江眞太郎『全訂信託法原論』(大同書院，巌松堂書店，1933)

大塚正民・樋口範雄『現代アメリカ信託法』(有信堂高文社，2002)

鴻常夫編『商事信託法制』(有斐閣，1998)

大前恵一朗『平成18年改正　Q&A改正金融商品販売法』(商事法務，2007)

大阪谷公雄『信託法の研究 [下] 実務編』(信山社出版，1991)

太田達男『信託業務読本』(近代セールス社，1991)

小野傑・深山雅也編『新しい信託法解説』(三省堂，2007)

川村正幸編『金融商品取引法 [第5版]』(中央経済社，2014)

川村正幸監修，畠山久志・田中和明編『登録金融機関のための金融商品取引の実務対応
　　Q&A』(清文社，2008)

河本一郎・関要監修『[新訂版] 逐条解説　証券取引法』(商事法務，2002)

神作裕之「コメント⑴信託法と商事信託─実務と理論の架橋─」(信託法研究35号，
　　2010)

神田秀樹「商事信託の法理について」(信託法研究22号，1998)

神田秀樹「商事信託法講義⑶」(信託216号，2003)

引用・参考文献

神田秀樹「信託法・信託業法改正シンポジウム　新しい信託法と商事信託」(信託 230 号，2007)

神田秀樹監修・著，阿部泰久・小足一寿著『新信託業法のすべて』(金融財政事情研究会，2005)

神田秀樹「平成 18 年信託法と商事信託─理論的観点から」(信託法研究 35 号，2010)

神田秀樹・折原誠『信託法講義〔第 2 版〕』(弘文堂，2019)

神田秀樹『会社法〔第 22 版〕』(弘文堂，2020)

上林敬宗「貸付信託の盛衰と今後の信託銀行」(経済志林 68 巻 2 号，2000)

金融商品取引法研究会編『金融商品取引法制の現代的課題』(日本証券経済研究所，2010)

金融法委員会「委託者報酬支払特約付信託契約の破産法 53 条 1 項の適用の可否に関する中間論点整理(概要)」(金融法務事情 1806 号，2007)

経済法令研究会編『四訂　信託の基礎』(経済法令研究会，2012)

小出卓哉『逐条解説　信託業法』(清文社，2008)

小出卓哉・及川富美子「改正信託業法の概要(上)(下)」(金融法務事情 1799 〜 1800 号，2007)

小林秀之編著『資産流動化の仕組みと実務』(新日本法規出版，2002)

小林秀之編『資産流動化・証券化の再構築』(日本評論社，2010)

佐久間毅『信託法をひもとく』(商事法務，2019)

佐藤哲治編著『よくわかる信託法』(ぎょうせい，2007)

佐藤哲治編著『Q&A 信託法』(ぎょうせい，2007)

佐藤勤『信託法概論』(経済法令研究会，2009)

渋谷陽一郎『証券化のリーガルリスク』(日本評論社，2004)

商事信託研究会『商事信託法の研究』(有斐閣，2001)

商事信託研究会『商事信託法コンメンタール』(信託協会，2005)

四宮和夫『信託法 [新版]』(有斐閣，1989)

社団法人信託協会編『信託実務講座第 1　総説』(有斐閣，1962)

一般社団法人信託協会「公益信託─その制度のあらまし─」(2015)

一般社団法人信託協会「特定贈与信託─その制度のあらましと手続き─」(2014)

一般社団法人信託協会「特定寄附信託」(2014)

一般社団法人信託協会「後見制度支援信託」(2015)

一般社団法人信託協会「教育資金贈与信託」(2015)

一般社団法人信託協会〈http://www.shintaku-kyokai.or.jp/〉2015 年 11 月 1 日アクセス

高橋康文『詳解新しい信託業法』(第一法規，2005)

田中實・山田昭『信託法』(学陽書房，1989)

中央三井トラスト・グループ信託業務研究会編著『Q&A 信託業務ハンドブック [第 3 版]』(金融財政事情研究会，2008)

寺本昌広『逐条解説　新しい信託法』(商事法務，2007)

寺本昌広・村松秀樹・富澤賢一郎・鈴木秀昭・三木原聡「新信託法の解説(1)〜(5・完)」(金融法務事情 1793 〜 1797)

寺本昌広・村松秀樹・富澤賢一郎・鈴木秀昭・三木原聡「新信託法の解説（1）～（5・完）」（NBL No.850～854）

寺本振透編集代表『解説　新信託法』（弘文堂，2007）

道垣内弘人・大村敦志・滝沢昌彦編『信託取引と民法法理』（有斐閣，2003）

道垣内弘人『信託法理と私法体系』（有斐閣，1996）

道垣内弘人『信託法入門』（日本経済新聞出版社，2007）

道垣内弘人『信託法（現代民法別巻）』（有斐閣，2017）

道垣内弘人編著『条解信託法』（弘文堂，2017）

西村総合法律事務所編『ファイナンス法大全上・下』（商事法務，2003）

西村ときわ法律事務所編『ファイナンス法大全アップデート』（商事法務，2006）

能見善久『現代信託法』（有斐閣，2004）

能見善久「新しい信託法の理論的課題」（ジュリスト1335号，2007）

能見善久編『信託の実務と理論』（有斐閣，2009）

能見善久・道垣内弘人編『信託法セミナー1』（有斐閣，2013）

能見善久・道垣内弘人編『信託法セミナー2』（有斐閣，2014）

能見善久・道垣内弘人編『信託法セミナー3』（有斐閣，2015）

能見善久・道垣内弘人編『信託法セミナー4』（有斐閣，2016）

樋口範雄『フィデュシャリー［信認］の時代』（有斐閣，1999）

樋口範雄『アメリカ信託法ノートⅠ』（弘文堂，2000）

樋口範雄『アメリカ信託法ノートⅡ』（弘文堂，2003）

樋口範雄『入門　信託と信託法［第2版］』（弘文堂，2014）

樋口範雄・大塚正民『現代アメリカ信託法』（有信堂高文社，2002）

平下美帆『実務のための金融商品取引法』（民事法研究会，2007）

福田政之・池袋真実・大矢一郎・月岡崇『詳解　新信託法』（清文社，2007）

藤瀬裕司『証券化のための一般社団・財団法人法入門』（商事法務，2008）

藤原勇喜『信託登記の理論と実務』（民事法研究会，1994）

松尾直彦編著『一問一答　金融商品取引法［改訂版］』（商事法務，2008）

松尾直彦『金融商品取引法［第3版］』（商事法務，2014）

松尾直彦監修・池田和世著『逐条解説　新金融商品販売法』（金融財政事情研究会，2008）

松尾直彦・松本圭介編著『実務論点　金融商品取引法』（金融財政事情研究会，2008）

松本圭介・堀弘「金融商品取引法制における信託の位置づけ」（信託233号，2008）

松本崇・西内彬『特別法コンメンタール信託法・信託業法・普通銀行等ノ貯蓄銀行業務又ハ信託業務ノ兼営等ニ関スル法律』（第一法規出版，1972）

水野大「新信託法・改正信託業法が証券化・流動化に及ぼす影響と実務対応（下）」（Lexis企業法務20号，2007）

三菱UFJ信託銀行編著『信託の法務と実務［6訂版］』（金融財政事情研究会，2015）

村松秀樹「新信託法の解説」（信託230号，2007）

村松秀樹・富澤賢一郎・鈴木秀昭・三木原聡『概説　新信託法』（金融財政事情研究会，2008）

引用・参考文献

山田昭編著『日本立法資料全集２信託法・信託業法』（信山社出版，1991）

山田昭『信託立法過程の研究』（勁草書房，1981）

米倉明編著『信託法の新展開　その第一歩をめざして』（商事法務，2008）


【拙稿：田中和明】

「信託兼営銀行の営業譲渡及び合併に関する一考察」（信託法研究 24 号，1999）

「信託法改正と信託実務」（信託 223 号，2005）

「信託法改正と信託実務」（信託法研究 30 号，2005）

「事業の信託に関する一考察（上）」（NBL829 号，2006）

「信託の併合・分割」（金融・商事判例増刊 1261 号『新しい信託法の理論と実務』2007）

「信託実務の視点から」（ジュリスト 1335 号，2007）

「資産流動化型信託の視点から見た新信託法」（信託 231 号，2007）

『新信託法の基礎と運用』（第 4 章「新信託法下における受託者の義務と受益者の権利」）
　　共著（日本評論社，2007）

『新信託法と信託実務』（清文社，2007）

『キーワードで読む信託法』（PART 3「信託の設定」PART 13「雑則・罰則」）共著（有斐
　　閣，2007）

『登録金融機関のための金融商品取引の実務対応 Q&A』（第 5 章「金融商品取引業」）共著
　　（清文社，2008）

「リバースモーゲージの現状と課題」（実践成年後見 26 号，2008）

「新信託法下における日本版チャリタブル・トラスト」（法律時報 81 巻 8 号，2009）

「信託業務と金融商品取引法制」（信託 240 号，2009）

「信託法改正と信託実務」（平成 18 年度春季　弁護士研修講座，2010）

「平成 18 年信託法と商事信託―実務的観点から」（信託法研究 35 号，2010）

『資産流動化・証券化の再構築』（第 2 章「新信託法制の資産流動化型信託への影響と活
　　用」）共著（日本評論社，2010）

『詳解　信託法務』（清文社，2010）

『信託法制の展望』共著（第 3 部　信託の実務「受益者の定めのない信託を利用した日本
　　版チャリタブル・トラスト」）（日本評論社，2011）

「信託業法と兼営法における元本補てん等に関する規律の意義」（ジュリスト 1450 号，
　　2013）

『アウトライン会社法』共著（第 1 章「会社法総論」）（清文社，2014）

「取締役の忠実義務に関する一考察―わが国信託法との比較を中心として(1)〜(4)―」（民事
　　研修 688 号〜 691 号，2014）

『信託法実務判例研究』共著（第 1 章 08「遺産整理業務の受任者による訴訟の当事者適格
　　性」，第 5 章 33「投資信託を共同相続した相続人の一部からの法定相続分に応じた解約
　　請求」，第 6 章 37「信託財産に対する商事留置権等の行使による貸金債権への弁済充
　　当」）（有斐閣，2015）

『中国信託法の研究』（第 2 章「中国信託法の比較法的研究」第 1「総則」，第 2「信託の

設定」）共著（日本加除出版，2016）

『新類型の信託ハンドブック』（第1章「総論」，第4章「受益証券発行信託」，第5章「限定責任信託」第1「限定責任信託の規律」，第8章「受益者の定めのない信託」）共著（日本加除出版，2017）

『金融商品取引法と信託規制』（「信託受益権に関する行為規制」）共著（トラスト未来フォーラム研究叢書，2017）

『家族信託をもちいた財産の管理・承継』（第1章第4節「家族信託における業規制」）共著（清文社，2018）

『コーポレートガバナンスにおける社外取締役・社外監査役の役割と実務』（第1章「会社法における株式会社のガバナンス」）共著（日本加除出版，2018）

『詳解 民事信託』（第1章「信託に関する法律の基礎」，第4章第3「保険と信託」，第8章「総論」）共著（日本加除出版，2018）

『現代の信託法』（第10章「アメリカ統一信託法典とわが国の信託法との比較」）共著（弘文堂，2018）

『電力事業における信託活用と法務』（第1章Ⅲ「信託の概要」，第4章Ⅳ「送配電事業における資金調達」，Ⅴ「送配電事業における中立性の確保のための信託の活用」）共著（民事法研究会，2018）

『地域金融機関の信託・相続関連業務の手引き』（第4章第4「地域金融機関借入の劣後ローンを組み入れた信託」，第6章第1「高齢者対策」，第2「事業承継」）共著（日本加除出版，2019）

「遺言代用信託に関する諸問題の検討」（市民と法2020年4月号）

「信託管理人・信託監督人・受益者代理人制度の隙間問題への実務的対応」（市民と法2020年6月号）

「信託における遺留分の侵害と相続法の改正」（市民と法2020年8月号）

第 1 編

# 理論編

# 第1章

# 総　説

## 第1 信託の構造

　信託は，信託目的と信託財産を中心とした委託者・受託者・受益者三者の法律関係です。

　そして，委託者が，信託行為（信託契約，遺言，自己信託）のいずれかの方法に基づき，受託者に対して，金銭や土地などの財産を移転し，受託者は，信託目的に従って受益者のためにその財産（信託財産）の管理・処分等をする制度であるといえます。

　すなわち，①「財産の移転その他の処分」と②「一定の目的に従う」とい

### 契約による信託の場合の信託の仕組み

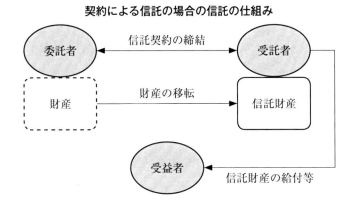

う二つの要件により信託は成立します。

　信託が成立し，その効力が発生すると，受託者は，信託法に規定された義務を負いながら，信託目的を達成するため，例えば，受益者である委託者の子供の生活・療養のための資金を給付することがその信託の目的であれば，その目的のために，自らに帰属している信託財産を管理・運用して受益者に資金の給付を行うことになります。

## 第2 ｜ 信託の特色

　故四宮和夫教授は，信託の特色として，次の①から⑥までの6点を挙げられています。

　①　特定された財産を中心とする法律関係であること

　②　受託者が財産権の名義者となること

　③　受託者は，信託財産の管理・処分の権限が与えられていること

　④　その受託者の管理・処分の権限は，排他的であること

　⑤　その受託者の権限は，自己の利益のために与えられたものではなく，他人のために一定の目的に従って行使されなければならないこと

　⑥　法律行為によって設定されること

　これら6点以外にも，一般に，次の⑦⑧の2点の特色を有しているといわれています。

　⑦　信託財産として特定された財産は，委託者，受託者，受益者のいずれの倒産からも隔離されていること

　⑧　信託当事者が死亡（法人の場合は解散等）しても，原則として法律関係は存続すること

## 第3 ｜ 信託と他の類似の財産管理制度との比較

　上記の信託の特色を踏まえて，信託という法制度をわかりやすくするため

に，現在の日本における他の類似の法制度，特に，財産管理制度との比較をしたいと思います。

## ①　信託と委任による代理の比較

　信託と委任による代理については，財産管理を目的とする場合，いずれも他人に財産を管理させるという点では同じですが，いろいろと相違点があります。

　まず，信託は，財産権の名義を受託者に移転させるのに対して，代理は，財産の名義を移転させず，本人のままであることです。また，信託は，委託者又は受益者が指図を行うことはあるものの，信託財産に対して受託者が唯一の管理・処分権を有していることに対し，代理では，代理人と本人が競合して管理・処分を行うことになっていることです。

　次に，信託は，受託者が信託財産を管理・処分した結果生じた法律効果は信託財産に及びますが，信託財産には法人格がありませんので，基本的には，その所有者である受託者に帰属することになります。一方，代理では，その法律効果は直接本人に帰属します。

　さらに，信託は，信託契約の当事者が死亡した場合においても，基本的には存続します。すなわち，委託者が死亡しても，信託は特段の影響を受けずに受託者と受益者の関係として存続し，受託者が死亡しても，新受託者の選任により，信託関係を存続させることを前提とした制度になっています。一方，代理では，本人又は代理人のいずれかが死亡すれば，終了します。

## ②　信託と匿名組合

　近年，わが国において，資産の流動化，M&A，さらには，有価証券運用のファンドに活用されている匿名組合の制度は，信託と非常に類似しています。

　匿名組合は，商法535条に規定されており，当事者の一方が相手方の営業のために出資をして，相手方がその営業から生ずる利益を分配することを約する契約です。言い換えると，匿名組合員から営業者に「財産を移転」させ，営業者に「ある一定の営業を行わせる」という法律関係であるといえます。

　信託は，前述したとおり，①「財産の移転」と②「一定の目的に従う」こ

とが成立要件であり，その意味においては，信託と匿名組合は，同じ要件を有する制度であるといえます。

　ところが，匿名組合は，移転した財産は，完全に営業者の固有財産に帰属しますが，信託は，受託者に帰属するものの，分別管理等により，受託者の固有財産とは分離された信託財産となります。その結果，移転した財産は，例えば，匿名組合において，営業者が破産した場合には，営業者の破産財団に組み込まれますが，信託については，信託財産は，受託者の倒産から隔離され，破産の場合にも破産財団には組み込まれません。これを倒産隔離効果といいますが，このような効果があることが大きな相違点です。

# 第4 信託の機能

　信託は，財産管理・承継のための制度として，生まれ，発達してきましたが，現在では，①財産管理・承継機能のほかにも，②転換機能と③倒産隔離機能が代表的な機能として挙げられますので，これら三つの機能について説明します。

### ① 信託の財産管理・承継機能

　まず，財産管理・承継機能です。

　例えば，教育資金贈与信託は，孫等の教育資金として祖父母等が信託銀行等に金銭等を信託し，孫等が教育資金が必要なときに，その信託から給付を受けることができ，1,500万円（学校等以外の教育資金の支払いに充てられる金額については500万円）を限度として贈与税が非課税になる信託ですが，受託者は，祖父母等から受託した財産を管理しながら，孫等に承継する機能を果たしています。

### ② 信託の転換機能

　故四宮和夫教授は，信託には，財産権ないし財産権者についての状況を実質的に失うことなく財産権者のさまざまな目的追及に応じた形に転換することを可能にするという共通の機能が存すると述べられています[1]。その信託

の転換機能には，財産の権利者の側から見た「権利者の転換」と財産の側から見た「財産権の転換」があります。

　権利者の転換は，財産権の所有者が委託者から受託者に転換することにより生じます。この権利者の転換には，「権利者の属性の転換」と「権利者の数の転換」があります。

　「権利者の属性の転換」は，財産権者の財産管理力・経済的信用力・自然人性等を転換するために利用されています。例えば，ある老人が保有している土地を有効利用しようとして，ビルの建設と賃貸事業を行おうとした場合を考えると，自然人である老人が資金調達することには困難がともないますが，信託銀行にその土地を信託した場合には，資金調達も賃貸事業も容易に行うことができます。

　また，「権利者の数の転換」は，財産権の帰属主体が複数である場合に，これを単一体にしたり，調整者を出したりするために，利用されています。

　一方，財産権の転換には，主なものとして，既存の財産権がもっている性状を別のものに転換し，あるいは財産権を，債務を含む包括財産に転換するために利用する「財産権の性状の転換」があります。例えば，委託者が保有している不動産や動産を信託受益権という債権的な権利に転換することにより，財産の譲渡が容易になります。とりわけ，信託法の改正により導入された受益権を有価証券化する受益証券発行信託の受益証券は，引き渡しをするだけで所有権を移転できますし，振替制度に乗せることもできます。

　また，リース債権のような小口で多数の債権を一つの信託受益権に転換する「財産（権）の運用単位の転換」が利用されています。

　逆に，購入するには多額の資金が必要な不動産の場合でも，信託して受益権を分割すれば，投資家のニーズに合致した商品に換えることが可能となります。さらに，これらの受益権を，優先受益権と劣後受益権に複層化することも可能です。

---

1　四宮和夫『信託法 [新版]』（有斐閣，1989）14頁

これら信託の転換機能は，現在の信託実務としては重要な機能であり，いろいろなところで利用されています。

### ③ 信託の倒産隔離機能

信託が成立すると，委託者から受託者に財産が移転しますので，原則として，委託者の倒産からは隔離されます。また，移転して受託者に帰属した信託財産は，信託の公示制度や分別管理義務を履行することにより，受託者の倒産からも隔離されます。さらに，受益者が倒産しても，受益権は受益者の債権者の引き当てにはなるものの，信託財産自体は，強制執行の対象とはされず，受益者の倒産から隔離されています。

# 第5 信託の法的構成の考え方

わが国において，信託の法的構成についての見解は諸説ありますが，主要なものは，①債権説と②実質的法主体性説です。

①債権説は，「信託によって受託者が信託財産の完全な所有権を取得する一方で，受益者は，受託者に対し，信託の目的に従った信託財産の管理・処分を行うことについての債権的な請求権を取得する。」[2]という考え方です。

債権説は，旧信託法，信託法を通じて，所管官庁である法務省の基本的な考え方であり，わが国における通説です。

②実質的法主体性説は，故四宮和夫教授が主張されていた有力説で，「信託法の信託の構造に見られる特色は，実質的法主体として独立化した信託財産を中心とする超個人的要素と，受託者を信頼してこれに名義を与えるという個人的要素とを構成原理とする，その《二重性格》に存する。」[3]という考え方であり，長年にわたって信託銀行等が実務を遂行する際に依拠してきた説でもあります。

---

2　寺本昌広『逐条解説　新しい信託法』（商事法務，2007）25頁
3　四宮和夫『信託法［新版］』（有斐閣，1989）79〜80頁

# 第**6** 商事信託の法理について

　信託の法的構成についての主な見解は，上記のとおりですが，これら以外に，現在の信託実務に大きな影響を与えているものとして「商事信託の法理」という考え方がありますので，この見解について説明します。

　学習院大学の神田秀樹教授は，「商事信託の法理について」（信託法研究22号）において，旧信託法下での信託を「商事信託」と「民事信託」に分けた上で，わが国における信託実務の大半を占めている「商事信託」について，機能的な視点から分析・分類することにより，「商事信託の法理」を明らかにされています。同教授によれば，「商事信託とは，信託において受託者が果たす役割が財産の管理・保全または処分を超える場合，あるいは，それとは異なる場合である。これに対して受託者が果たす役割が財産の管理・保全または処分である場合を「民事信託」と呼ぶ。」と定義され，民事信託の本質は財産の存在と委託者の意思にあるが，商事信託の本質について，「第1に，財産の存在は商事信託にとって不可欠でないのみならず，財産の存在を無批判に前提とすると商事信託の本質を見誤るおそれがある。商事信託にとって本質的なのは何らかの商事性を有するアレンジメントであり，そのアレンジメントを管理・実行する任務を引き受けるのが受託者であり，そのアレンジメントに実質的な出捐をし，そのアレンジメントの利益を享受するのが受益者である。」と述べられています。

　また，「第2に，委託者の意思は重要ではない。むしろ，マーケットの意思とでも言うべきものが重要である。マーケットの意思によって成立する信託関係において，だれが委託者となるかは相対的に決定されるというのが実体に近い。したがって，商事信託における信託目的は，マーケットの意思に従った，あるいはマーケットのニーズに適合したアレンジメントの管理および実行であるととらえるべきである。」と述べられています。

# 第2章

## 信託の歴史

### 第1 信託の起源とイギリス・アメリカにおける信託の発展の歴史

#### 1 信託の起源

　信託は，ある人が，自分の指定する者のために，他の人を信頼して財産を託すという制度です。したがって，私有財産がある程度認められるような状況下においては，人間の歴史の何時の時代にも，世界のどこにでも，発生し得る関係であり，信託の起源には，諸説があります[4]。その中でも，有力なものとしては，①ローマ法起源説，②イギリス固有説，③ザールマン共同起源説があります[5]。

　このうち，現在の信託制度は，13世紀に慣習法として成立していたユースを起源とする②イギリス固有説が通説であるといわれています。

---

4　新井誠『信託法［第4版］』（有斐閣，2014）5頁では，「信託制度の基本スキームや，こうしたスキームの創出に向けられた社会的ニーズとは，ある特定の法文化においてのみ固有的，独創的に胚胎されるという性質のものではないと解されるからである。むしろ，種々の法文化圏において，各々の社会的ニーズに応じる形で，それぞれ固有の信託制度（あるいは，少なくとも信託制度と機能的に同定しうる信託的スキーム）が成立していたとみることができるであろう。」と述べられています。
5　新井誠『信託法［第4版］』（有斐閣，2014）3，4頁

## 2　イギリスにおける信託の始まりと発展の歴史

### (1)　イギリス法制の二元性

　イギリスの法体系は，ドイツやフランス等の成文法に基づく大陸法系の法制度とは異なり，中世の封建時代より，国王の裁判所の下す判決例の集積によるコモンローと呼ばれる判例法の体系が形成されていました。

　ところが，当時の封建制度や階級社会においては，コモンローでは，適切に解決できないような問題が数多く発生するようになり，そのような場合には，コモンロー裁判所に頼らずに，国王に請願して特別な裁判をしてもらうことが認められるようになりました。その後，これが慣例化して，国王は側近の僧職者である大法官にその処理を任せるようになり，大法官は，良心と衡平の精神に基づく独自の判断を行う裁判を行い，その判決例の集積から，エクイティと呼ばれる第2の法体系が形成されるようになりました[6]。

　そして，このエクイティ裁判所が，信託制度の確立に重要な役割を果たすことになります。

### (2)　ユースからトラストへ

　イギリスでは，11世紀から13世紀にかけて，十字軍の遠征（1096年～）等により，戦地に赴くことが頻繁にあり，その間の自らの領地の管理を信頼する第三者に任せて，その収益を残された家族に給付してもらい，戦地から戻るとその領地を返還してもらうことが行われていましたが，これらは，ユースと呼ばれていました。

　また，このユースという制度は，13世紀前半，フランシスコ教会の僧侶がイギリスに渡来した際に，利用されていたといわれています。フランシスコ教会では，貧困の誓いという教義，すなわち，教会と所属する個人を問わず，財産を所有してはいけないという教義があったために，教会や僧侶に寄付しようとする人は，土地を直接教会等に寄付することができませんでした。

---

6　田中實『信託法』（学陽書房，1993）12頁

そこで，一旦，近隣の村に寄付して，その土地からの収益を寄付するという方法をとっていたわけです。

14 世紀には，ユースの利用される局面が拡大し，①長子相続性の潜脱，②相続人の男子限定性の潜脱，③相続時の領主特権の回避等脱法的に利用されるようになりました[7]。

ところが，ユースは，コモンロー上は，財産の譲渡を受けた者が所有権を取得しているだけで，受益者のための財産の管理，処分の部分は，保護の対象ではなかったことから，この頃になると，受託者による財産の横領や受託者の債権者による財産の差押えが行われるという問題が頻発するようになったといわれています。

そのため，15 世紀初頭には，ユースの受益者の保護が必要とされ，ユースは，エクイティ裁判所により救済を受けるようになり，これが慣行として確立され，ユースは承認されるようになりました。この「ユースの承認」により，ユースは，さらに拡大し，ヘンリー 5 世の頃（1413 年〜 1422 年）には，イングランドの土地の大部分がユース化していたといわれています。

その後，バラ戦争（1455 年〜 1485 年）等の影響により，財産没収の回避目的でさらに普及したといわれています。

16 〜 17 世紀初頭には，ユースがあまりにも拡大し，国王の財源が確保できない状況になってきたことから，ヘンリー 8 世は，1535 年に，エクイティ上の受益者の権利をコモンロー上の権利に転換するという「ユース禁止法」を制定しました。

ところが，ユースに対するニーズは強く，ユースを二重にするダブルユースという制度を使って，ユース禁止法を回避しようとしました。しかしながら，このダブルユースも，16 世紀にコモンロー裁判所により無効とされました。

その後も，ユースのニーズは強く存在し，ユースの利用者である市民階級

---

7　新井誠『信託法 [第 4 版]』（有斐閣，2014）8 頁

の人々の力が強くなっていたこともあり，ダブルユースを認めざるを得なく
なりました。そして，1634年には，エクイティ裁判所がダブルユースを承
認し，17世紀中頃以降には，シングルユースを再承認するにいたりました。

　その後，このユースは，時代の変遷を経て，信頼をあらわすトラストと呼
ばれる制度へと発展していったといわれています。

⑶　トラストの発展

　トラストは，ユースとは異なるところが3点あるといわれています。

　第1は，ユースにおける各種の封建的負担を逃れる保全目的のために利用
するのではなく，妻の特有財産を設定し夫の支配を排除する等，特定の目的
のために利用されるようになったこと，第2は，信託設定の対象財産が，土
地その他の不動産から，金銭・有価証券などに広がっていったこと，第3は，
信託に有償の観念が伴うようになったことです[8]。

　近年，イギリスでは，土地を信託財産とし，個人を受託者とする無償の信
託から，年金基金や投資信託（ユニット・トラスト）等の金銭を中心とする
営業信託へとその活用の局面が広がってきています。

⑷　信託法制

　イギリスでは，判例法として発達していった信託法は，19世紀末から遂
次成文法化されて[9]，1925年受託者法（Trustee Act）により集大成され，
1958年に，Variation of Trusts Act，1961年に，Perpetuities and Accumulations
Act が制定されました[10]。さらに，1925年受託者法は，大改正されて，2000
年受託者法が制定されています。

## 3　アメリカにおける信託の始まりと発展の歴史

⑴　信託業務の発展

　アメリカは，イギリスの植民地から独立した国であり，その法制度は，上

8　田中實『信託法』（学陽書房，1993）17，18頁
9　1925年財産法（Law of Property Act 1925）によってユース禁止法は廃止されていま
　す。新井誠『信託法［第4版］』（有斐閣，2014）14頁
10　太田達男『信託業務読本』（近代セールス社，1991）13頁

記のコモンロー体系を受け継ぎ，信託制度についても受け入れられましたが，当時のイギリスの制度とは異なる変容を遂げます。

　その変容の一つは，「信託の目的財産が，不動産から動産，とりわけ金銭へと拡大されたという点」であり，もう一つは，「プロフェショナルとして活動する信託受託者が登場」して，「この受託者のプロ化と併せて，法人受託者が登場」している点です[11]。

　1822 年に設立された Farmers' Fire Insurance and Loan Company は，初めて会社として信託を受託することが認可され，これに続いて保険会社が信託業務を兼営する形で，続々と免許を受けるようになりました。その中で，1830 年に設立された The New York Life Insurance and Trust Company は，初めて社名に「Trust」の文字を入れた会社であるといわれています。

　信託会社は，当初，遺言の執行や財産の管理を目的として活動していましたが，一般の個人から資金を受け，これを合同して証券投資に運用し，その収益を分配する投資信託のような信託預金とよばれる商品を受け入れることが主要業務となり[12]，1864 年には，Union Trust Company が法人信託業務を行うことが認められ，1861 年に始まった南北戦争を契機として，事業会社が発行する社債を引き受けてその社債を販売すること等が，信託会社の重要な役割になりました。

　このように，信託会社は金融機関としての役割を果たすようになりましたが，一方で，1913 年には，連邦準備制度委員会に国法銀行に対する信託業務の認可権が付与されて，銀行が信託業務を営むようになり，1928 年までには，全米 4 千以上の法人受託者のうち，国法銀行が約 1300 を占めるにいたりました[13]。しかしながら，1982 年以降は，「急激に成長した年金資金や投資信託の運用を行わせるために，優秀なファンドマネージャーを安定的に雇用するという大きな課題を解決するために，銀行業務を行わない信託会社

---

11　新井誠『信託法［第 4 版］』（有斐閣，2014）15 頁
12　社団法人信託協会編『信託実務講座第 1 巻総説』（有斐閣，1962）8 頁
13　社団法人信託協会編『信託実務講座第 1 巻総説』（有斐閣，1962）9 頁

が再び多く設立される」[14]ようになっています。

(2)　信託法制

　イギリスから移植されたアメリカにおける信託の法制度は，他の法制度同様，各州の判例法に委ねられて，統一した立法は行われてきませんでした。

　そこで，1900 年代に入り，アメリカ法律家協会において，信託法リステイトメント（Restatement of the Law of Trusts）の編纂が行われています。

　リステイトメントは，「アメリカ法の各分野について，判例法の現状と，判例法が分かれている点についてはその合理性を重視しつつ取捨選択し，あるべき法を条文の形式でまとめたもの」[15]ですが，信託法リステイトメントは，その信託法版です。1935 年には，第 1 次信託法リステイトメントが，1957 年には，第 2 次信託法リステイトメントが，2011 年には，第 3 次信託法リステイトメントが採択され，公表されています。

　また，2000 年には，各州の法律の統一を図るために，モデルとしてつくられた統一信託法典（Uniform Trust Code of 2000）が多くの州で採択され，信託法の統一化が進められています。

# 第2 │ わが国における信託の始まりと発展の歴史

## 1 わが国の信託制度と信託法制の始まり

　わが国においても，秋田感恩講や織田信長が皇居の修理や維持のための金銀の豪商への預託等，信託類似の制度は，古くからありましたが，わが国の現在の信託制度は，前述のイギリスに生まれたユースを起源とし，アメリカで事業として発展した制度が移植されたのが始まりであるといわれています。

　明治 33 年（1900 年）に制定された日本興業銀行法では，9 条 4 項に営業種目の一つとして，「地方債券，社債券及株券ニ関スル信託ノ業務」と記載

---

14　佐藤勤『信託法概論』（経済法令研究会，2009）12，13 頁
15　佐藤勤『信託法概論』（経済法令研究会，2009）13 頁

され，わが国の法律において，はじめて信託の文字が登場したといわれていますが，実際の業務は元利金の支払い，証書の管理等の代理事務で，現在の信託の法的概念とは無関係のものであったようです[16]。

　実質的に信託が導入されたのは，明治 38 年（1905 年）に制定された担保付社債信託法です。

　この法律は，現在も存続していますが，信託の法理を利用し，担保権を信託財産とし，社債権者を受益者とする信託が担保付社債信託であり，担保付社債信託法は，この制度を確立するとともに，社債権者の保護を図り，もって国民経済の健全な発展に資することを目的とした法律です。

　当時，わが国は，日清戦争，日露戦争を経て，戦時の復興のために軽工業から重工業への転換が求められていた時期であり，そのためには，多額の資金が必要とされていました。特に海外の国々から資金を導入することが喫緊の課題とされ，そのためには，担保の裏付けにより社債や借入に信用力を付与することが求められていました。そこで，財団抵当制度とともに担保付社債信託制度が取り入れられました。担保付社債信託の業務は，銀行にのみ認められ，有力な銀行が次々に参入しました。

　このように，わが国では，事業会社を対象とする信託制度が最初に導入されましたが，一方で，個人の財産を管理し運用することを専門に取り扱う信託会社が設立され，明治 39 年（1906 年）に設立された東京信託株式会社が，信託会社第 1 号であるといわれています。

## ② 旧信託法・信託業法の制定と信託会社の確立

　その後，大正 3 年（1914 年）の第一次世界大戦を契機とする好景気を背景に，信託会社が数多く設立され，大正 10 年（1921 年）末には約 5 百社に近い会社が乱立し，その多くは高利貸しを収益源とし，社会的には信用できない業種とみられていました。そこで，信託の一般的観念を明確にし，信託

---

16　太田達男『信託業務読本』（近代セールス社，1991）26 頁

関係の本質を確立すべき基本法の制定と，併せて，経営が不健全な信託会社を取り締まるとともに，信託業務を整理し，健全な信託業の保護・育成を図ることが急務とされ[17]，大正 11 年（1922 年）に信託法と信託業法が同時に制定され，翌年に施行されました。

　信託業法の制定により，信託業は免許制とされて，信託業を営んでいない会社は，「信託」の商号の使用が禁止され，また，免許の付与については厳選方針がとられたことから，大正 13 年（1924 年）末には，免許を受けた信託会社は，わずか 27 社となりました。

　さらに，現在の信託銀行の母体となった信託会社が，大正 13 年（1924 年）には三井信託，大正 14 年（1925 年）には安田信託と住友信託，昭和 2 年（1927 年）には三菱信託が，それぞれ相次いで設立されました。

　信託法と信託業法の二つの法律が制定されたことにより，わが国の信託制度は確立し，信頼が回復され，その後，信託業は，本格的に発展することになりました。

## 3 第二次世界大戦前後の信託制度と信託銀行の誕生

　第二次世界大戦へと向かう戦時体制の経済の統制下で，金融機関については統合が進められ，その中で信託会社についても統合が進められました。

　昭和 18 年（1943 年）には，貯蓄の推進のため，銀行に信託業務の兼営を認める「普通銀行等ノ貯蓄銀行業務又ハ信託業務ノ兼営等ニ関スル法律」（現在の金融機関の信託業務の兼営等に関する法律で，以下「兼営法」といいます。）が制定されましたが，この法律によって，銀行が信託会社を合併することが促進されて，統合がさらに進み，戦争終結時には専業の信託会社は 7 社になりました。

　第二次世界大戦後は，激しいインフレの中で，財閥の解体，富裕層の没落，国民の貯蓄意欲の減退等，信託会社にとっては，厳しい状況になっていまし

---

17　神田秀樹・折原誠『信託法講義』（弘文堂，2014）18 頁

た。また，アメリカの法制の影響を受けた証券取引法が制定され，銀行業務と証券業務の分離政策が打ち出されたことにより，信託会社の重要な業務の一つであった証券の引受業務ができなくなり，信託会社の経営は，さらに厳しい状況に追い込まれました。

　このような状況の中で，GHQ（連合国軍最高司令官総司令部）の方針により，昭和 23 年（1948 年）に，信託会社は一斉に，新たに銀行法に基づく銀行に転換した上で，兼営法によって信託業務を兼営することになりました。

　ここに，現在に至る「信託銀行」が誕生し，安定した経営を行う体制ができあがりました。

## ４ 戦後の高度成長と信託の発展

　信託銀行の銀行業については順調であったものの，普通銀行との店舗数の劣勢から資金吸収力に限界があったところ，昭和 20 年代終わりから 30 年代にかけて，政府は，専門金融機関を育成強化し，資金の効率的かつ円滑な供給をはかることを目指して，信託銀行に対して，信託業務，銀行業務のいずれを主業とするかを選択させることとし，一方で，地方銀行の信託業務の廃止や都市銀行の信託部門の分離・統合を進めました。

　このような状況の中で，戦後の経済復興のため，基幹産業向けを中心とした長期の安定資金の供給が必要であったことから，昭和 27 年（1952 年）には，信託を活用して，安全・有利な長期の定型的金融商品を創設して，流通させることにより，大衆資金を集め，その資金を基幹産業への長期の貸付金に運用するために，貸付信託法が制定され，信託銀行において貸付信託の取扱いが始まりました。貸付信託は，戦後の復興期から高度成長期を通じて，わが国において，①基幹産業に対する安定的な長期資金を供給し，また，②一般の国民に対する安全で有利な長期の貯蓄手段として，国民経済に重要な役割を果たしました。貸付信託は，長きにわたって，信託銀行の商品の中心にあったということができます。

　一方，昭和 30 年代からは，信託制度を利用した新しい商品が次々と開発

されました。

　昭和 31 年（1956 年）には，設備信託（動産信託）の取扱い開始，昭和 37
年（1962 年）には，法人税法改正により適格退職年金制度が誕生，昭和 41
年（1966 年）には厚生年金制度が誕生，昭和 47 年（1972 年）には，財産形
成信託の取扱い開始，昭和 48 年（1973 年）には，住宅ローン債権信託の取
扱い開始，昭和 50 年（1975 年）には，特定贈与信託の取扱い開始，昭和 52
年（1977 年）には，公益信託の取扱い開始，昭和 55 年（1980 年）には，特
定金銭信託やファンドトラストなど証券信託が，国税庁からの「簿価分離通
達」の発出により拡大，昭和 59 年（1984 年）には，土地信託の取扱い開始,
平成 3 年（1991 年）には，国民年金基金信託の取扱い開始，平成 13 年
（2001 年）には，確定拠出年金の取扱い開始，平成 14 年（2002 年）には,
確定給付企業年金の取扱い開始等，さまざまな信託商品の取扱いが行われる
ようになりました。

　なお，適格退職年金制度は，平成 24 年（2012 年）に廃止されています。

## 5　金融の自由化の中での信託制度の変革

　昭和 50 年代には，対外経済不均衡の拡大を背景に，アメリカを中心とす
る海外の国々から金融資本市場の強い開放要求がありました。そこで，昭和
60 年（1985 年）には，信託業においても，外国銀行からの参入要求を受け
て，外資系信託銀行が設立されました。

　また，金融の自由化の進展，金融サービスに対するニーズの多様化，金融
の国際化，証券化という金融環境の大きな変化の中で，「金融制度及び証券
取引制度の改革のための関係法律の整備等に関する法律（金融制度改革法）」
が制定されて，他業態金融機関からの信託の参入（相互参入）が認められ,
平成 5 年（1993 年）には，銀行，証券会社等により業態別子会社方式によ
る信託銀行子会社が設立されるとともに，信託代理店制度が導入され，各地
域金融機関により信託代理店業務が営まれるようになりました。

　信託子会社や地域金融機関が営むことができる信託業務については，平成

10年（1998年）以降段階的に緩和され，さらに，平成13年（2001年）の
兼営法施行令等の一部改正により，都市銀行，長期信用銀行等の本体による
信託業務の参入が可能になり，平成14年（2002年）には，一部の信託業務
および併営業務を除いてすべて認められることとなりました。また，信託代
理店についても，平成14年（2002年）の兼営法施行規則の改正により，都
市銀行等に拡大されました。

　また，信託銀行等が信託財産として保有する有価証券等の一元管理のため
に，有価証券等の管理業務を専門とする信託銀行が設立されました。

## 6　信託業法の改正による信託の担い手の拡大と信託財産の規制の撤廃

　その後，兼営法に基づき認可を受けた信託銀行等だけではなく，「一般の
事業会社を含めて多様な者がそのノウハウを利用して信託業の担い手として
多様な信託商品の提供を行いたいとのニーズ」[18]が高まってきたことから，
平成16年（2004年）に，信託業法の抜本的な改正がなされました。

　平成16年（2004年）の信託業法の大改正の特色は，①信託財産の制限を
撤廃し，知的財産権等を含む財産権一般の受託を可能とするとともに，②信
託業の担い手を拡大するために，金融機関以外の「信託会社」の参入を実質
的に可能とし，併せて，③信託サービスの利用者の窓口を拡大するため，信
託契約代理店制度と信託受益権販売業者制度を新たに創設しました。また，
④信託法と密接に関係するものとしては，受託者の善管注意義務，忠実義務
等の行為規制の規定を整備しました。

## 7　信託法の改正

　旧信託法は，前述した立法時の背景から，私法でありながら，業者を規制
するという色彩が非常に強く，単純に規定されており，強行規定が多いとい
う特色を有していました。受託者が信託事務を処理するにあたって遵守すべ

---

18　神田秀樹監修・阿部泰久・小足一寿『新信託業法のすべて』（金融財政事情研究会，
　　2005）4頁

き，忠実義務，分別管理義務，自己執行義務については，厳しい規律になっており，実務とのギャップが生じていました。

　また，旧信託法は，委託者，受託者及び受益者が，それぞれ1人，又は，少人数であることを前提としたイギリスの家族信託の法理を参考にしたため，通説では，受益者の意思決定は，全員一致が必要であると解されていました。そのため，受益者が多数の信託の場合には，意思決定がきわめて困難であり，重大な事情変更等があった場合には，受益者は適切な権利行使ができず，また，受託者側にとっても，受益者の意思が決定されないことにより，信託事務の円滑な処理に支障が出るおそれがありました。

　さらに，信託の併合・分割，受益権の有価証券化，信託債務における責任財産の限定化のニーズなど，従来とは異なる新しいニーズが増大してきていました。

　実務においては，これらの外的な変化やニーズに対して，法の解釈のほか，様々な工夫を行ってきたことに加えて，特別法の制定により，これらの変化やニーズの一部に応えてきましたが，経済・社会のニーズは，さらに強く，かつ，広範囲にわたり，旧信託法では，対応が困難な状況になっていました。

　さらに，民事信託の分野においても，福祉型の信託や高齢者の財産管理の信託等が求められるようになっていましたが，明確な規律がないために適切な対応が困難な状況にありました。

　海外では，前述したとおり，イギリスにおいては，2000年に新受託者法が制定され，アメリカにおいても，2000年に統一信託法典が制定され，現在も各州において採択が進められていました。

　わが国の学界，実務界においては，これらの動きに鑑み，信託法の立法的検討を進め，平成13年（2001年）には，商事信託の立法的な提言として，信託法の改正に非常に大きな影響を与えた「商事信託要綱」を取りまとめ公表しました。

　このような状況を踏まえて，平成16年（2004年）9月8日，法務大臣から法制審議会に，「現代社会に広く定着しつつある信託について，社会・経

済情勢の変化に的確に対応する観点から，受託者の負う忠実義務等の内容を適切な要件の下で緩和し，受益者が多数に上る信託に対応した意思決定のルール等を定め，受益権の有価証券化を認めるなど，信託法の現代化を図る必要があると思われるので，その要綱を示されたい。」との諮問がなされ，法制審議会に信託法部会が設置されました。信託法部会では，同年10月より改正の審議が行われて，平成18年（2006年）1月20日には，「信託法改正要綱案」が取りまとめられた後，同要綱案が，2月8日の法制審議会総会で採択され，「信託法改正要綱」として法務大臣に答申され，これに基づいて信託法の案がつくられました。この法案は，平成18年（2006年）12月8日に可決，同月15日に公布されました。なお，信託法の改正にあわせて，信託法の施行に伴う関係法律の整備に関する法律の制定により，信託業法のほか63の関係法についても改正が行われました。この信託法は，平成19年（2007年）9月30日には，改正信託業法と金融商品取引法とともに，施行されています。

## 8 信託法改正後の民事信託の発展

　信託法の改正後，営業信託における商事信託の円滑な運営と順調な発展に加えて，民事信託における成年後見支援信託，教育資金贈与信託をはじめとする信託商品の開発と共に，受託件数・残高が増加しています。また，非営業信託においても，家族の一員を受託者とする信託が，急激に拡大しています。

## 9 信託法の民法の改正等に伴う改正

　平成29年（2017年）5月26日に，「民法の一部を改正する法律案」が成立し，6月2日に公布されましたが，併せて，「民法の一部を改正する法律の施行に伴う関係法律の整備等に関する法律」（平成29年法律第45号）が成立し，信託法についても，詐害信託の取消し，詐害信託の否認，自己信託における信託財産に属する財産に対する強制執行等の制限，損失てん補責任

等に係る債権の期間の制限，信託報酬，受益権の譲渡・質入れ，受益債権の期間の制限等について改正が行われ，令和 2 年（2020 年）4 月 1 日に施行されています。

　また，平成 30 年（2018 年）7 月 6 日には，「民法及び家事事件手続法の一部を改正する法律」（平成 30 年法律第 72 号）が成立し，7 月 13 日に公布され，民法が一部改正されることに伴い，信託法も受益権の譲渡における受託者の抗弁について改正され，令和元年（2019 年）7 月 1 日に施行されています。

　さらに，令和元年（2019 年）6 月に成立した「成年被後見人等の権利の制限に係る措置の適正化等を図るための関係法律の整備に関する法律」に基づき，信託法における受託者の不適格者から，成年後見人及び保佐人を除外しています。

# 第**3**章

## 信託の設定

### <sup>第</sup>**1** 信託の設定方法

#### 1 三つの設定方法

　信託の設定方法には，①委託者と受託者との信託契約の締結，②委託者の遺言，③委託者による公正証書その他の書面又は電磁的記録で信託目的，信託財産の特定に必要な事項その他の法務省令で定める事項を記載し又は記録したものによるもの（これを「自己信託」といいますが，委託者が受託者となるもので，以前は，信託宣言と呼ばれていました。），これらの三つの方法があります。

#### 2 契約による設定

　契約により設定する信託は，委託者が，受託者との間で，「財産の譲渡，担保権の設定その他の財産の処分をする旨」と「受託者が信託目的に従い，信託財産の管理又は処分及びその他の当該目的の達成のために必要な行為をすべき旨」の二つの内容を盛り込んだ契約を締結する方法により設定するものです（信託法３条１号）。また，この信託は，信託契約の締結により効力が発生します（同法４条１項）。

　旧信託法においては，信託契約について，信託設定の合意のみでは法的拘

束力がなく信託財産の受託者への財産権の移転により成立するという「要物契約説」と，委託者と受託者の合意だけで成立するという「諾成契約説」が対立していましたが，要物契約説に依拠すると，委託者と受託者が合意していても，委託者はいつでも意思表示の撤回が可能であると解され，実際に信託事務を行うために準備行為をしていた受託者の期待が裏切られるおそれがありました。

　そこで，信託法においては，信託契約の締結により成立し効力が発生する諾成契約とすることによって法的安定性を高めて，信託関係者の信頼の利益を保護するとともに，受託者に早期に忠実義務等を課すことにより，受益者の保護を図っています。したがって，信託契約を締結すると，特別な約定がない限り，受託者は，信託財産の引渡しを請求しなければならない義務を負い，委託者は，引き渡さなければならない義務を負うことになると考えられます[19]。

　また，信託契約の締結後に，信託の効力を発生させたい場合には，停止条件又は始期を付して，その条件の成就又は始期の到来によりその効力を発生させることができます（同法4条4項）。従来の実務においては，要物契約説を前提とした設定が多かったことから，別途，条件や始期を定めることにより，従来の実務を踏襲しているものも多くみられます。

## ３　遺言信託

　遺言信託は，委託者が，受託者に対して，信託契約と同様の内容の遺言をすることにより設定する信託です（信託法3条2号）。遺言の効力発生によって成立し効力が発生します（同法4条2項）。したがって，受託者が指定されていない場合や指定されていても引受けの承諾をしていない場合においても，委託者の死亡によって遺言信託の効力が発生することになります。

---

19　能見善久「新しい信託法の理論的課題」（ジュリスト1335号，2007）9，10頁では，「通常の信託契約では，そのような委託者の財産移転義務までは内容になっていないと考えるべきであろう。」との否定説をとられています。

　遺言信託においては，信託が引き受けられる前に効力が発生しますので，引き受けられるまでは，受益者等の地位が不安定な状態に置かれることになります。そこで，このような状態を解消するために，遺言に受託者となるべき者を指定する定めがあるときは，利害関係人は，受託者となるべき者として指定された者に対し，相当の期間を定めて，その期間内に信託の引受けをするかどうかを確答すべき旨を催告することができるものとしています（同法5条1項）。その場合，その期間内に委託者の相続人（相続人が存在しなかった場合は，受益者又は信託管理人）に対し確答をしないときは，信託の引受けをしなかったものとみなします（同法5条2項）。

　なお，遺言に受託者の指定に関する定めがないとき，又は，受託者となるべき者として指定された者が信託の引受けをしない場合や引受けをすることができない場合は，裁判所は，利害関係人の申立てにより，受託者を選任することができることになっています（同法6条1項）。

## 4 自己信託

　自己信託は，信託法の改正時に導入された設定方法です。

　委託者が，信託目的に従い，自己の有する一定の財産の管理又は処分及びその他の当該目的の達成のために必要な行為を自らすべき旨の意思表示を公正証書その他の書面又は電磁的記録でその目的，財産の特定に必要な事項その他の法務省令（信託法施行規則3条）で定める事項[20]を記載し又は記録したものによってする信託であり（信託法3条3号），委託者が受託者となる信託です。

　また，①公正証書又は公証人の認証を受けた書面若しくは電磁的記録によって設定される場合は，その公正証書等の作成が，②公正証書等以外の書

---

20　信託法施行規則3条では，①信託の目的，②信託をする財産を特定するために必要な事項，③自己信託をする者の氏名又は名称及び住所，④受益者の定め又は受益者を定める方法の定め，⑤信託財産に属する財産の管理又は処分の方法，⑥信託行為の条件又は期限に関する定め，⑦信託行為で定めた信託の終了事由，⑧その他の信託の条項と定められています。

面又は電磁的記録によって設定される場合は，受益者となるべき者として指定された第三者に対して確定日付のある証書による信託の通知を行うことが，効力要件とされています（同法4条3項）。

## 5　自己信託と二重信託との関係

　実務においては，年金信託等の運用の手法としていわゆる「二重信託」が利用されています。「二重信託」とは，ベビーファンドの受託者がマザーファンドの委託者となり，ベビーファンドの受託者と同一の受託者に信託することです。すなわち，形式的には，自己信託と同じになりますが，二重信託については，旧信託法下において，そもそも，大蔵省銀行局長からの照会に対する法務省民事局長回答（昭和37年3月31日付民事甲第943号）により，年金基金によって設定された貸付信託等の二重信託について，「委託者と受託者は同一の信託銀行であっても実質的には法主体性を異にするものである。すなわち，貸付信託（又は合同運用指定金銭信託）の委託者は，形式的には信託銀行が名義人であるが，実質的にみれば，年金信託の委託者たる企業が貸付信託（又は合同運用指定金銭信託）の委託者であると考えることができる。次に，実際上の弊害もない。年金信託の委託者たる企業，受益者たる従業員は，年金信託契約に基づき，年金信託の受託者である信託銀行を監督することができるのであるから，その利益を害されることはない。また，信託銀行の債権者を害するおそれもない。」ことから，旧信託法1条には抵触しないと説明され，自己信託ではないことで整理済みです。また，二重信託は，「信託財産」を信託するものであり，信託法3条3号で規定している「自己の有する一定の財産」の管理又は処分でないことから，同規定の適用はないとの解釈も可能です。したがって，二重信託を設定する場合には，公正証書等の要式は不要であると考えられます。

# 第*2*｜信託目的

「信託目的」は，その信託設定によって達成しようとしている目標であり，「受託者の行動の指針となり，受託者の権限の範囲を確定したりする。また，信託が終了すべきか否かを判断する基準となる。」[21]といわれています。

信託法においては，信託目的という文言では規定されていませんが，信託法2条1項において，「一定の目的（専らその者の利益を図る目的を除く。）」に従い財産の管理又は処分及びその他の当該目的の達成のために必要とすべきものと規定されています。

したがって，信託目的は，信託にとって，必要な要件であり，信託目的のない信託は無効です。また，「信託目的」は，信託行為の一条項[22]として明記されているものを指すのではなく，信託行為全体により解釈されるといわれており，この点にも留意する必要があります。

なお，信託目的と類似の概念として，「信託の本旨」というものがありますが，この信託の本旨は，受託者の義務の履行・不履行が問題となる場面で使われる概念であり，「信託行為の定めの背後にある委託者の合理的な意図」であるといわれています[23]。

# 第*3*｜信託財産

信託法では，「信託財産」は，「受託者に属する財産であって，信託により管理又は処分をすべき一切の財産をいう。」と定義されています（信託法2条3項）[24]。また，信託財産は，金銭に見積もれるものでなければならず，

---

21　能見善久『現代信託法』（有斐閣，2004）14頁
22　信託業法26条1項3号では，信託契約締結時の交付書面に，「信託の目的」を記載すべきことが規定されています。
23　村松秀樹・富澤賢一郎・鈴木秀昭・三木原聡『概説　新信託法』（金融財政事情研究会，2008）89頁
24　他方，「固有財産」とは「受託者に属する財産であって，信託財産に属する財産でない一切の財産をいう」と定義されています（信託法2条8項）。

特許権等の知的財産権のほか，特許を受ける権利，外国の財産権等も含まれ
ますが，人格権は含まれず，債務は，信託財産ではないと解されています。

# 第4 受託者の資格

　信託法においては，未成年者は，受託者にはなることができません（信託
法7条）。

　信託は，委託者が，受託者に対する信頼を基礎として，管理権の行使を委
ねるものです。したがって，受託者は，その職責上委託者の信頼に応え，そ
の管理者としての任務を達成することができる者でなければなりません。

　そこで，未成年者は，単独で財産を管理又は処分することができず，財産
の管理又は処分に係る信頼を置くに足りない者であることから，受託者とな
ることが禁止されているのです。

　旧信託法においては，破産者は，受託者にはなることができないものとさ
れていましたが（旧信託法5条），信託法では，破産者を不適格者から除外
しています。ただし，受託者の破産は，受託者の任務の終了事由とされてい
ます（信託法56条1項3号）。

　また，信託法においても，当初は，成年被後見人及び被保佐人については
不適格者とされていましたが，令和元年6月に成立した「成年被後見人等の
権利の制限に係る措置の適正化等を図るための関係法律の整備に関する法
律」に基づき不適格者から除外しています。

　なお，受託者が，後見開始又は保佐開始の審判を受けることも受託者の任
務の終了事由とされています（同項2号）。

# 第5 受託者の利益享受の禁止

　旧信託法においては，受託者が共同受益者の1人である場合を除いて，何
人の名義によっても信託の利益を享受することができないことが規定されて

いましたが（旧信託法9条），通説では，これを受託者が受益権の全部を取得し，受託者が受益者を兼ねることを禁止する規定であると解されていました[25]。

　この規定については，資産流動化の実務の観点から，受託者が，当初受益者である委託者から全部の受益権を買い取った上で，投資家に対してその受益権を販売するニーズがあることから見直しが求められていました。

　そこで，信託法では，「受託者は，受益者として信託の利益を享受する場合を除き，何人の名義をもってするかを問わず，信託の利益を享受することができない」（信託法8条）ものとし，受託者が，受益権の全部を保有することになっても直ちには信託が終了しないことになっています。ただし，「受託者が受益権の全部を固有財産で有する状態が1年間継続したとき」には，信託は終了することになっています（同法163条2号）。

　したがって，信託法の下では，自己信託により信託を設定し，そのまま受益権を1年間は保有すること，言い換えると，1年間は，委託者兼受託者兼受益者となることができることになりますが，信託は，「専らその者の利益を図る目的を除く」（同法2条）ことを前提としていますので，自らの利益だけのために設定することはできないと考えられます。一方，例えば，資産の流動化のために，あらかじめ流動化の目的とする財産を購入し，その財産を受益権に転換して販売することを意図しているような場合については，有効であると考えられます。

　なお，信託法4条3項2号において，公正証書等以外の書面又は電磁的記録によって設定される自己信託については，受益者となるべき者として指定された第三者に対する確定日付のある証書による通知を効力要件としていることから，委託者兼受託者が自らを受益者とすることは認められないと解されています。

---

25　四宮和夫『信託法［新版］』（有斐閣，1989）123頁

# 第6 脱法信託・訴訟信託・詐害信託の禁止

## 1 脱法信託

　信託法には，信託の設定に際し，脱法信託・訴訟信託・詐害信託の三つの信託の禁止規定を置いています。

　まず，脱法信託については，信託における形式的な権利者（受託者）と，実質的な権利者（受益者）が異なることを利用した脱法行為を禁止したものです。

　信託法では，法令によりある財産権を享有することができない者は，その権利を有するのと同一の利益を受益者として享受することを禁止しています（信託法9条）。

　この規定は，強行規定であり，違反行為は，基本的には無効となりますが，禁止の適用の有無は，形式的に一律に判断するのではなく，その法令の趣旨，信託目的，受益権の内容等を総合的に勘案して決すべきです。

　特定の者が，法令に違反して財産権を享有する行為をした場合において，その行為の私法上の効力が否定されないときは，信託を利用して同じ財産権を有し利益を享受することになっても，信託の私法上の効力が否定されるわけではないと解されています。

## 2 訴訟信託

　信託は，訴訟行為をさせることを主たる目的としてすることはできません（信託法10条）。

　受託者が訴訟行為を行うことを主たる目的としている場合には，この禁止規定に抵触するおそれがありますが，訴訟行為を主たる目的とするような信託であっても，「正当な理由」があるものについては，「主たる目的」の解釈，脱法行為性，反公序良俗性に鑑みた個別判断により，この規定の適用を排除することができると解されています。

## ③ 詐害信託

### ⑴ 詐害信託の取消し

　民法424条1項では，債権者による債務者の詐害行為の取消しが規定されています。

　信託法の場合においても，委託者がその債権者を害することを知って信託をした場合には，受託者が債権者を害することを知っていたか否かにかかわらず，債権者は，受託者を被告として，民法424条3項に規定する詐害行為取消請求をすることができます。ただし，受益者が現に存する場合においては，その受益者とその前に受益権を譲り渡した全ての者が，受益者としての指定を受けたことを知った時（又は受益権を譲り受けた時）において債権者を害することを知っていたときに限るものとされています（信託法11条1項）。

### ⑵ 委託者の信託債権者に対する責任

　その取消しの判決が確定した場合に，信託財産責任負担債務に係る債権を有する債権者（いわゆる信託債権者）が，その債権を取得した時に，委託者の債権者を害することを知らなかったときは，委託者は，その信託債権者に対し，信託財産責任負担債務について受託者から委託者に移転する財産の額を限度として，弁済の責任を負います（信託法11条2項）。

### ⑶ 信託債権者と受託者の保護

　この取消しが実行される際に，受託者は，信託債権者に対して，その債務が信託財産に責任財産が限定されている場合を除いて，信託財産責任負担債務の弁済を免れることはできませんが，受託者は，その債務を固有財産で弁済後，その弁済相当額を金銭債権とみなして，信託財産に償還請求することができ，委託者に対しては，受託者から委託者に移転する財産の価額を限度として強制執行等ができることになっています（信託法11条3項）。

### ⑷ 委託者の債権者による受益者に対する詐害行為取消と受益権の譲渡請求

　委託者がその債権者を害することを知って信託をした場合において，受益

者が受託者から信託財産に属する財産の給付を受けたときは，債権者は，受益者を被告として，民法424条3項に規定する詐害行為取消請求をすることができます。ただし，受益者が現に存する場合においては，その受益者とその前に受益権を譲り渡した全ての者が，受益者としての指定を受けたことを知った時（又は受益権を譲り受けた時）において債権者を害することを知っていたときに限るものとされています（信託法11条4項）。

　また，委託者がその債権者を害することを知って信託をした場合において，債権者は，受益者を被告として，その受益権を委託者に譲り渡すことを訴えをもって請求することができます。ただし，この場合も，受益者が現に存する場合においては，その受益者とその前に受益権を譲り渡した全ての者が，受益者としての指定を受けたことを知った時（又は受益権を譲り受けた時）において債権者を害することを知っていたときに限るものとされています（信託法11条5項）。

　この債権者による受益権の請求権は，詐害行為取消請求と同様に，委託者が債権者を害することを知って行為をしたことを債権者が知った時から2年を経過したとき，又は，行為の時から10年を経過したときは，提訴することができません（同条6項）。

⑸　**不当な逸脱行為への対応**

　受益者の指定又は受益権の譲受人への譲渡にあたっては，上記の適用を不当に免れる目的で，債権者を害することを知らない者を無償又は無償と同視すべき有償で受益者として指定し，又は，債権者を害することを知らない者に，無償で受益権を譲り渡すことが禁止されています（信託法11条7項）。

　これに違反した指定や譲渡を受けた者は，実質的に悪意者として扱われ，委託者の債権者は，当該信託行為やこれに基づく受益者への給付の取消し，又は，受益権の委託者への譲渡請求ができます（同条8項）。

⑹　**詐害信託の否認**

　破産者が委託者としてした信託においては，①破産者が破産債権者を害することを知ってした行為，又は，②破産者が支払の停止又は破産手続開始の

申立てがあった後にした破産債権者を害する行為については，その受益者と
その前に受益権を譲り渡した全ての者が受益者としての指定を受けたことを
知った時（又は受益権を譲り受けた時）において，①については破産債権者
を害する事実を知らなかったとき，②については，支払の停止等があったこ
と及び破産債権者を害する事実を知らなかったときを除き，破産手続開始後，
破産財団のために否認することができます（信託法12条1項，破産法160
条1項）。

　また，破産者が破産債権者を害することを知って，委託者として信託をし
た場合には，破産管財人は，受益者を被告として，その受益権を破産財団に
返還することを訴えをもって請求することができます。ただし，受益者が現
に存する場合においては，その受益者とその前に受益権を譲り渡した全ての
者が，受益者としての指定を受けたことを知った時（又は受益権を譲り受け
た時）において債権者を害することを知っていたときに限るものとされてい
ます（信託法12条2項）。

　なお，民事再生手続，会社更生手続においても，破産法と同趣旨の規定が，
置かれています。

# 第7 信託会計

　信託会計に関して，信託法は，「信託の会計は，一般に公正妥当と認めら
れる会計の慣行に従うものとする。」（信託法13条）ことを定めています。
また，信託法の規定により委任された信託の計算に関する事項等について，
必要な事項を定めた信託計算規則が制定されています。

　この信託計算規則3条においては，「この省令の用語の解釈及び規定の適
用に関しては，一般に公正妥当と認められる会計の基準その他の会計の慣行
をしん酌しなければならない。」ことが定められています。

　信託法13条の規定は，会社法等との平仄により，導入されたものと考え
られますが[26]，信託は，会社と違い，多様な利用方法があることから，会社

における「企業会計の慣行」に限定せずに，幅広い概念としての「会計の慣行」としたものと考えられます。すなわち，信託行為により，会計処理の定めが置かれている場合には，その定めに従い，定めが置かれていない場合で，実務上，既に存在する信託会計の慣行があるときには，その慣行に従うことになります[27]。

---

26　会社法431条では，「株式会社の会計は，一般に公正妥当と認められる企業会計の慣行に従うものとする。」と定められています。

27　村松秀樹・富澤賢一郎・鈴木秀昭・三木原聡『概説　新信託法』（金融財政事情研究会，2008）41頁

# 第4章

## 裁判所の監督

### 第1 | 裁判所による一般的な監督の廃止

　旧信託法では，営業信託を除く信託には，裁判所による一般的な監督が及ぶものとされていましたが（旧信託法41条1項），信託法においては，この規定を削除し，裁判所による監督を廃止しています。

　その理由としては，①信託制度に対する社会的認知度が高まり，状況に大きな変化が生じていること，②裁判所が監督を行う上で必要な制度がないこと，③信託という私的な関係に裁判所の一般的監督が常に及ぶことは適当ではないこと，が挙げられます。

　また，裁判所による信託事務の処理に対する直接の検査及びその他必要な処分をすることについても，裁判所が直接に検査を実施することは困難であることから，廃止しています。

### 第2 | 検査役制度

　一方，旧信託法41条1項の検査役制度については，信託法においても，存続させています。すなわち，受託者の信託事務の処理に関し，不正の行為又は法令若しくは信託行為の定めに違反する重大な事実があることを疑うに足りる事由があるときは，受益者は，信託事務の処理の状況並びに信託財産

に属する財産及び信託財産責任負担債務の状況を調査させるため，裁判所に対し，検査役の選任の申立てをすることができます（信託法 46 条 1 項）。

　検査役は，その職務を行うため必要があるときは，受託者に対し，信託事務の処理の状況や信託財産に属する財産等の状況について報告を求め，又は当該信託に係る帳簿，書類その他の物件を調査することができる報告徴収権・物件調査権を有しています（同法 47 条 1 項）。

# 第5章

## 信託財産

## 第1 | 信託財産の範囲

　信託法では，信託財産は，「受託者に属する財産であって，信託により管理又は処分をすべき一切の財産をいう。」と定義されています（信託法2条3項）。また，一般に，金銭に見積もれるものでなければならず，積極財産でなければならないといわれています。したがって，特許権等の知的財産権のほか，特許を受ける権利，外国の財産権等も含まれますが，人格権は含まれず，債務は，信託財産ではないことに留意する必要があります。

　その信託財産の範囲は，信託行為において信託財産に属すべきものと定められた財産のほか，信託財産に属する財産の管理，処分，滅失，損傷その他の事由により受託者が得た財産，信託法の規定により，信託財産に属することとなった財産であることが定められています（同法16条）。信託財産は，形を変えても信託財産であり，物上代位性があるといわれています。

　とりわけ，信託財産に属する財産を売却した場合の売買代金債権，信託財産に属する金銭により購入した財産など，信託財産の代位物のほか，信託財産を引当てとして借り入れた金銭等も含み，受託者が法令又は信託行為の定めに違反して信託財産を処分した結果，取得した反対給付も含むと考えられています。

# 第 *2* | 信託登記

## 1 信託法における信託登記の意義

わが国における登記制度で代表的なものとしては，不動産の登記制度がありますが，不動産等の所有権等の登記・登録は，その登記等により効力を生じさせる効力要件ではなく，第三者対抗要件であり，信託の登記・登録についても，信託であることの効力要件ではなく第三者対抗要件です。

信託法 14 条では，「登記又は登録をしなければ権利の得喪及び変更を第三者に対抗することができない財産については，信託の登記又は登録をしなければ，当該財産が信託財産に属することを第三者に対抗することができない。」ことが定められています。

この対抗要件が必要となる具体的局面としては，二つあります。

一つ目が，①信託財産の独立性（受託者からの倒産隔離）を主張するときです。信託の登記・登録がなければ，固有財産として扱われて，受託者の債権の強制執行の対象になり，受託者が破産した場合には，破産財団に組み入れられてしまうことになります。

そして，二つ目が，②受託者の権限違反行為の取消しをするときの要件の一つです。受託者が信託財産を権限に違反して権利を設定し又は移転した場合に，その行為を受益者が取り消すためには，その財産がどの信託財産に属しているかを確認するために，信託の登記又は登録を第 1 の要件とし，受託者が権限外の行為をしたことについて，取引の相手方が悪意又は重過失であることを第 2 の要件としているということです。

信託法において，信託登記のもう一つの意義は，受託者の分別管理義務における分別管理の方法として規定されているということです。すなわち，信託の登記又は登録をすることができる財産は，信託の登記又は登録をしなければならないことが受託者の義務として定められています。

旧信託法においては，有価証券の信託の登録制度があり，勅令の定めによ

る信託の表示をすることが求められていましたが，実務からは非現実的な制度であり，円滑な信託事務処理の妨げになるとして，信託法では廃止されました。

なお，信託法 14 条における「登記又は登録をしなければ権利の得喪及び変更を第三者に対抗することができない財産」以外の動産，債権等の財産については，公示がなくても信託財産であることを第三者に対抗できると解されています。

## 2　不動産の信託登記

### (1)　不動産の登記制度

信託の登記・登録制度は，あまり知られていない制度ですので，信託財産を不動産とする場合の信託の登記をとりあげて説明したいと思います。

不動産の登記には，表示に関する登記と権利に関する登記とがあり，表示に関する登記は登記簿の表題部に，権利に関する登記は登記簿の権利部に記録されます。

表示に関する登記は，不動産の物理的現況を明らかにすることを目的としており，権利に関する登記は，不動産についての権利の保存，設定，移転，変更，処分の制限又は消滅を公示するためのもので，この登記が第三者対抗要件となります。例えば，不動産についての権利の優先関係が問題となるときは，登記の有無，先後が基準となります。

権利に関する登記のうち，所有権に関する登記は，権利部の甲区に記録されます。所有権に関する登記には，新築などで，初めて甲区に記録される場合の所有権保存登記や所有権の移転を受ける場合にされる所有権移転登記等があります。

### (2)　信託登記

下記の登録例において，順位番号が 2 の行は，売買により単純に所有権が移転したもので，3 の行が信託による移転の場合の所有権移転登記です。2 の行の場合には，登記の目的には「所有権移転」，登記原因及びその日付に

**信託登記例**

| 権利部（甲区）（所有権に関する事項） | | | |
|---|---|---|---|
| 順位番号 | 登記の目的 | 受付年月日・受付番号 | 権利者その他の事項 |
| 2 | 所有権移転 | 令和○年○月○日<br>第○号 | 原因　令和○年○月○日　売買<br>所有者<br>○市○町○丁目○番○号<br>　○　○　○　○ |
| 3 | 所有権移転 | 令和○年○月○日<br>第○号 | 原因　令和○年○月○日　信託<br>受託者<br>○市○町○丁目○番○号<br>　○○信託銀行株式会社 |
| | 信託 | 余白 | 信託目録　第○号 |

は「令和○年○月○日売買」と記録され，権利者として新しい所有者の住所・氏名が記録されます。

　不動産を信託財産として信託した場合，登記の目的には「所有権移転」と「信託」，登記原因及びその日付には「令和○年○月○日信託」と記録され，受託者の表示とともに，新しい所有者として受託者の住所・氏名が記録されます。信託財産となった不動産の登記簿には，必ず「信託目録」がつくられ，甲区には，信託目録の番号のみが記録されます。

### (3)　信託目録

　信託目録では，委託者に関する事項，受託者に関する事項，受益者に関する事項とともに，信託契約の概要として「信託条項」が記録されます。「信託条項」には，信託の目的，信託財産の管理方法，信託の終了の事由，その他の信託の条項等が記録され，登記されている信託不動産は，どの信託に属しているのか，信託はどのような信託で，受託者はどのような権限を有しているのかが，おおよそわかるようになっています。

## 信託目録例

| 信託目録 | | 調整 | 余白 |
|---|---|---|---|
| 番号 | 受付年月日・受付番号 | | |
| 第○○号 | 令和○年○月○日<br>第○○○号 | 余白 | |
| 1．委託者に関する事項 | ○市○町○丁目○番○<br>○　○　○　○ | | |
| 2．受託者に関する事項 | ○市○町○丁目○番○<br>○○信託銀行　株式会社<br>代表取締役○○○○ | | |
| 3．受益者に関する事項等 | ○市○町○丁目○番○<br>○　○　○　○ | | |
| 4．信託条項 | ①信託の目的<br>　　　本信託の目的は，本契約の定めに従い，受託者が信託財産を受益者のために管理，運用及び処分することとする。<br>②信託財産の管理方法<br>　　　受託者は，本件信託契約に別途定める場合を除き，本件信託契約の規定及び受益者の指図に従い，信託不動産及びその他の信託財産の管理・運用・処分及びその他の当該目的の達成のために必要な行為を行う権限を有する。<br>③信託の終了事由<br>　　　本信託は，次の各号のいずれかに該当したときは終了する。<br>　1　信託期間が満了したとき。<br>　　　本契約は，令和○年○月○日までとする。ただし，受益者から信託終了日の6か月前までに信託期間延長の申し入れがあり，受託者がこれを承諾したときには，信託期間は延長される。<br>　2　信託不動産を売却したとき。<br>　3　本契約が本契約に定める規定その他により解除されたとき。<br>④その他の信託の条項<br>　1　受益権は，これを分割することができない。<br>　2　受益者は，受託者の事前の承諾を得なければ，受益権を譲渡または質入れをすることができない。<br>　3　受託者は，受益者の同意を得たときに辞任をすることができる。 | | |

# 第*3* | 信託財産の付合等と信託財産の分割

## 1 信託の付合等

　信託財産に属する財産と固有財産（他の信託の信託財産に属する財産を含む）との間で，付合，混和やこれらの財産を材料とする加工があった場合には，各信託の信託財産と固有財産に属する財産は各別の所有者に属するものとみなして，民法242条から248条までの規定を適用するものとしています（信託法17条）。

## 2 信託財産と固有財産等との識別不能の規律

　信託法18条には，信託財産と固有財産等が混ざってしまい識別不能になってしまった場合のルールが規定されています。

　その規律では，第1に，その当時における各財産の価格の割合に応じて識別不能となった各財産の共有持分がその信託財産と固有財産（又は他の信託財産）とに帰属するものとみなすものとされています。また，第2に，識別不能となった当時における価格の割合が不明である場合には，その共有持分の割合は均等であると推定することが定められています。

　この規律によれば，例えば，固有財産の牧場に12頭，A信託財産の牧場に6頭，B信託財産の牧場に6頭の羊がそれぞれ飼われていたところ，台風により，各牧場の柵が壊れ，三つの牧場の羊が入り混じり，どの牧場の羊であるのか識別がつかなくなってしまい，かつ，全部で12頭だけが残っていた場合において，この12頭は，どの牧場に帰属することになるのでしょうか。

　台風が来る前の帳簿が残っていたときには，固有財産牧場：A信託財産牧場：B信託財産牧場に属する羊は，12：6：6，すなわち，2：1：1の割合で，共有することになります。したがって，すべての羊がそれぞれ等価である場合には，6頭，3頭，3頭がそれぞれの牧場に属することになります。

　さらに，帳簿までもがなくなってしまった場合には，それぞれが，1：1：1の割合で共有することになることから，それぞれの牧場には，4頭ずつが，帰属することになります。

　この規律により，帳簿等により識別不能となった当時における価格の割合が明らかであれば，結果的に，信託財産は受託者の倒産から物権的に保護されることになることに留意する必要があります。

### 3　共有物の分割

　受託者に属する特定の財産について，その共有持分が信託財産と固有財産とに属する場合については，①信託行為において定めた方法，②受託者と受益者（信託管理人を含む）との協議による方法，③分割をすることが信託の目的の達成のために合理的に必要と認められる場合であって，受益者の利益を害しないことが明らかであるとき，又はその分割の信託財産に与える影響，分割の目的及び態様，受託者の受益者との実質的な利害関係の状況その他の事情に照らして正当な理由があるときは受託者が決する方法，のいずれかの方法により，財産の分割をすることができるものとされています（信託法19条1項）。

　この規定は，受託者が単独で分割を行うことは典型的な利益相反行為となることから，利益相反行為の制限の例外である信託法31条2項と同じ条件の下で分割を行うことを認めたものです。

　なお，②における協議が調わないときやその他の方法により分割をすることができないときは，受託者又は受益者（信託管理人を含む）は，裁判所に対し，同法19条1項の共有物の分割を請求することができることが定められています（同条2項）。

## 第4　信託財産に属する財産についての混同の特例

　信託法においては，利益相反行為の例外規定により，受託者が信託財産に

ついて権利を取得する場合が想定され，信託財産に対する権利を受託者が有する場合もあります。また，混同は，物権だけではなく，債権についても生じるため，債権と債務においても，信託財産と固有財産又は他の信託財産とにそれぞれ帰属した場合には，同様の問題が生じます。

そこで，信託法では，旧信託法の規定の趣旨を維持しつつ，このような問題も勘案し，信託財産と受託者の固有財産又は他の信託財産との間では，広く混同による権利の消滅が生じないものとしています。すなわち，同一物について所有権及び他の物権，又は，所有権以外の物権及びこれを目的とする他の権利が，信託財産と固有財産又は他の信託の信託財産とにそれぞれ帰属した場合には，民法179条1項本文，及び同条2項前段の規定にかかわらず，他の物権は消滅しないものとしています（信託法20条1項・2項）。

また，債権の場合にも，同様の規定が置かれており，民法520条本文の規定にかかわらず，その債権は消滅しません（同法20条3項）。

# 第5 | 委託者の占有の瑕疵の承継

民法187条1項においては，占有者の承継人は，占有物について占有の一定期間の継続を主張する場合には，自己の占有のみを主張するか，前占有者の占有と自己の占有とを併せる一つの占有が継続したことを主張するかは，自由に選択できます。

一方，信託法においては，瑕疵ある占有をする委託者が，善意の受託者に瑕疵のある財産を信託し，一方で自ら受益者となることにより，占有の瑕疵を受託者の下で治癒させて不当に利益を得るということが考えられますので，それを防止するために，受託者は信託財産に属する財産の占有について委託者の占有の瑕疵を承継することが定められています（信託法15条）。

# 第6 | 信託財産に対する強制執行等の制限

　信託法では，信託財産責任負担債務に係る債権，すなわち，信託債権に基づく場合を除き，信託財産に属する財産に対しては，強制執行，仮差押え，仮処分，担保権の実行，競売又は国税滞納処分をすることができないことが定められています（信託法23条1項）。

　また，この規定に違反してなされた強制執行，仮差押え，仮処分，担保権の実行若しくは競売又は国税滞納処分に対しては，受託者又は受益者は，異議を主張することができます（同法23条5項・6項）。

# 第7 | 自己信託の強制執行等の特例

　自己信託の場合には，特例があり，委託者がその債権者を害することを知って信託をしたときは，信託財産責任負担債務に係る債権を有する債権者のほか，委託者兼受託者に対する債権で信託前に生じたものを有する者は，信託財産に属する財産に対し，強制執行，仮差押え，仮処分若しくは担保権の実行若しくは競売又は国税滞納処分をすることができます（信託法23条2項）。

　ただし，受益者が現に存する場合においては，その受益者とその前に受益権を譲り渡したすべての者が，受益者としての指定を受けたことを知った時（又は受益権を譲り受けた時）において債権者を害することを知っていたときに限るものとされており，また，委託者がその債権者を害することを知って自己信託をしたときに，受益者の指定または受益権の譲渡にあたっては，上記の適用を不当に免れる目的で，債権者を害すべき事実を知らない者を無償（無償と同視すべき有償を含む）で受益者として指定し，または善意者に対し無償で受益権を譲り渡すことを禁止しており，これに違反する受益者の指定または受益権の譲渡によって受益者となった者については，強制執行等を免れることはできません（同条3項）。

　なお，上記の自己信託の特例は，信託がされた時から2年間を経過したときは，適用しないものとされています（同法23条4項）。

# 第8 | 信託財産と受託者の破産等との関係

　信託法25条1項においては，受託者が破産手続開始の決定を受けた場合であっても，信託財産に属する財産は，破産財団に属せず，また，同条2項では，受益債権は，破産債権とならず，受託者が信託財産に属する財産のみをもってその履行の責任を負う信託債権についても同様に，破産債権にならないものと規定されています。さらに，受託者が破産手続開始の決定を受けた場合において，破産法252条1項の免責許可の決定による信託債権（信託財産に責任が限定されるものを除く）に係る債務の免責は，信託財産との関係においては，その効力を主張することができません（信託法25条3項）。

　また，受託者が再生手続開始の決定を受けた場合についても，破産と同様に，信託財産に属する財産は，再生債務者財産に属せず（同条4項），受益債権は，再生債権にはなりません。信託財産に責任が限定される信託債権も同様です（同条5項）。受託者が再生手続開始の決定を受けた場合において，再生計画，再生計画認可の決定又は民事再生法235条1項の免責の決定による信託債権（信託財産に責任が限定されるものを除く）に係る債務の免責又は変更は，信託財産との関係においては，その効力を主張することができず（信託法25条6項），さらに，受託者が更生手続開始の決定を受けた場合についても上記の規定を準用するものとされています（同条7項）。

　なお，受託者の破産管財人が有する双方未履行双務契約の解除権[28]と信託との関係については，一般に，破産法上の双方未履行双務契約の解除権の規定は，破産の影響を受けない契約については適用がないものと解されている

----

28　破産法53条1項では，双務契約については，破産者及びその相手方が破産手続開始の時において，共にまだ未履行のときには，破産管財人は，契約の解除をするか，又は，破産者の債務を履行して相手方の債務の履行を請求するか，のいずれかを選択することができることとされています。

ところ，信託財産は，上記のとおり，受託者が破産手続開始の決定を受けた場合において破産財団に属しないことから，信託契約は破産の影響を受けない契約であり，双方未履行双務契約の解除権に関する規定の適用を受けないと解されています。

# 第9 委託者の破産管財人の有する双方未履行双務契約の解除権

　一方，委託者の破産管財人の有する双方未履行双務契約の解除権と信託との関係についても，双方未履行双務契約の解除権に関する規定の適用を受けないと解されています。

　すなわち，委託者の債務は，①費用・報酬の支払債務（信託契約において，委託者が費用及び信託報酬を支払うことが約定されている場合で，その支払いが未了であるとき），②追加信託義務（信託契約において，追加的な信託財産の拠出が約定されている場合），③信託財産の引渡しに係る債務（信託契約締結後に，委託者から受託者への引渡しが未了の信託財産がある場合）が想定され，一方，受託者の債務については，ⅰ）信託事務遂行債務，ⅱ）法定帰属権利者としての委託者に対する残余財産の支払債務が想定されますが，通常，①及び②の債務を発生させる特約が締結されることは少なく，③についても，通常は信託契約の締結直後に履行されるため，これが問題となることはまれであると考えられます。

　また，受託者の債務についても，ⅱ）の法定帰属権利者たる委託者に対する残余財産の支払債務については，そもそも，委託者の拠出した財産から出捐するものであり，受託者は実質的には負担を負っておらず，委託者の債務（報酬支払義務等）と対価性があるとはいい難いことから問題にはならないと考えられます。さらに，ⅰ）の信託事務遂行債務についても，委託者としての権利を信託行為の定めによりなくすことにより，この債務を消滅させることが可能です。

　以上のことから，信託行為において，ⅰ委託者の権利をなくすこと，ⅱ委託者が費用及び信託報酬を支払う約定を入れないこと，ⅲ追加的な信託財産の拠出を約定しないこと，さらに，ⅳ帰属権利者を指定する等の工夫を行えば，資産流動化を目的とする信託においては，委託者の破産管財人の有する双方未履行双務契約の解除権については，排除できるものと解することができます。

# 第 *10* ｜ 信託財産責任負担債務

　信託財産責任負担債務とは，受託者が信託財産に属する財産をもって履行する責任を負う債務（信託の債務）のことをいいます（信託法 2 条 9 項）。
　信託法 21 条 1 項には，信託財産責任負担債務に係る債権が，限定列挙されています。

①　受益債権（1 号）
②　信託財産に属する財産について信託前の原因によって生じた権利（2 号）
③　信託前に生じた委託者に対する債権で，その債権に係る債務を信託財産責任負担債務とする旨の定めがあるもの（3 号）
④　受益権取得請求権（4 号）
⑤　信託財産のためにした行為（信託財産に効果を帰属させようと意図して行った行為）で，受託者の権限に属するものによって生じた権利（5 号）
⑥　受託者が信託財産のためにした権限違反行為のうち，信託法 27 条 1 項又は 2 項の規定により，取り消すことができない行為によって生じた権利で，その行為の相手方が，その行為の当時，その行為が信託財産のためになされたものであることを知らなかったものを除くもの（信託財産に属する財産について権利を設定し又は移転する行為を除

く）（6号イ）[29]

⑦　受託者の権限違反行為により取り消すことができる行為であるにもかかわらず取り消されていない行為によって生じた権利（6号ロ）

⑧　受託者の利益相反行為に関して取り消すことができない行為又は取り消すことができる行為であるにもかかわらず取り消されていないものによって生じた権利（7号）

⑨　受託者が信託事務を処理するについてした不法行為によって生じた権利（8号）

⑩　その他信託事務の処理について生じた権利（9号）

信託財産責任負担債務のうち，ⅰ）受益債権，ⅱ）限定責任信託における信託債権，ⅲ）その他信託法に規定された信託財産に属する財産のみをもってその履行の責任を負うものとされる場合の信託債権，ⅳ）責任財産限定特約が付された信託債権，に係る債務，については，受託者が信託財産に属する財産のみをもって履行の責任を負う債務となることが定められています（信託法21条2項）。

# 第11 信託財産に属する債権等についての相殺の制限

## 1 信託に属する財産と固有財産に属する財産との相殺の可否

信託法においては，信託に属する債権と固有財産に属する債権との相殺について，第三者からは，信託財産に対する強制執行等の制限に基づき制限され，一方，受託者からの相殺の場合には，信託財産に対する強制執行等の制

---

29　例えば，受託者が，信託財産である工芸品を第三者に売却した場合等，信託財産に属する財産について権利を設定し又は移転する行為については，たとえ，相手方である第三者が，その行為が信託財産のためにされたものであることを知らなかったときでも，相手方は，受託者がその「もの」の権利者であると信じて，その「もの」について権利を設定し又は移転しているため，例外の例外として，相手方を保護するものとされているのです。

限に加えて受託者の忠実義務における利益相反行為の制限に基づき，制限されています。

このように，相殺が禁止される理由が，相殺権の行使主体によって異なることから，第三者からの相殺と受託者からの相殺の制限の規律を分離して規定しています。

## 2　第三者が信託財産に属する債権を受働債権としてする相殺の制限

信託法では，受託者が固有財産又は他の信託の信託財産（以下「固有財産等」といいます。）に属する財産のみをもって履行する責任を負う債務に係る債権を有する者は，その債権をもって信託財産に属する債権に係る債務と相殺をすることができないものとしています（信託法 22 条 1 項）。

この相殺を認めれば，信託財産に対する強制執行等の制限に反することになり，信託財産の独立性が確保できないからです。

しかしながら，このような状況において，常に相殺ができないものとすると，相手方の債権を保有しているよりも，相殺によって受託者の固有財産等への求償権を取得した方が受益者にとって有利となる場合には，不都合が生じます。そこで，受託者の忠実義務における利益相反行為の制限の例外（同法 31 条 2 項各号）に該当する場合において，受託者が承認したときは，この制限は適用されないものとしています（同法 22 条 2 項）。

さらに，固有財産等責任負担債務に係る債権を有する者が，その債権を取得した時又は信託財産に属する債権に係る債務を負担した時のいずれか遅い時において，①その信託財産に属する債権が固有財産等に属するものでないことを知らず，かつ，知らなかったことにつき過失がなかった場合，又は，②その固有財産等責任負担債務が信託財産責任負担債務でないことを知らず，かつ，知らなかったことにつき過失がなかった場合についても，その例外として相殺を容認しています（信託法 22 条 1 項ただし書）。

この規定は，相手方の保護のための例外規定であるといえます。

## 3 第三者が固有財産に属する債権を受働債権としてする相殺

　信託財産に属する財産のみをもってその履行の責任を負うものに限定した信託財産責任負担債務に係る債権を有する者は，その債権をもって固有財産に属する債権に係る債務と相殺をすることができないものとしています（信託法22条3項本文）。受託者の固有財産への執行を制限した趣旨に反することになるからです。ただし，受託者が同項の相殺を承認したときは，適用しないものとしています（同条4項）。また，この場合においても，信託財産責任負担債務に係る債権を有する者が，その債権を取得した時又は当該固有財産に属する債権に係る債務を負担した時のいずれか遅い時において，その固有財産に属する債権が信託財産に属するものでないことを知らず，かつ，知らなかったことにつき過失がなかった場合については，その例外として相殺を容認しています（同条3項ただし書）。相手方の保護のための例外規定です。

## 4 受託者が信託財産に属する債権を自働債権としてする相殺

　受託者から相殺を行う場合について，信託法は，特別な規律を置かずに忠実義務に関する一般的な規律に委ねています。

　受託者が信託財産に属する債権と，固有財産に属する債務と相殺する場合は，形式的には利益相反行為の間接取引に該当する（信託法31条1項4号）ことから，旧信託法と同様に，相殺を制限する考え方をとっています。また，その効果としては，第三者である債権者が，その相殺が利益相反行為であることを知り，又は重大な過失により知らなかったときは，受益者は，受託者の相殺の意思表示を取り消すことができる（同条7項）ことになります。ただし，信託行為に定めがある場合等，利益相反行為の制限の例外（同条2項各号）に該当する場合には，相殺をすることが容認されることになります。例えば，信託銀行が信託勘定において，ある会社に貸出金を有しており，一方で，その会社から預金の預け入れを受けているような場合で，その会社が

倒産しそうなときには，貸出金と預金を相殺することにより，不良債権化した貸出金を回収できることになりますので，利益相反行為の制限の例外（同条2項4号）に該当し，相殺は認められることになります。

## 5　受託者が固有財産に属する債権を自働債権としてする相殺

　信託法においては，受託者が固有財産に属する債権と信託財産責任負担債務とを相殺する場合については，一般的には，信託財産に不利益を与えることがないため，形式的にも，忠実義務違反とはならず，旧信託法と同様に，相殺を制限していません。

　ただし，例えば，信託銀行が，信託勘定と銀行勘定の両方で，ある会社に対して貸出を行っており，かつ，預金の預け入れを受けているような場合において，その会社が倒産しそうなときには，銀行勘定に属する貸出金と信託勘定に属する貸出金のいずれと預金とを相殺すべきかは，忠実義務における競合行為の制限（信託法32条）の問題となります。

　信託法32条1項では，「受託者として有する権限に基づいて信託事務の処理としてすることができる行為であってこれをしないことが受益者の利益に反するものについては，これを固有財産又は受託者の利害関係人の計算でしてはならない。」と規定されていますが，「受益者の利益に反するもの」か否かは，実質で判断するものと解されています[30]。そのため，その相殺が，従来の実務における原則的な取扱いである銀行勘定と信託勘定のそれぞれの残高に応じて弁済するいわゆる「プロラタ弁済」である限りにおいては，競合行為に該当しないものと考えられることから，許容されると考えられます。

　ただし，上記の例で，銀行勘定の貸出金とその預金全額とを優先的に相殺することは，実質的に「受益者の利益に反する」ことになりますので，競合行為に該当し，相殺は制限されます。

---

30　寺本昌広『逐条解説　新しい信託法』（商事法務，2007年）129頁

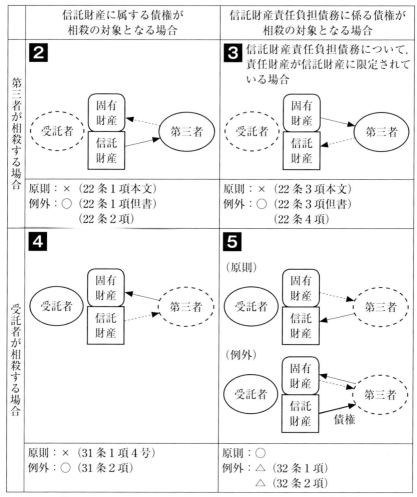

| | 信託財産に属する債権が<br>相殺の対象となる場合 | 信託財産責任負担債務に係る債権が<br>相殺の対象となる場合 |
|---|---|---|
| 第三者が相殺する場合 | **2**<br><br>原則：×（22 条 1 項本文）<br>例外：○（22 条 1 項但書）<br>　　　（22 条 2 項） | **3** 信託財産責任負担債務について，責任財産が信託財産に限定されている場合<br><br>原則：×（22 条 3 項本文）<br>例外：○（22 条 3 項但書）<br>　　　（22 条 4 項） |
| 受託者が相殺する場合 | **4**<br><br>原則：×（31 条 1 項 4 号）<br>例外：○（31 条 2 項） | **5**<br>（原則）<br><br>（例外）<br><br>原則：○<br>例外：△（32 条 1 項）<br>　　　△（32 条 2 項） |

◯＝相殺する者　┄┄▶＝自働債権　━━▶＝受働債権

## **6** 受託者が受益権を受働債権とする相殺

(1)　旧信託法下における裁判例

旧信託法下において，信託銀行がある企業に対する貸付債権を自働債権と

し，金銭信託受益権を受働債権としてした相殺の可否が争われた事例があり
ました。

　第一審（京都地方裁判所平成 12 年 2 月 18 日判決）[31]では，「金銭信託にお
いても，受託者が信託を引き受けた金銭は，受託者個人の財産から独立した
存在であることに変わりはない。一方，受託者の受益者に対する貸付けは，
金銭信託に当然に伴うものではなく，貸付金債権は受託者個人の固有の債権
である。したがって，受託者の受益者に対する貸付金債権と受益債権とは別
個の法主体間の債権債務であり，両債権の相殺を認めることは，信託法 17
条の趣旨に反して許されないと解するのが相当である。」と実質的法主体性
説に依拠して，相殺を許容しませんでした。

　一方，控訴審（大阪高等裁判所平成 12 年 11 月 29 日判決）[32]では，これに
対して，「受益者の受益金返還請求権と信託の受託者（信託銀行）の受益者
に対する貸金請求権との相殺は信託法 17 条の射程外であって，これにより
本件相殺を無効ということはできない。しかし，民法 505 条 1 項所定の債権
の目的の種類の不一致，信託法 36 条，37 条の趣旨ないし反対解釈などによ
り，両条所定の費用，損害，報酬等以外の債権である貸金による相殺は許さ
れない。もっとも，信託終了後に受益者の預り金として別段預金口座に振り
込まれた信託金，収益配当金の返還請求権に対しては当事者間に本件のよう
な相殺の合意があれば相殺できる。そして，本件銀行取引約定書 7 条はこの
相殺合意（相殺予約）に当たる。」として，結果的に相殺を認めています。

　しかしながら，法定相殺は否定しており，信託存続中においては，銀行取
引約定書は適用される余地はないとされ，「信託終了後」に銀行業務に当た
る側面がある「別段預金口座」に振り込まれた信託金，収益配当金の返還請
求権について，銀行取引約定書 7 条の約定相殺を認めたに過ぎず，約定相殺
の射程が明確ではなかったといえます[33]。

---

31　金融法務事情 1592 号 50 ～ 52 頁
32　金融法務事情 1617 号 44 ～ 50 頁

## ⑵　信託法における受託者が受益債権を受働債権としてする相殺の可否

　上記のとおり，信託法 22 条 3 項においては，信託財産に属する財産のみをもってその履行の責任を負うものに限定した信託財産責任負担債務に係る債権を有する者は，その債権をもって固有財産に属する債権に係る債務と相殺をすることができないことが規定されており，この規定は，受働債権が信託の受益債権の場合でも，受託者の受益者に対する給付債務は，信託財産のみをもってその履行の責任を負うことから，同様に適用を受けるものと解されています。

　一方，受託者が，信託受益債権を受働債権とする相殺については，このような制限の規定はありません。要綱試案補足説明においては，「このような相殺を認めても受託者の利益は損なわれないし，受益者に対する給付が現実にはなされないことにはなるものの，一方でその債務も消滅するのであり，相殺を認めることによって受益者の利益を損なうことにもならず，また，受益債権であるが故に現物給付の利益があるとは考えられないからである。」と説明されています。

　最近の学説においても，専修大学の道垣内弘人教授は，「信託の目的として，受益者に現実の受益を得させるという必要がある場合に，受託者自らがそれを妨げるような相殺を行うことは，受託者の義務に反するというべきであり，そうすると，原則としては相殺が許されるとしても，十分な自活能力のない受益者に一定の生活費を給付する目的などの他益信託においては，受託者には現実給付義務が課されているというべきではある。（ただし，相殺の合意は妨げない）[34]」と述べられており，受託者が，一般的な自益信託の受益債権を受働債権としてする相殺について肯定されています。

　また，東京大学の藤田友敬教授も，同様に，「受託者が，その固有財産に属する債権によって受益債権と相殺することについては，当該受益者に対して信託財産と固有財産の間に競合貸付状態が存在するといった例外的な場合

33　能見善久編『信託の実務と理論』（有斐閣，2009）206 頁
34　米倉明編『信託法の新展開』（商事法務，2008）164 〜 165 頁

を除いて，信託を害することはなく，原則として可能だということになる。もっとも，忠実義務の内容として，受益債権については，受託者は必ずいったんは受益者に履行しなくてはならないといったことまで含まれていると考えれば，受益債権との相殺は固有の問題があることになる。しかし，通常は，忠実義務にはそういう内容まで含むとは考えないのではないかと思われる。」[35]と述べられており，原則として，受益債権との相殺を肯定されています。

35　能見善久編『信託の実務と理論』（有斐閣，2009）206 頁

# 第6章

# 受託者の権限

## 第1 受託者の権限

信託法26条本文では，「受託者は，信託財産に属する財産の管理又は処分及びその他の信託の目的の達成のために必要な行為をする権限を有する。」ことが定められています。すなわち，信託行為に定めがなくても，信託目的の趣旨を勘案し，例えば，緊急に資金を調達する必要が発生した場合には，借入行為や信託財産を担保差入れすること等も許容されることになります。

ただし，信託行為によりその権限に制限を加えることを妨げないことが定められています（同条ただし書）。例えば，運用による利殖を目的とする信託において，信託行為で，デリバティブ等のリスクの高い金融商品には運用しない旨を定めることができるということです。

## 第2 受託者の権限違反行為

信託法では，受託者の権限違反行為を行った場合の効果について，信託財産が信託の登記又は登録をすることができる財産とできない財産に分けて規定しています。

① 信託財産が信託の登記又は登録をすることができない財産

原則として，受託者が信託財産のためにした行為が，その権限に属しない

場合において，行為の相手方が，行為の当時，その行為が，ⅰ）「信託財産のためにされたものであること」を知っており，かつ，ⅱ）「受託者の権限に属しないこと」を知っていたとき，又は知らなかったことについて重大な過失があったときは，受益者はその行為を取り消すことができるものとされています（信託法27条1項）。

② 信託財産が信託法14条の信託の登記又は登録をすることができる財産

　受託者の権利を設定し又は移転した行為が，その権限に属しない場合には，その行為の当時に，ⅰ）14条の信託の登記又は登録がされていたこと，かつ，ⅱ）その行為が受託者の権限に属しないことを知っていたこと又は知らなかったことについて重大な過失があったこと，に該当するときに限り，受益者は，その行為を取り消すことができることが定められています（信託法27条2項）。

　権利を設定し又は移転した行為を，受益者が取り消すためには，その財産がどの信託財産に属しているかを確認するために，信託の登記又は登録を第1の要件とし，他の財産と同様に，受託者が権限外の行為をしたことを確認するために，取引の相手方の悪意又は重過失を第2の要件としているということです。

　上記①②の受託者の権限違反行為に対する取消権は，受益者（信託管理人を含む）が取消しの原因があることを知った時から3ヶ月間行使しないとき，また，行為の時から1年を経過したときも，消滅するものとされています（同条4項）。

　なお，受託者の権限違反行為で，受益者が取消権を行使できるにもかかわらず，取消権を行使していないものによって生じた権利に基づく信託財産に対する強制執行等は，禁止されていません（同法21条1項6号ロ）。

第**7**章

# 受託者の義務

## 第**1** 信託法上の受託者の義務

　信託が設定されますと，受託者は，信託法に定められた信託事務遂行義務，善管注意義務，忠実義務，公平義務，分別管理義務，信託事務処理の委託における第三者の選任及び監督に関する義務，信託事務の処理の状況についての報告義務，帳簿等の作成等，報告及び保存の義務等，を当然に負います。

## 第**2** 信託事務遂行義務

　信託法29条1項では，「受託者は，信託の本旨に従い，信託事務を処理しなければならない。」と規定し，受託者に信託事務遂行義務を課しています。受託者は，信託目的の達成のため，信託行為の定めに形式的に従っているだけでは足りず，信託行為の定めの背後にある委託者の合理的な意図，すなわち，「信託の本旨」に適合するように信託事務処理が求められている[36]ことがこの規定の趣旨であるといわれています。

　この場合の「信託の本旨」については，あくまでも，受託者に与えられた権限の範囲内で求められる合理性のあるものであり，また，常に，委託者の

---

36　村松秀樹・富澤賢一郎・鈴木秀昭・三木原聡『概説　新信託法』(金融財政事情研究会，2008) 89頁

意図どおりに動くことをいっているわけではありません。また，信託には様々な類型や種類があり，とりわけ，商事信託においては，信託毎のアレンジメントが重視されることに留意する必要があります。

# 第3 | 善管注意義務

　信託法29条2項では，「受託者は，信託事務を処理するに当たっては，善良な管理者の注意をもって，これをしなければならない。ただし，信託行為に別段の定めがあるときは，その定めるところによる注意をもって，これをするものとする。」と規定し，善管注意義務を課しています。

　すなわち，受託者は，委託者及び受益者からの信認を受けており，信託事務を処理するには，自己の財産に対するのと同一の注意では足りず，より高度な注意義務を負うことが必要であるからです。

　この場合の「善良な管理者の注意」とは，「その職業や地位にある者として通常要求される注意」を意味し，受託者が専門家である場合には，専門家として通常要求される程度の注意をもって，信託事務を処理しなければならないと解されています。

　善管注意義務に関しては，任意規定であると解されていますが，「その定めるところによる注意をもって，これをするものとする」との文言からは，信託行為の定めでも，善管注意義務を完全に免除することまではできないことを表しているものと解されます。

# 第4 | 忠実義務

## 1 一般規定

　忠実義務とは，受託者は，もっぱら信託財産（受益者）の利益のためにのみ行動すべきであるという義務です。信託法においては，「受託者は，受益

者のため忠実に信託事務の処理その他の行為をしなければならない。」（信託
法30条）という忠実義務の一般規定を置いています。

　わが国の会社法における取締役の忠実義務は，判例で善管注意義務を敷衍
したものであり，同質の義務であると解されていますが[37]，信託法において
は，忠実義務は，善管注意義務とは異質の義務であるといわれています。

　信託法においては，30条違反の効果については，40条3項という例外的
なものを除き，直接的な規定はありませんが，例えば，信託財産を利用して
不当な利益を取得するような行為については，受益者は，30条違反を理由
として受託者の解任の申立てを行うことができると考えられます。

## 2 利益相反行為の制限

　信託法31条1項1号では，受託者が，信託財産に属する財産（その財産
に係る権利を含む）を固有財産に帰属させ，又は固有財産に属する財産（当
該財産に係る権利を含む）を信託財産に帰属させることを制限しています。
例えば，実務では，信託財産に属する株式を固有財産で購入するような行為
が典型的な行為です。

　2号では，信託財産に属する財産を他の信託の信託財産に帰属させること
を制限しています。実務では，ある信託財産で保有している株式を別の信託
の信託財産で取得し，その対価を別の信託の信託財産に取得させる取引等が
考えられます。

　3号では，第三者との間において信託財産のためにする行為で，かつ，自
己がその第三者の代理人となって行うものについて制限しています。例えば，
不動産管理処分信託の受託者が，その信託に属する不動産を売却するにあ
たって，買主側の代理人になること等です。

　4号では，信託財産に属する財産に，固有財産のみを引当とする債権を被
担保債権とする担保権を設定することなど，第三者との間において信託財産

---

37　最判昭和45年6月24日（民集24巻6号625頁）。

のためにする行為で，かつ，受託者又はその利害関係人と受益者との利益が相反することを制限しています。この場合，この取引の効果が信託財産に帰属するものに限定されていると考えられます。

　また，受託者は，上記の利益相反行為をした場合には，受益者に対してその行為についての重要な事実を通知しなければならないことがデフォルト・ルールとして定められています（信託法31条3項本文）。

　なお，受託者が受益者との間で行う受益権に係る取引についても，受託者と受益者の間で，利益が相反する可能性がありますが，この場合には，受託者は，信託事務の処理に当たる受託者としての立場ではなく，個人としての立場で受益者に係る取引をするものであること，また，受益者は自らの判断で取引に応じるか否かを決定できる立場にあること等に鑑み，利益相反行為の問題にはならないものと整理されています[38]。

## 3　競合行為の制限

　信託法では，「競合行為」という受託者の行為の制限の類型を設けており，「受託者として有する権限に基づいて信託事務の処理としてすることができる行為であってこれをしないことが受益者の利益に反するものについては，これを固有財産又は受託者の利害関係人の計算でしてはならない。」と定められています（信託法32条1項）。

　競合行為とは，簡単にいうと，信託事務として行う機会を奪取して受益者の利益を害する行為，例えば，収益性と安全性が明らかに高い運用対象財産があり，それを購入すれば，確実に儲かる場合において，運用を目的とする信託を受託しており，かつ，購入することができる状態であったにもかかわらず，信託財産では購入せずに固有財産でそれを購入するという行為であり，競合行為の制限とは，そのような行為を制限することです。

　受託者は，競合行為をした場合にも，受益者に対してその行為についての

---

38　寺本昌広『逐条解説　新しい信託法』（商事法務，2007）125頁

重要な事実を通知しなければならないことがデフォルト・ルールとして定められています（同法32条3項）。

## ４　利益相反行為・競合行為の制限の例外

### (1)　利益相反行為の制限の例外

　利益相反行為を禁止した旧信託法22条は，通説では強行規定であり，禁止されている行為については，裁判所による許可又は相続等による包括的承継を除き，例外が認められないと解されていましたが，信託法では，利益相反行為の制限の例外が認められています（信託法31条2項）。

　その例外は，四つあります。①信託行為にその行為をすることを許容する旨の定めがあるとき，②受託者がその行為について，「重要な事実」を開示して受益者の承認を得たとき（ただし，その行為をすることができない旨の信託行為の定めがあるときは許容されない），③相続その他の包括承継により信託財産に属する財産に係る権利が固有財産に帰属したとき，④受託者が当該行為をすることが信託の目的の達成のために合理的に必要と認められる場合であって，受益者の利益を害しないことが明らかであるとき，又は当該行為の信託財産に与える影響，当該行為の目的及び態様，受託者の受益者との実質的な利害関係の状況その他の事情に照らして正当な理由があるときです。

　なお，受託者は，信託事務処理を実施する際には，善管注意義務を負っていますので，31条1項各号の行為が，たとえ，同条2項各号の例外規定により，利益相反行為の制限の観点から許容されても，善管注意義務違反となることもあり得ることに留意する必要があります。

### (2)　競合行為の制限の例外

　競合行為の制限の例外については，信託法32条2項で，利益相反の制限の例外の一点目と二点目と同じ事項が規定されています。

　信託銀行の実務においては，信託業務と銀行業務の二つの業務を取り扱っていますが，銀行業務は，他人の資金である預金を扱っているものの固有財

産であることから，形式的に競合行為に該当する行為が行われることがあります。例えば，最近ではあまり見られなくなりましたが，一つの企業に信託財産と固有財産の両方から貸し付ける「競合貸付」は，その典型的な事例であるといえます。

　信託銀行では，銀行の貸付業務として，固有財産を使用して貸し付ける場合と信託財産を使用して貸し付ける場合があり，同一の企業に対して，固有財産と信託財産の両方の財産から貸し付ける場合もあります。

　このような行為は，形式的には，すべて競合行為にあたるおそれがあります。したがって，この条文の文言を厳格に解釈すると実務上厳しいものとなりますが，この規定の「『受益者の利益に反する』か否かは，実質的に判断され，信託銀行が現状行っている『競合貸付』については，信託銀行が信託勘定と銀行勘定の双方による貸出を恒常的に行っていることは委託者も所与の前提として信託契約を締結していると考えられるから，特段の事情がない限り，『受益者の利益に反する』の要件を満たさず，競合行為には当たらないものと考えられる」[39]との解釈がなされています。

　また，競合貸付が実施された後に，その貸付先が倒産した場合の弁済の方法についても，より先鋭的な形で競合することになりますが，この点については，実務における原則的な取扱いである固有財産と信託財産のそれぞれの貸付残高に応じて弁済する「プロラタ弁済」が，固有財産と信託財産への公平な弁済方法であり，条文上の解釈としては，「受益者の利益に反する」との要件に該当せず，競合行為ではないと解されています[40]。

## 5　忠実義務違反の効果

### (1)　利益相反行為の制限に違反した場合の効果
　利益相反行為の制限に違反した場合の効果については，まず，自己取引と

---

39　村松秀樹・富澤賢一郎・鈴木秀昭・三木原聡『概説　新信託法』（金融財政事情研究会，2008）99頁。
40　平成16年11月9日第4回法制審議会信託法部会

信託財産間の直接取引は，同一人格内の取引であるため，無効であることが
定められており（信託法31条4項），一方で，受益者は，選択的に，その取
引を追認し，その行為の時に遡ってその効力を生じさせることもできます
（同条5項）。例えば，信託財産と固有財産の間で，信託財産において，ある
株式を通常の取引価格よりも，著しく高い価格で購入したような場合に，そ
の取引を無効とすることを原則として，その株式が，その後，予想に反して
大幅な値上がりをしたときには，信託財産としては，そのまま保有し続けた
方が得になるため，その取引を追認することも可能であるということです。

　次に，上記の取引の後，さらに対第三者との間で取引がされた場合には，
第三者が介在するために，第三者の保護も視野に入れる必要があります。そ
こで，受益者は，最初の利益相反行為について，その第三者がその利益相反
行為の制限に違反して取引がなされたことを知っていたとき，又は，知らな
かったことについて重大な過失があったときに限って，その取引を取り消す
ことができることになっています（同条6項）。この場合，2人以上の受益
者のうちの1人が取消権を行使したときは，その取消しは，他の受益者の
ためにも，その効力は生じますが，この場合においても，受益者は取消しをせ
ずに，損失てん補の請求をすることも可能です。

　また，第三者との間において信託財産のためにする行為で，かつ，自己が
その第三者の代理人となって行う場合，又は，信託財産に属する財産を，固
有財産のための債権を被担保債権とする担保権を設定することなど，第三者
との間において信託財産のためにする行為で，かつ，受託者又はその利害関
係人と受益者との利益が相反する場合には，第三者がこれを知っていたとき
又は知らなかったことにつき重大な過失があったときに限り，受益者は，そ
の行為を取り消すことができます（同条7項）。

　この場合，受託者の権限違反行為と同様に，受益者（信託管理人を含む）
が取消しの原因があることを知った時から3ヶ月間行使しないとき，又は，
取引の時から1年を経過したときは，時効によって消滅します。

(2)　**競合行為の制限に違反した場合の効果**

　競合行為の制限に違反した場合については，取引自体は有効ですが，受益者は，第三者を害することがない限り，当該行為が信託財産のためにされたものとみなすことができることになっています（信託法32条4項）。

　この権利は，受益者が，旧商法264条3項に規定されていていた介入権と同様の効果を，しかも物権的な救済により受けることを可能としたものであり，受益者にとっては，手厚い保護の規律といえます。

　なお，この介入権的な権利は，取引の時から1年を経過したときは，時効によって消滅します（信託法32条5項）。

(3)　**忠実義務違反における効果の特則**

　受託者が，忠実義務違反行為を行った場合には，特則として，受託者やその利害関係人が得た利益の額と同額の損失を信託財産に生じさせたものと推定することが定められています（信託法40条3項）。

| 行為類型 | 利益相反行為（信託法31条4～7項） | | 競合行為（信託法32条4・5項） |
| --- | --- | --- | --- |
| | 「信託財産と固有財産」「信託財産」間での直接取引 | 第三者との間での間接取引 | |
| 行為の救済・有効性及び | 受託者の中で解決できる問題であることから無効 | 第三者が悪意重過失のときに限って受益者は取消しが可能（知った時から3ヶ月，行為の時から1年で消滅） | 当該行為は有効　受益者は，第三者を害する場合を除いて，その行為が信託財産のためにされたものとみなすことができる（会社法制定前の商法264条3項の取締役の競業行為に対する会社の介入権に類似・行為の時から1年で消滅） |
| その他の救済手段 | 受益者は，追認して損失てん補等の請求（信託法40条1項）も可能 | 受益者は，取消しせずに損失てん補等の請求（信託法40条1項）も可能 | 受益者は，その行為をそのまま追認し損失てん補等の請求（信託法40条1項）も可能 |
| | 忠実義務違反における効果の特則（信託法40条3項）受託者が，忠実義務違反行為を行った場合には，受託者やその利害関係人が得た利益の額と同額の損失を信託財産に生じさせたものと推定する | | |

## 6 利益取得行為

　米国統一信託法典第 802 条(a)においては，「受託者は，もっぱら受益者の利益のためだけに，信託の管理運用を行わなければならない。」と規定されており，この規定は，受託者が受益者以外の者の利益を図って信託財産に損害を与えることだけではなく，信託財産に損害が生じなくても，受託者が不当な利得を取得することを禁止することが含まれていると解されています。

　法制審議会信託法部会では，アメリカ，イギリスにおいて採用されている「利益取得行為」の制限が取り上げられ，その違反の効果としての「利益吐き出し責任」についても併せて議論されました。

　「利益取得行為」の制限とは，信託財産が損失を受けなかったとしても，受託者が，受託している信託を利用したり，信託事務の処理にあたって，不当な利益を得ることを制限することであり，「利益吐き出し責任」とは，それによって得た利益を吐き出して信託財産に戻すことです。

　議論の結果，行為の当時においては「不当な利益」の取得ではないと受託者が考えたにもかかわらず，裁判で「不当な利益」の取得行為であるとの認定がされた場合に，受託者が当該利得を信託財産に返還しなければならないとすれば，信託の引受けを躊躇する者が生じ，ひいては，信託の利用を妨げるおそれもある。そこで，これらの萎縮的効果に対する懸念を回避するため，受託者が得た利益を信託財産に帰属させなければならないとの一般的な規範は設けないことになりました。

# 第5 | 公平義務

## 1 公平義務の意味

　受託者の公平義務とは，「一つの信託に複数の受益者がいる場合に，これら受益者を公平に扱う義務」[41]であるといわれています。

　信託法では，公平義務の内容と効果を明確にするために，受益者が2人以上ある信託においては，受託者は，受益者のために公平にその職務を行わなければならないことを規定しています（信託法33条）。

　公平義務は，忠実義務の制限の類型である利益相反行為のように形式的に違反が観念され，その違反に対する例外を置くというような形で整理されるものではない実質的な概念であり，信託行為全体の趣旨により何が公平であるかが決定されることから，公平義務違反の例外の規定は，置かれていません。また，公平義務を実質的概念ととらえた場合でも，信託行為において完全に免除することはできないものと考えられます。

## 2 公平義務に関する受託者の行為に対する差止請求権

　受託者が公平義務に違反する行為をし，又はこれをするおそれがある場合において，その行為によって一部の受益者に著しい損害が生ずるおそれがある場合においては，その損害を受けるおそれがある受益者は，その受託者に対し，その行為をやめることを請求することができます（信託法44条2項）。

　通常，公平義務違反の場合には，信託財産全体から見ると損害が生じないことになります。そこで，公平義務違反により，損害を受けるおそれのある「一部の受益者」を保護するために，「一部の受益者に著しい損害が生ずるおそれがある場合」に差止請求を認めたものです。この差止請求権については，複数受託者の場合には，他の受託者にも付与されており（同法85条4項），信託行為の定めにより，委託者にも付与することが可能です（同法145条2項9号）。

---

41　能見善久『現代信託法』（有斐閣，2004）88頁。

# 第6 | 分別管理義務

## 1 分別管理義務の意義

　信託法34条1項柱書では，分別管理義務について，信託財産に属する財産と固有財産又は他の信託財産に属する財産とを，財産の区分に応じ，財産毎に定める方法で分別管理しなければならないことが定められています。

　信託関係が成立するためには，信託財産を特定しなければなりませんが，信託財産を特定するためには，分別管理が必要であり，「信託財産の特定性」は，「信託財産の独立性」すなわち，受託者の倒産からの隔離を確保するために必要です。また，分別管理義務は，受託者の忠実義務違反，善管注意義務違反の行為を未然に防止する機能を有するといわれています。

## 2 分別管理の方法

① 信託の登記・登録をすることができる財産（1号）

　信託の登記・登録が必要です。

② 動産（2号イ）

　外形上区別することができる状態で保管することが定められていますが，この意味は，物理的分別管理を指しており，例えば，金庫を分けて保管することが考えられます。

③ 金銭と動産以外の財産（2号ロ）

　その計算を明らかにする方法により管理することが定められており，具体的には，帳簿による分別管理をすることを意味します。

④ 法務省令で定める財産（3号）

　例えば，電子化された振替株式等がこれに当たります。これらの財産は，それぞれの法律により，信託財産に属することの対抗要件として信託の記載又は記録が定められていますが，どの信託財産に属するということまでは公示されておらず，信託法14条の登記又は登録ではありま

せん。そのため，このような財産は，法務省令による信託財産に属する
旨の記載・記録に加えてその計算を明らかにする方法が求められていま
す。

### 3  信託行為による分別管理の別段の定め

信託法 34 条 1 項ただし書では，これらの分別管理の方法について，実務
における柔軟性を阻害し，信託財産を効率的に管理，処分できなくなるおそ
れがあることから，デフォルト・ルールとしています。

ただし，信託法における帳簿作成義務及び帳簿保管義務については，そも
そも，信託財産を物権的に保護するための最低限の義務であり，また，分別
管理義務とは別の条文で強行規定として規定されていることから，信託行為
の定めでは免除できません。

また，信託の登記又は登録をすることができる財産は，信託の登記・登録
を行わない限り，受託者の倒産からの隔離効果が得られないこと等から，同
条 2 項において，信託の公示制度を，分別管理義務の分別管理の方法として
組み込み，強行規定として義務付けています。

### 4  実務上の対応

実務においては，信託財産に属する抵当権付債権における抵当権について
は，信託の登記又は登録をすることができる財産ですが，信託の登記につい
ては，ほとんど行われていません。この場合の抵当権は，信託登記がなくて
も，信託財産に属する債権に随伴することから，帳簿等により，債権がその
信託財産に属することが明らかである限り，抵当権は，その信託財産に属す
ることは明らかであり，第三者に対しても対抗できるからです。

この点について，立案担当者の著書においては，「抵当権の実行が必要に
なるまで抵当権の移転の付記登記及び信託の登記を行わない旨の信託行為の
定めは有効と解して差し支えない。[42]」と述べられています。

また，信託財産の中には，数ヶ月以内に売却するものや経済的価値の無い

建物等もあり，このようなものまで，信託登記を義務付けるのは，コスト等の面から不合理であると考えられ，信託の登記又は登録をすることが，受益者の利益にならない場合もあります。

　これらの点について，「信託行為の趣旨が，信託の登記等の義務の完全な免除にあるのではない限り，（例えば，受託者が経済的な窮境に至ったときは遅滞なく信託の登記等をする義務があるとされていると認められている場合は，完全な免除とはいい難いであろう。）は，信託行為の定めにおいて当該財産を受託者が取得後直ちに信託の登記等をすることとされていないとしても，許容される。[43]」と説明されています。

　実務では，これらの考え方に依拠し，信託行為の定めで，信託の登記又は登録を留保していることがあります。

# 第7 信託事務の処理の第三者への委託

## 1 信託事務の処理の自己執行義務から他人へ委託できる権限への転換

　旧信託法26条1項では，信託は，委託者の受託者に対する信認関係を基礎とする財産管理制度であることから，その信頼を保護するために，受託者が他人に対して信託事務の処理を委託することを禁止し，「信託行為に別段の定め」がある場合と「やむを得ない事由」がある場合にのみ認めていました。すなわち，受託者は，原則として，「自己執行義務」を負っているものと考えられていたということです。しかしながら，現状では，経済を動かす諸制度は，複雑化・高度化し，それに伴い運営の主体は，分業化・専門化が進んでおり，実務においては，信託事務のすべてを，受託者が自ら処理することは現実的ではないことから，自己執行義務の緩和が強く求められていま

---

42　村松秀樹・富澤賢一郎・鈴木秀昭・三木原聡『概説　新信託法』（金融財政事情研究会，2008）112頁

43　村松秀樹・富澤賢一郎・鈴木秀昭・三木原聡『概説　新信託法』（金融財政事情研究会，2008）113頁

した。

　そこで，信託法においては，信託事務の第三者への委託を，旧信託法下における受託者の自己執行義務と捉えるのではなく，他人に委託できる権限として捉えた改正が行われました。

## 2　信託事務の処理の第三者への委託の規律

　信託法28条では，基本的には，受託者が自ら信託事務の処理を行うことを前提としつつ，「信託行為の定めによる場合」又は「信託目的に照らして相当である場合」について他人への委託を許容するものとしています。また，信託行為において信託事務処理の委託が禁止されている場合でも，「信託目的に照らしてやむを得ない事由があると認められるとき」については，他人への委託を許容しています。

　本条における「信託目的に照らして相当である場合」については，他人に委託することが適当な場合，例えば，受託者より高い能力を有する専門家を使用する場合や，特に高度な能力を要しない事務について，受託者が自ら処理を行うよりも他人に委託した方が費用や時間などの点で合理的な場合などが，これに該当するものと考えられます。

　なお，委託を受けたものすべてが，「信託事務」に該当し，委託先は，委託を受けた会社の従業員のような狭義の履行補助者を除き，原則として，すべてが「第三者」となります。

## 3　信託事務処理を第三者へ委託した場合の受託者の責任

　信託法35条1項・2項では，信託事務の処理を第三者に委託するときは，受託者は，信託の目的に照らして選任し，信託の目的の達成のために必要かつ適切な監督を行う責任を負うことが定められていますが，同条3項では，その例外として，①信託行為で委託先を指名している場合，又は，②信託行為で委託者又は受益者の指名に従い委託する旨の定めがあり，その定めに従い指名された場合には，その責任を負わないことが定められています。ただ

し，その場合でも，委託先が不適任・不誠実であること，又は委託先の事務の処理が不適切であることを知ったときは，必要な措置をとらなければならないものとされています。

　なお，旧信託法26条3項では，信託事務の処理の委託を受けた者に対して，受託者と同一の責任を課していましたが，実務では，委託を受けた者は，受託事務について，信託の事務として行っているということや受託者と同一の責任を負っているという認識がないことも多く，事務処理の委託を受けた者にとっては，一般の契約とは別個の予想外の責任を負わされることになりかねないとの考えから，信託法においては，旧信託法26条3項を削除しています。

# 第8 信託事務の報告・帳簿等の作成義務

## 1 信託事務の処理の状況等についての報告義務

　委託者又は受益者は，受託者に対し，信託事務の処理の状況並びに信託財産に属する財産及び信託財産責任負担債務の状況について報告を求めることができます（信託法36条）。この規定は，強行規定です。

## 2 信託帳簿等の作成，報告及び保存の義務

　受託者は，①信託事務に関する計算・信託財産に属する財産・信託財産責任負担債務の状況を明らかにするために，「信託財産に係る帳簿その他の書類又は電磁的記録」を作成しなければならないこと，②「貸借対照表，損益計算書その他の法務省令で定める書類又は電磁的記録」（これを「財産状況開示資料」といいます。）を毎年1回一定の時期に作成して，受益者に対し報告しなければならないことが定められています（信託法37条）。

　作成については，強行規定ですが，受益者への報告については，別途，信託事務の処理の状況等についての報告義務が強行規定で定められていますの

で，デフォルト・ルールとされています。

　また，①②の書類と「信託財産に属する財産の処分に係る契約書その他の信託事務の処理に関する書類又は電磁的記録」について，10年間の保存義務が課せられています。

# 第9 | 信託帳簿等の閲覧等の請求

　受益者は，受託者に対し，請求の理由を明らかにして信託帳簿等の閲覧又は謄写の請求をすることができます（信託法38条1項）。

　一方，開示することが適切ではない場合もありますので，下記の受託者による拒否事由が定められています（同条2項）。

① 　請求を行う者がその権利の確保又は行使に関する調査以外の目的で請求を行ったとき

② 　請求者が不適当な時に請求を行ったとき

③ 　請求者が信託事務の処理を妨げ，又は受益者の共同の利益を害する目的で請求を行ったとき

④ 　請求者が当該信託に係る業務と実質的に競争関係にある事業を営み，又はこれに従事するものであるとき

⑤ 　請求者が前項の規定による閲覧又は謄写によって知り得た事実を利益を得て第三者に通報するため請求したとき

⑥ 　請求者が，過去2年以内において，前項の規定による閲覧又は謄写によって知り得た事実を利益を得て第三者に通報したことがあるものであるとき

　なお，③〜⑥の拒否事由は，受益者が2人以上ある信託のすべての受益者から請求があったとき，又は受益者が1人である信託の受益者からの請求があったときは適用されません。

# 第10 他の受益者の氏名等の開示の請求

　信託法では，受益者が2名以上ある信託においては，受益者が受託者に対して理由を明示して，他の受益者の氏名又は名称・住所，又は，他の受益者が有する受益権の内容について開示を請求することができること，また，請求に対する下記の拒否事由が，いずれも，デフォルト・ルールとして規定されています（信託法39条2項）。

① 　請求者が，その権利の確保又は行使に関する調査以外の目的で請求を行ったとき

② 　請求者が不適当な時に請求を行ったとき

③ 　請求者が信託事務の処理を妨げ，又は受益者の共同の利益を害する目的で請求を行ったとき

④ 　請求者が開示によって知り得た事実を利益を得て第三者に通報するため請求を行ったとき

⑤ 　請求者が，過去2年以内において，開示によって知り得た事実を利益を得て第三者に通報したことがあるものであるとき

　受益者が複数の場合で，権利の行使を行うときの意思決定については，後述するように，信託法92条各号で定められた権利以外は，受益者の全員一致を原則（信託行為の別段の定めを認めている）としており，その信託の他の受益者と事前協議をするなど意思の疎通を図る必要性があることから，他の受益者の氏名又は名称・住所と他の受益者が有する受益権の内容について開示を請求することとしたものです。

# 第8章

# 受託者等の責任

## 第1 受託者の責任

　信託法40条1項本文において，受託者がその任務を怠ったことによって，信託財産に「損失」が生じた場合については，受益者は，その受託者に対し，「損失のてん補」を，信託財産に「変更」が生じた場合については，「原状の回復」を，それぞれ請求できることが定められています。

　また，同項ただし書においては，「原状の回復が著しく困難であるとき，原状の回復をするのに過分の費用を要するとき，その他受託者に原状の回復をさせることを不適当とする特別の事情[44]があるとき」は，原状の回復に代えて損失のてん補請求とすることができるものとされています。この場合には，受益者は原状の回復の請求はできません。

## 第2 法人受託者の役員の責任

　信託法41条において，法人である受託者の理事，取締役若しくは執行役

---

[44]　「特別の事情」の存否について，村松秀樹・富澤賢一郎・鈴木秀昭・三木原聡『概説新信託法』（金融財政事情研究会，2008）135頁では，「受託者が原状の回復をするのに要するコストの社会的妥当性」，「原状の回復によって増加する信託財産の価値と原状回復に要する費用の比較」，「信託目的に照らした原状回復の必要性の程度」などを要素として個別的に判断することになる。」と説明されています。

又はこれらに準ずる者は，その法人が損失てん補等の責任を負う場合において，その法人が行った法令又は信託行為の定めに違反する行為について悪意又は重大な過失があるときには，受益者に対し，その法人と連帯して，損失のてん補又は原状の回復をする責任を負うことが定められています。

　信託財産の保護のための規定です。

# 第*3* | 受託者の義務違反についての責任の三つの特則

## 1 信託事務の処理の第三者への委託に関する規定違反に関する特則

　受託者が，信託法 28 条の委託の規定に違反して，信託事務の処理を第三者に委託した場合において，信託財産に損失又は変更を生じたときは，受託者は，第三者に委託をしなかったとしても損失又は変更が生じたことを証明しなければ，損失てん補等の責任を免れることができないものとされています（信託法 40 条 2 項）。

## 2 忠実義務違反に関する特則

　受託者は，信託法 30 条の忠実義務の一般規定，31 条 1 項・2 項の利益相反行為の制限，又は，32 条 1 項・2 項の競合行為の制限の規定に違反する行為をした場合において，信託財産に損失等を生じさせたときには，その行為によって受託者又はその利害関係人が得た利益の額と同額の損失を信託財産に生じさせたものと推定することが定められています（信託法 40 条 3 項）。

　受益者からは，信託財産の損失等を証明することが困難であるため，立証責任を転換したものです。

## 3 分別管理義務違反に関する特則

　受託者が，信託法 34 条の分別管理義務の規定に違反して信託財産に属する財産を管理した場合において，信託財産に損失又は変更を生じたときは，

受託者は，分別管理をしたとしても損失又は変更が生じたことを証明しなければ，損失てん補等の責任を免れることができないものとされています（信託法 40 条 4 項）。

# 第4 損失てん補責任等の免除

　信託法 42 条では，受益者は，①受託者が任務を怠ったことによる信託財産に対する損失てん補又は原状の回復の責任（信託法 40 条），及び，②法人受託者の役員の連帯責任（同法 41 条）を事後的に免除することができることが，定められています。受託者等の損失てん補等の責任は，受益者を保護するためのものであり，当事者である受益者が受託者等の責任を免除する意思を表示した場合に，受託者等の責任が消滅するものとしたものです。

　これらの受託者等の責任を免除する際に，受益者が複数の場合においては，受益者の全員一致を原則としつつ，受託者の責任（同法 40 条）のうち，受託者がその任務を行うにつき善意で，かつ，重過失がなかった場合の責任の一部の免除は，信託法 4 章 3 節 2 款（受益者集会）に定める多数決によるところに限り，決定することができることになっています（同法 105 条 3 項）。

　なお，受託者がその任務を行うにつき悪意又は重大な過失があった場合の一部免除若しくは全部の免除の場合，又は，法人受託者の役員の連帯責任（同法 41 条）の免除の場合は，原則に戻って，全受益者の一致のみによって決定されます（同法 105 条 4 項）。

# 第5 損失てん補責任等に係る債権の期間の制限

## 1 損失てん補責任等に係る債権の期間の制限

　受託者等のてん補責任等の法的性質については，信託に特有の法的性質を有する債務不履行責任に準ずるものと性格付けることが相当であると考えら

れます。

　そこで，信託法では，受託者の任務違反行為に基づく損失てん補責任等に係る債権の消滅時効について，債務の不履行によって生じた責任に係る債権の消滅時効の例によることが定められています（信託法43条1項）。

　したがって，①「債権者が権利を行使することができることを知った時から5年間行使しないとき」，②「権利を行使することができる時から10年間行使しないとき」，のいずれかに該当する場合に，時効によって消滅することになります（民法166条1項）。

　ただし，信託の場合，受益者として指定された者は，受益権を有していることを知らないこともあり，その間に消滅時効が進行することは，受益者保護の観点から問題があるため，受益者の債権の消滅時効は，受益者が受益者としての指定を受けたことを知るに至るまでの間（受益者が現に存しない場合には，信託管理人が選任されるまでの間）は，進行しないものとされています（信託法43条3項）。

　一方，受益者としての指定を受けたことを知るまでは，消滅時効がいつまでも進行を開始しないこととなり，その結果，権利関係の安定性が損なわれるおそれがあることから，受託者がその任務を怠ったことによって信託財産に損失又は変更が生じた時から20年を経過したときは，消滅するものとされています（同条4項）。

## 2　法人受託者の役員の連帯責任に係る債権の消滅時効

　法人受託者の役員の連帯責任（信託法41条）に係る債権については，①受益者が当該債権を行使することができることを知った時から5年間行使しないとき，②当該債権を行使することができる時から10年間行使しないときに，消滅することになっています（同法43条2項）。また，上記の責任と同様に，受益者が受益者としての指定を受けたことを知るに至るまでの間（受益者が現に存しない場合には，信託管理人が選任されるまでの間）は，進行しないものとされており（同条3項），同条4項も適用されます。

# 第9章

## 受託者の費用等の
## 償還請求権

### 第1 | 受託者の信託財産に対する費用等の償還請求権

　信託法では，受託者は，信託事務を処理するのに必要と認められる費用を固有財産から支出した場合，すなわち，固有財産で立て替えた場合には，信託財産からその費用（前払いの場合も含む）と立て替えた日以後の利息の償還を受けることができることがデフォルト・ルールとして定められています（信託法48条1項）。その費用等の償還等の方法については，受託者は，信託財産から費用等の償還又は費用の前払を受けることができる場合には，その額の限度で，信託財産に属する金銭等を固有財産に帰属させることができます（同法49条1項）。

　また，必要があるときには，信託財産に属する財産を処分することもできますが（同条2項本文），その財産を処分することにより信託の目的を達成することができなくなる財産については処分できません（同項ただし書）。これを待機義務といいますが，この定めも，デフォルト・ルールであることに留意する必要があります。

# 第*2* 受託者の費用等の償還請求権と他の信託の債権者との関係

　旧信託法では，信託財産から費用等の補償を受ける権利については，その事由，内容のいかんにかかわらず，受託者が，常に，他の権利者に優先して権利行使できることになっていましたが（旧信託法 36 条 1 項），その合理性に問題があるとの考えから，信託法においては，信託財産から償還を受ける権利については，受託者に優先権を認める範囲を一定の合理的な範囲に制限しています。すなわち，信託債権者の共同の利益のためにされた信託財産に属する財産の保存，清算又は配当に関する費用については，民法 307 条 1 項の先取特権と同順位として，他の債権に優先するものとされています（信託法 49 条 6 項）。

　また，信託財産に属する財産の保存のために支出した金額その他の当該財産の価値の維持のために必要であると認められるものについては，その金額が，信託財産に属する財産の改良のために支出した金額その他の当該財産の価値の増加に有益であると認められるものについては，その金額又は現に有する増加額のいずれか低い金額が，それぞれ優先するものとされています（同法 7 項）。

　なお，これらのもの以外は，他の債権者の権利と同順位となります。

# 第*3* 信託財産責任負担債務の弁済による受託者の代位

　受託者は，信託財産責任負担債務を固有財産により弁済したことによって信託財産に償還請求権を有することになった場合には，その弁済は，実質的には，民法 500 条の弁済をすることについて正当の利益を有する者による弁済と同視することができることから，その信託財産責任負担債務に係る債権を有する債権者に代位します。また，この場合，受託者が有する権利は，その代位との関係においては，金銭債権とみなすものとしています（信託法

50条1項)。

　この代位弁済が行われると，弁済された債権に設定されていた抵当権等の担保権は，固有財産に帰属することになります。この場合，担保権者と担保権設定者が同一となりますが，信託による混同の例外の規定により，その担保権は消滅しません。

　なお，受託者が債権者に代位するときは，受託者は，遅滞なく，債権者の有する債権が信託財産責任負担債務に係る債権である旨と，これを固有財産により弁済した旨を通知しなければならないことが定められています（同条2項)。

# 第4 受託者の受益者に対する費用等の償還請求権

　旧信託法においては，信託財産への償還請求だけではなく，受託者は，受益者に対して信託事務の処理に関する費用，さらには，損害についても，補償請求又は相当の担保を提供させることができるものとされていましたが（旧信託法36条2項本文)，信託法においては，この規定が削除されました。

　信託事務は，受託者の裁量により行われ，信託に関するリスク管理は，受託者が行うことができることから，信託行為の当事者となっていない受益者が補償請求権に係る債務を負担すべき必要性は乏しいとの考え方によるものです。ただし，受益者が負担すべきタイプの信託も考えられますので，受託者が受益者との間の合意に基づいて受益者から費用等の償還又は費用等の前払いを受けることができることが定められています（信託法48条5項)。

　この場合の受益者との間の合意については，自益信託の場合は，信託契約書において約定することも可能であり，また，委託者との間で，信託契約書において，委託者が信託に関する費用等の補償を約定することも何ら問題はありません。

# 第5 信託財産が費用等の償還等に不足している場合の措置

　信託法では，受託者は，受益者に対して費用等の償還請求権を有しないことから，信託財産からも償還が受けられない場合については，信託事務の継続的な遂行を義務付けられるという事態が生じないようにする必要があります。信託の債務超過状態が長期間続いているような場合への対応です。

　そこで，受託者は，待機義務が課せられているものを除き，信託財産から費用等の償還又は費用の前払いを受けるのに信託財産が不足している場合において，委託者及び受益者に対し，①信託財産が不足しているため費用等の償還又は費用の前払いを受けることができない旨と，②受託者の定める相当の期間内に委託者又は受益者から費用等の償還又は費用の前払いを受けないときは，信託を終了させる旨を通知し，相当の期間を経過しても委託者又は受益者から費用等の償還又は費用の前払いを受けなかったときは，信託を終了させることができるものとしています（信託法52条1項）。

# 第6 信託財産に対する損害賠償請求

　信託法では，受託者は，①受託者が信託事務を処理するため自己に過失なく損害を受けた場合には，その損害の額について，②受託者が信託事務を処理するため第三者の故意又は過失によって損害を受けた場合（①を除く）には，その第三者に対し賠償を請求することができる額について，信託財産からその賠償を受けることができることがデフォルト・ルールとして定められています（信託法53条1項）。

　なお，信託財産からの損害賠償請求については，信託財産からの費用等の償還と同様に，同法48条4項・5項，49条（6項・7項を除く），51条，52条の規定を準用していますが（同法53条2項），信託財産からの損害の賠償については，他の債権者に対する優先性は認められていません。

# 第7 信託報酬

　受託者の信託報酬については，わが国では，委任が原則として無報酬（民法648条）であることから，信託法においては，受託者は，無報酬を原則としつつ，信託の引受けについて商法512条の適用がある場合のほか，信託行為に受託者が信託財産から信託報酬を受ける旨の定めがある場合に限り，信託報酬を受けることができるものとしており，その原資については，信託報酬も広義には信託財産に関する費用であること，信託の関係者のいずれにとっても便宜であることから，信託財産としています（信託法54条1項）。

　その場合，信託報酬の額は，信託行為に信託報酬の額又は算定方法に関する定めがあるときはその定めに従い，その定めがないときは相当の額とされています（同条2項）。また，その定めがないときには，受託者が自己に有利な額を「相当の額」であるとして，信託財産を費消してしまうおそれがあるため，これを防止する観点から，受益者に対し，信託報酬の額及びその算定の根拠について通知する義務が課されています（同条3項）。

　信託報酬を受ける権利の行使方法，受託者が信託報酬を受ける権利の満足を得られなくなったときの信託の終了方法については，費用等の補償を受ける権利と同様に取り扱うものとしていますが（同法48条4項・5項，49条（6項・7項を除く），51条，52条を準用した54条4項），他の債権者に対する優先権については，認められていません。

　また，信託法54条4項においては，信託事務の履行により得られる成果に対して報酬を支払う契約をした場合に，民法648条の2が適用されるものとされています。したがって，民法648条の2第1項では，信託報酬は，その成果の引渡しと同時に，支払わなければならないものとされており，また，同条2項では，「民法634条における『①注文者の責めに帰することができない事由によって仕事を完成することができなくなったとき，②請負が仕事の完成前に解除されたとき，のいずれかの場合，請負人が既にした仕事の結果のうち可分な部分の給付によって注文者が利益を受けるときは，その部分

を仕事の完成とみなす。この場合において，請負人は，注文者が受ける利益の割合に応じて報酬を請求することができる。』との規定は，委任事務の履行により得られる成果に対して報酬を支払うことを約した場合について準用する。」と規定されていることから，この規定も適用されます。

# 第10章

# 受託者の変更

## 第1 受託者の任務の終了

　信託は，信託財産を中心とする法制度であり，受託者は単なる管理・処分を行う機関に過ぎないことから，受託者の死亡等により，終了しないものとしています。

　受託者の任務については，信託の清算が結了した場合のほか，①受託者である個人の死亡，②受託者である個人が後見開始又は保佐開始の審判を受けたこと，③受託者が，破産手続開始の決定により解散するものを除き，破産手続開始の決定を受けたこと，④受託者である法人が合併以外の理由により解散したこと，⑤受託者の辞任，⑥受託者の解任，⑦信託行為において定めた事由が発生した際に終了することが定められています（信託法56条1項各号）。

　上記のとおり，法人受託者の合併を解散の事由から除外しており，合併後存続する法人又は合併により設立する法人は，受託者の任務を引き継ぎ，また，受託者である法人が分割をした場合にも，分割により受託者としての権利義務を承継する法人もこれを引き継ぐことが，デフォルト・ルールとして定められています（同条2項・3項）。

# 第2 受託者の解任・辞任

## 1 受託者の解任

　委託者及び受益者は，いつでも，その合意により，受託者を解任すること
ができますが（信託法 58 条 1 項），やむを得ない事由がある場合を除いて，
委託者及び受益者は，受託者の損害を賠償しなければならないことがデフォ
ルト・ルールとして定められています（同法 58 条 2 項・3 項）。

　また，受託者が，明らかに信託行為の目的に違反した行為をしているにも
かかわらず，受益者との通謀により，受益者が受託者の解任に応じない場合
等を想定し，受託者がその任務に違反して信託財産に著しい損害を与えたこ
とその他重要な事由があるときは，裁判所が，委託者又は受益者の申立てに
より，受託者を解任することができるものとしています（同条 4 項）。

　なお，委託者が現に存しない場合には，委託者と受益者の合意による解任
はできません（同条 8 項）。

## 2 受託者の辞任

　信託法においては，受託者は，受益者及び委託者の同意を得て，辞任する
ことができます（信託法 57 条 1 項本文）。ただし，信託行為に別段の定めが
あるときは，その定めに従わなければなりません（同項ただし書）。また，
やむを得ない事由がある場合で裁判所の許可を受けたとき（同条 2 項），に
も辞任することが認められています。

　なお，委託者が現に存しない場合には，受益者及び委託者の同意による辞
任はできません（同条 6 項）。

# 第3 受託者の変更における権利・義務関係

## 1 前受託者の通知及び保管の義務等

(1) **受託者の辞任，解任，法人受託者の解散，又は信託行為に定めた事由**

受託者の辞任，解任，法人受託者の解散，又は信託行為に定めた事由によって受託者の任務が終了した場合には，受益者及び他の受託者に対して，速やかに新受託者を選任し，信託財産を適切に管理処分させる緊急の必要があると考えられるため，前受託者は，受益者に対し，その旨を通知する義務を課しています。ただし，当初受託者の任務の終了に備えて，受託者となるべき者をあらかじめ信託行為で定めておくことも可能であることから，この通知義務をデフォルト・ルールとしています（信託法59条1項，86条1項）。

また，前受託者は，すべての受託者の任務が終了した場合には，新たな受託者（信託財産管理者を含む）が信託事務の処理をすることができるに至るまで，引き続き信託財産に属する財産の保管と信託事務の引継ぎに必要な行為をしなければならないものとし，信託行為に別段の定めがあるときは，その義務を加重することができます（同法59条3項，86条1項）。

(2) **委託者及び受益者の同意，信託行為の別段の定めに基づく受託者の辞任**

委託者及び受益者の同意，又は，信託行為の別段の定めに基づく受託者の辞任により，すべての受託者の任務が終了した場合には，受託者の権利義務を信託財産の保管等に止めておく緊急の必要性に乏しいことから，前受託者は，新受託者等が信託事務の処理をすることができるに至るまで，引き続き受託者としての権利義務を有するものとしています。ただし，当事者の意向として，権利義務を存続させることを望まないことも考えられますので，デフォルト・ルールとしています（信託法59条4項，86条1項）。

なお，新受託者等が信託事務の処理をすることができるに至るまでに，前受託者が信託財産に属する財産の処分をしようとするときは，受益者は，前

受託者に対し，その財産の処分をやめることを請求することができるものとしています（同法 59 条 5 項）。

## **2** 前受託者の相続人等の通知及び保管の義務等

⑴　受託者個人の死亡・後見開始又は保佐開始の審判を受けた場合

　前受託者の相続人，成年後見人，保佐人（以下「前受託者の相続人等」といいます。）が受託者である個人の死亡，後見開始又は保佐開始の事実を知っているときは，これらの者に対して，知れている受益者と他の受託者に対して通知する義務をデフォルト・ルールとして課しています（信託法 60 条 1 項，86 条 2 項）。

　また，すべての受託者の任務が終了した場合には，前受託者の相続人等に対して，緊急避難的に，新受託者等又は信託財産法人管理人が信託事務の処理をすることができるまで，信託財産に属する財産の保管をし，かつ，信託事務の引継ぎに必要な行為をしなければならない義務を課しています（同法 60 条 2 項，86 条 2 項）。

　なお，前受託者の相続人等が，信託財産に属する財産の処分をしようとするときは，新受託者等又は信託財産法人管理人が信託事務の処理をすることができるまでに，受益者は，これらの者に対し，その財産の処分をやめることを請求することができます（同法 60 条 3 項）。

⑵　受託者が，破産手続開始の決定を受けた場合

　受託者の破産手続開始の決定により受託者の任務が終了した場合にも，前受託者には，受益者及び他の受託者に対し，その旨を通知しなければならない義務が，デフォルト・ルールとして課されています（信託法 59 条 1 項，86 条 1 項）。また，前受託者には，破産管財人が信託財産を誤って売却することのないように，破産管財人に対しても，信託財産に属する財産の内容及び所在，信託財産責任負担債務の内容その他の法務省令（信託法施行規則 5 条）で定める事項について通知しなければならない義務が，強行規定として課されています（信託法 59 条 2 項）。

さらに，破産管財人には，すべての受託者の任務が終了した場合には，新たな受託者が信託事務の処理をすることができるまで，引き続き信託財産に属する財産の保管をし，かつ，信託事務の引継ぎに必要な行為をしなければならない義務を課しています（同法60条4項，86条2項）。

なお，新受託者等が信託事務の処理をすることができるまでに，破産管財人が信託財産に属する財産の処分をしようとするときは，受益者は，破産管財人に対し，当該財産の処分をやめることを請求することができます（同法60条5項）。

# 第4　新受託者の選任

受託者の任務が終了した場合においては，信託行為の定めに従い，新受託者が選任されますが，信託行為に新受託者に関する定めがないとき，又は，信託行為の定めにより新受託者となるべき者として指定された者が信託の引受けをせず，若しくはこれをすることができないときは，委託者及び受益者の合意によって，新受託者を選任することができます（信託法62条1項）。

また，信託行為に新受託者となるべき者を指定する定めがあるときは，利害関係人は，新受託者となるべき者として指定された者に対し，相当の期間を定めて，その期間内に就任の承諾をするかどうかを確答すべき旨を催告することができます（同条2項本文）。

ただし，その定めに停止条件又は始期が付されているときは，その停止条件が成就し，又はその始期が到来した後に限るものとされています（同項ただし書）。その催告があった場合において，新受託者となるべき者として指定された者は，定められた期間内に委託者及び受益者（2人以上の受益者が現に存する場合にはその1人，信託管理人が現に存する場合には信託管理人）に対し確答をしないときは，就任の承諾をしなかったものとみなします（同条3項）。

さらに，委託者及び受益者の合意によって，新受託者を選任する場合にお

いて，その合意に係る協議の状況その他の事情に照らして必要があると認めるときは，裁判所は，利害関係人の申立てにより，新受託者を選任することができます（同条 4 項）。

なお，委託者が現に存しない場合においても，委託者及び受益者の合意による新受託者の選任については，受益者のみの決定で可能であり，さらに，新受託者の就任の催告があった場合における委託者および受益者に対する確答についても，受益者に対する確答のみでもその効力は生じます（同条 8 項）。

# 第5 | 信託財産管理者等

## 1 信託財産管理者

委託者と受益者との合意に基づき受託者が解任された場合等については，受託者に問題があって，新受託者が選任されるまでその受託者が信託財産に属する財産の保管等を行うことが適切ではない場合もあり，また，死亡等によって受託者の任務が終了した場合にも，同様の状況が想定されます。

そこで，信託法では，受託者の任務が終了した場合には，その終了事由にかかわらず，新受託者が選任されておらず，かつ，必要があると認めるときは，新受託者が選任されるまでの間，裁判所は，利害関係人の申立てにより，信託財産管理者による管理を命ずる処分（これを「信託財産管理命令」といいます。）をすることができます（信託法 63 条）。

信託財産管理者の権限については，民法 103 条に規定されている①信託財産の保存行為と，②信託財産に属する財産の性質を変えない範囲内において，その利用又は改良を目的とする行為，に限定し，信託財産管理者がこの範囲を超える行為をするには，裁判所の許可を得なければならないものとされています（信託法 66 条 4 項）。また，信託財産管理者は，訴訟に関しては，当事者適格を有し（同法 68 条），さらに，その職務を行うに当たっては，受託

者と同一の義務と責任を負うものとされています（同法 69 条）。

## ② 信託財産法人管理人

　受託者の死亡により任務が終了したときは，民法において，相続人が存在することが明らかでない場合に相続財産が法人と擬制されること（民法 951 条）を参考に，受託者が死亡した場合には，信託財産を法人と擬制するものとしています。すなわち，信託財産は，受託者である個人が死亡して任務が終了した場合には，法人となり（信託法 74 条 1 項），裁判所は，必要があると認めるときには，利害関係人の申立てにより，信託財産法人管理人による管理を命ずる処分をすることができるものとされています（同条 2 項）。

# 第6 | 受託者の任務終了時の信託に関する権利義務の承継等

　受託者の任務が終了した場合において，新受託者が就任したときは，新受託者は，前受託者の任務が終了した時に，その時に存する信託に関する権利義務を前受託者から承継したものとみなします（信託法 75 条 1 項）。

　上記の規定にかかわらず，委託者及び受益者の同意又は信託行為の別段の定めに基づく受託者の辞任（同法 56 条 1 項 5 号，57 条 1 項）により受託者の任務が終了した場合で，信託行為に別段の定めがないときには，前述したとおり，前受託者は受託者としての権利義務を引き続き有することになっていることから，新受託者は，新受託者等が就任したときに，その時に存する信託に関する権利義務を前受託者から承継したものとみなすものとされています（同法 75 条 2 項）。

　これらは，いずれも，新受託者が就任し事務を処理することができるようになるまで，前受託者，信託財産管理者又は信託財産法人管理人は，信託財産の保管その他の行為をしなければならないことから，その権限内の行為の効力を妨げないものとしており（同法 75 条 3 項，権限外行為の場合は 4 項），

新受託者の就任によって信託に関する権利及び義務が前受託者の任務終了時に遡って新受託者に承継されても，その効力を失うものではないことを明確にしています。

　なお，受託者が複数の信託においては，例外的に，その 1 人の任務が終了した場合には，その任務が終了した時に存する信託に関する権利義務は他の受託者が当然に承継してその任務は他の受託者が行うものとし，信託行為に別段の定めがある場合には，その定めを認めています（同法 86 条 4 項）。

　複数受託者の一部の任務の終了があった場合には，他の受託者を受託者として信託を存続させるのが便宜であることから，当然に他の受託者に帰属するものとしたものです。

## 第7 承継された債務に関する前受託者と新受託者の責任

　受託者の任務が終了して新受託者が就任したときは，前受託者の任務が終了したときに前受託者から承継した信託債権に係る債務が新受託者に承継された場合にも，前受託者は，自己の固有財産により，その承継された債務を履行する責任を負います（信託法 76 条 1 項）。ただし，信託財産に属する財産に限定されている債務の場合には，この責任を負う必要はありません。

　一方，新受託者の責任については，前受託者から承継した信託債権に係る債務を承継した場合には，新受託者は，自ら権利義務の主体となって信託事務を処理したことに基づくものではないから，信託財産の限度においてのみ履行責任を負います（同法 76 条 2 項）。

## 第8 新受託者への事務引継ぎ等

　新受託者等が就任した場合には，前受託者は，遅滞なく，信託事務に関する計算を行い，すべての受益者（信託管理人を含む）に対して，承認を求め

るとともに，新受託者等が信託事務の処理を行うのに必要な信託事務の引継ぎをしなければならず（信託法 77 条 1 項），受益者（信託管理人を含む）が信託事務の計算を承認した場合には，前受託者の職務の執行に不正の行為があるときを除いて，その受益者に対する信託事務の引継ぎに関する責任は，免除されたものとみなします（同条 2 項）。この場合，信託事務の円滑な運営の観点から，会社法 667 条 2 項の持分会社の清算を参考に，受益者が前受託者から信託の計算の承認を求められたときから 1 ヶ月以内に異議を述べなかった場合には，その受益者は，その信託の計算を承認したものとみなすものとしています（信託法 77 条 3 項）。

　なお，受託者である個人が死亡，後見開始又は保佐開始の審判を受けたことにより受託者の任務が終了した場合においては，前受託者は実際上引継ぎを行うことができないことから，前受託者の相続人等に引継ぎの義務を課し，受託者が破産開始の決定を受けて任務が終了した場合においても，同様に，破産管財人に引継ぎの義務を課しています（同法 78 条）。

# 第11章

# 受託者が複数の信託

## 第*1* 複数受託者の信託の信託財産の所有形態

　受託者が複数の信託の場合の信託財産の所有形態は，合有であることが強行規定として定められています（信託法 79 条）。また，登記名義も合有です。

　旧信託法 24 条においても，受託者が複数の場合は，共同受託を想定して，信託財産は合有となることが規定されていましたが，この規定は，①共同受託者は，合有である信託財産の分割を請求することができないこと，②共同受託者は，信託財産に対する割合的持分を譲渡することができないこと，③信託が終了したときには，各受託者には分配請求権がないこと，④共同受託者の 1 人が欠けた場合には，信託財産は残りの受託者に帰属すること，などを明らかにしたものであると解されていましたが[45]，上記のとおり，信託法においても，①～④の解釈が維持されているものと考えられます。

## 第*2* 信託事務処理の決定と執行方法

　信託法では，信託事務処理の決定については，原則として多数決であり，信託事務の執行は単独執行（保存行為は，単独決定・単独執行）であること

---

45　能見善久『現代信託法』（有斐閣，2004）160 頁

が，デフォルト・ルールとして定められています（信託法 80 条 1 項・2 項）。

　また，受託の特別な形態として，職務分掌型の形態の信託の規律が規定されています。すなわち，信託行為に，受託者の職務分掌に関する定めがある場合には，分掌された職務の範囲で，単独で決定し執行することができます（同条 4 項）。この場合，職務分掌者には，自己の分掌する職務に関し，当事者適格が認められています（同法 81 条）。

　信託事務処理の決定に基づく信託財産のためにする行為については，各受託者は，他の受託者を代理する権限を有するものとされています（同法 80 条 5 項）。

　また，各受託者は，「信託行為の別段の定め」又は「やむを得ない事情が生じた場合」を除き，他の受託者に対し，信託事務の処理についての決定を委託することはできません（同法 82 条）。

　信託事務処理に関して，受託者に対する意思表示については，①受益者が受託者に対してする意思表示と，②受益者以外の第三者が受託者に対してする意思表示とが考えられますが，複数の受託者が選任されている場合には，その受託者間には相互に連絡関係があることが通常であると考えられることから，第三者については，受託者の 1 人に対して意思表示をすれば全受託者に対して有効であることを強行規定で定めています（同法 80 条 7 項本文）。

　一方，受益者については，信託行為に特定の受託者を意思表示の受領権者とするなどの定めを置くことを禁止する必要はないと考えられることから，受益者が受託者の 1 人に対して意思表示をすれば足りることが，デフォルト・ルールとして定められています（同項ただし書）。

# 第3 | 受託者が複数である場合の受託者の責任

## 1　複数受託者の場合の受益者に対する責任

### (1)　受益債権に関する受託者の給付責任と損失てん補等の責任

受益者に対する責任には，受益債権に関する受託者の給付責任と，損失てん補等の責任とが考えられます。

まず，受益債権に関する受託者の給付責任については，いわゆる物的有限責任であり，受託者は信託財産を限度に給付責任を負うことから，信託法には，特段の規定は置いていません。

次に，損失てん補等の責任については，受託者の任務違反についての故意又は過失に基づく責任であるため，任務違反行為にまったく関与していない受託者にも連帯責任を負わせることは，相当ではないと考えられることから，意思決定又は対外的な執行行為をした各受託者が連帯責任を負うものとしており，任務違反行為にまったく関与していない他の受託者の責任については規定していません（信託法 85 条 1 項）。

この場合，信託事務の処理の意思決定において反対の意思を表明した受託者は，特段の事情がない限り，故意又は過失がないと評価することができることから，損失てん補等の責任を負うことはないものと考えられます。

また，職務の分掌のある信託については，各受託者は，分掌された職務の限度で独立して職務を執行しており，職務分掌を受けている受託者が，任務違反行為を行った場合において，職務の分掌を受けていない受託者は，その信託事務に関して意思決定及び執行を行っていないこと，また，相互監視義務も負わないことから，故意又は過失がないと評価することができます。したがって，特段の事情がない限り，何らの責任も負わないものと考えられます。

### (2)　複数受託者の場合の他の受託者による損失てん補等の請求等

受託者が複数の場合に，受託者の 1 人が任務違反行為を行い，信託財産に

損失等が生じた場合の受益者の損失てん補請求権（信託法40条1項），及び，法人受託者が損失てん補等の責任を負う場合において，その法人が行った法令又は信託行為の定めに違反する行為について法人役員に悪意又は重大な過失があるときの受益者の損失のてん補等の請求権（同法41条）については，他の受託者は，受益者と同様の行使をすることができることになっています（同法85条2項）。

　また，受託者の1人が法令違反行為等を行った場合の受益者の差止請求権（同法44条）についても，他の受託者は，受益者と同様の行使をすることができます（同法85条4項）。

## 2　複数受託者の場合の第三者に対する責任

　複数受託者の場合の第三者に対する責任については，信託財産を引当てにする責任と，固有財産を引当てとする責任とが考えられます。

　まず，信託財産を引当てにする責任については，信託財産は複数受託者の合有であることから，受託者が信託事務処理により第三者に対して負担した債務は，各受託者は，職務分掌の定めの有無にかかわらず，少なくとも，信託財産を限度として責任を負うことになります。

　次に，固有財産を引当てとする責任については，職務の分掌の定めがない場合と，職務の分掌の定めがある場合に分けて考える必要があります。

　まず，職務の分掌の定めがない場合で，複数の受託者が共同して信託事務処理を決定し，その決定に基づき，信託事務を執行して第三者に対し債務を負担した場合には，その執行は，他の受託者を代理するという形をとることによって共同して行っていることになります。したがって，職務の執行の有無にかかわらず，各受託者は，連帯債務者とされています（信託法83条1項）。なお，他の受託者を代理する際には，商行為による代理に関する規定が適用され（商法504条），顕名は必要とされていません。

　次に，職務の分掌の定めがある場合で，分掌を受けた受託者が，その定めに従い信託事務を処理するにあたって第三者に対し債務を負担したときは，

各受託者は，分掌された職務の限度において独立して事務を処理していることから，他の受託者は，信託財産に属する財産を限度に履行する責任を負うことになります（信託法83条2項本文）。

このため，取引の第三者の保護を考える必要があります。職務分掌の定めのある信託では，各受託者は分掌された職務である信託事務処理を独立して決定し，第三者との取引についても単独で執行しており，また，通常，信託事務処理に際して第三者と取引をする場合には，他の受託者の名前を出さないものと考えられます。したがって，第三者は，他の受託者の存在を知らないことが多く，第三者は，取引をした受託者以外の受託者がその固有財産をも引当てとして債務を履行することを期待していないものと考えられます。

このような状況において，取引の第三者を保護する必要があるのは，その第三者が，①その債務の負担の原因である行為の当時，その行為が信託事務の処理としてされたこと，及び，②受託者が複数であることを知っていた場合であって，信託行為に受託者の職務の分掌に関する定めがあることを知らず，かつ，知らなかったことについて過失がなかったときであることから，この場合にのみ，職務の分掌を受けていない他の受託者は，固有財産を含めて責任を負うことになっています（同項ただし書）。

第**12**章

## 受益者と受益権

<sup>第</sup>**1** 受益者の権利の取得

　信託法88条1項においては，信託行為の定めにより受益者となるべき者として指定された者は，当然に受益権を取得することがデフォルト・ルールとして定められています。したがって，受益者として指定された者が受益の意思表示をすることなく当然に受益権を取得することになります。また，受益権を取得するとその時点から，委託者と受託者のみで受益権の内容を変更することができなくなること，また，受託者が信託の受託者としての義務を負うことなどの効果が生じることになります。

　この受益権は，①信託行為に基づいて受託者が受益者に対し負う債務で，信託財産に属する財産の引渡しその他の信託財産に係る給付をすべきものに係る債権（受益債権）と，②これを確保するために受託者その他の者に対し一定の行為を求めることができる権利であることが定められています（信託法2条7項）。

<sup>第</sup>**2** 受益者の指定権・変更権

　受益者指定権とは，信託行為においては特定の者を受益者に指定せず，事後的に一定の者の意思により受益者指定をさせるものであり，受益者変更権

とは，信託行為において受益者として指定した者を，事後的に一定の者の意思により変更するものであるといわれています[46]。

　信託法89条では，受益者を指定し，又はこれを変更する権利を有する者の定めのある信託においては，受託者に対する意思表示によって行使することができるものとしています（同条1項）。また，委託者の遺言によっても行使することができます（同条2項）。

　遺言による受益者指定権等の行使の効果は，その権利を有する者が死亡したときに生じますが，遺言の場合，遺言者の死亡時から受益者指定権等の行使を受託者が知るまでにタイムラグがあることから，受託者が，変更前の受益者であった者に対して信託から給付を行うおそれがあります。そのため，受託者がその行使を知らないときには，これによって受益者となったことを受託者に対抗することができないものとしています（同条3項）。

　受益者変更権の行使により，受益者としての地位を失う者は，将来にわたって受益者としての収益を得ることを期待して，不測の損害を被るおそれがあることから，受託者は，受益者変更権の行使により受益者であった者がその受益権を失ったときは，その者に対し，遅滞なく，その旨を通知しなければならないことが，デフォルト・ルールとして定められています（同条4項）。

　また，受益者指定権等は，相続により承継できないことが，デフォルト・ルールとして定められています（同条5項）。

　なお，受益者指定権等を有する者が受託者の場合，受益者となるべき者に対する意思表示により行使ができます。

46　村松秀樹・富澤賢一郎・鈴木秀昭・三木原聡『概説　新信託法』（金融財政事情研究会，2008）210頁

# 第*3* 受益者の権利行使の方法

## 1 旧信託法における受益者の権利行使の方法

　旧信託法では，受益者が原則全員一致で行使する権利については，制定当時，受益者が単独又は少数のものを想定していましたので，その意思決定は，全員一致という硬直的なものになっており，一方，後者の受託者に対する監視・監督権については，単独で行使可能であるものも多いと考えられていましたが，その規律が存在しなかったために，全員一致が必要であるのか，各受益者が単独で行使できるのかが明確ではありませんでした。

## 2 受益者が複数の場合の意思決定の方法

　信託法においては，複数受益者が存在する場合の意思決定の方法については，「受益者全員による合意」を原則としつつ，受託者等の責任の免除の場合を除き，信託行為に別段の定めを許容しています（信託法105条1項）。

　すなわち，信託行為に定めを置くことにより，「多数決の原理」を導入することや，決議方法等についても受益者集会，書面等の選択をすることもできます。また，実務においてニーズの強い書面による「みなし賛成制度」も利用することができます。さらには，信託行為の定めにより，第三者（受託者を含む）に意思決定を委ねることさえもできます。

**受益者複数の場合の意思決定を要する事項**

| 条文 | 意思決定を要する事項 |
|---|---|
| 19条1項2号 | 信託財産と固有財産とに属する財産の分割の協議 |
| 19条3項2号 | 信託財産と他の信託財産とに属する財産の分割の協議 |
| 31条2項2号 | 受託者の利益相反行為についての承認 |
| 31条5項 | 受託者の利益相反行為についての追認 |
| 32条2項2号 | 受託者の競合行為についての承認 |

| 32条4項 | 受託者の競合行為について信託財産のためにされたものとみなす権利の行使 |
|---|---|
| 42条 | 受託者及び法人受託者の役員の損失てん補等の免除 |
| 57条1項 | 受託者の辞任の同意 |
| 58条1項 | 受託者の解任の合意 |
| 62条1項 | 新受託者の選任の合意 |
| 77条 | 前受託者による新受託者等への信託事務の引継ぎ時の信託事務に関する計算に対する承認 |
| 78条 | 前受託者の相続人等又は破産管財人による新受託者等への信託事務の引継ぎ時の信託事務に関する計算に対する承認 |
| 134条2項 | 信託監督人の辞任の同意，解任の合意 |
| 135条1項 | 新信託監督人の選任の合意 |
| 136条1項1号 | 信託監督人による事務の終了する旨の合意 |
| 141条2項 | 受益者代理人の辞任の同意，解任の合意 |
| 142条1項 | 受益者代理人の選任の合意 |
| 143条1項1号 | 受益者代理人による事務の終了する旨の合意 |
| 149条1項・2項1号・3項 | 信託の変更についての合意又は意思表示 |
| 151条1項・2項1号 | 信託の併合についての合意 |
| 155条1項・2項1号 | 吸収信託分割についての合意 |
| 159条1項・2項1号 | 新規信託分割についての合意 |

## 3 受益者集会

　信託法においては，上記のとおり，複数受益者の意思決定方法を受託者等の責任免除を除き，デフォルト・ルール化したにもかかわらず，信託行為において，受益者集会における多数決による旨の定めがあるときは，特別に受益者集会のルールに従うことが，定められており（信託法105条2項），さらに，受益者集会について，106条から122条にかけて，受益者集会の招集，受益者集会の招集の通知，受益者集会参考書類及び議決権行使書面の交付，受益者の議決権の行使，議決権の数・受益者集会の決議，受益者集会の決議の効力，受益者集会に要した費用の負担等について，詳細な定めが，デフォ

ルト・ルールとして置かれています。

## 4　受益権取得請求権

　受益者の意思決定については，信託法では，信託行為に定めることにより，複数受益者の意思決定を多数決で決定したり，第三者に委ねたりすることが認められるようになりましたので，受益者によっては，自己の意思に反して，その意思決定に拘束される場合があり，それらの受益者の保護の必要性が生じます。そこで，信託法103条において，これらの少数受益者の保護策として「受益権取得請求権」の制度を強行規定として導入しました。

　受益権取得請求権の制度は，①信託の目的の変更，②受益権の譲渡の制限，③受託者の義務の全部又は一部の減免（その範囲及びその意思決定の方法について信託行為に定めがある場合を除く），④受益債権の内容の変更（その範囲及びその意思決定の方法につき信託行為に定めがある場合を除く），⑤信託行為において定めた事項，について信託の変更（重要な信託の変更）がされる場合，又は，⑥信託の併合又は分割がされる場合には，これにより損害を受けるおそれのある受益者は，受託者に対し，自己の有する受益権を公正な価格で取得することを請求することができるというものです。

　ただし，①②と，⑥で①②を伴う場合には，損害を受けるおそれのあることを要しないものとされています。

　なお，重要な信託の変更等の意思決定に関与して，賛成する旨の意思を表示したときは，受益権取得請求権の行使はできない（同条3項）ことに留意する必要があります。したがって，受益権取得請求権を行使するためには，必ずしも反対の意思表示の必要はありません。

## 5　信託行為の定めで制限できない受益者の権利

　信託法においては受益者が複数の場合等の意思決定方法について，信託行為による私的自治を尊重し，多数決による決定や専門家等の第三者に委ねることさえも容認できるものとしていますが，単に私的自治に委ねていると，

信託は，受託者が信託財産を所有し，類似の財産管理の制度と比較して強力な権限を持っていることから，権限濫用のおそれがあり，その防止策が必要となります。そこで，その防止策として，受益者による監視・監督権を強化するとともに，これらの権利を原則として各受益者が単独で行使できるように定め，かつ，この規定を信託行為では制限できない強行規定としています（信託法92条）。

　信託法における信託行為の定めにより制限できない受益者の権利は，同法92条に定められています（常に単独で行使できる権利は下記①）。

　ただし，受益証券発行信託の場合には，下記②の権利については，信託行為の定めにより，総受益者の議決権の100分の3（これを下回る割合を信託行為において定めた場合はその割合）以上の割合の受益権を有する受益者又は現に存する受益権の総数の100分の3（これを下回る割合を信託行為において定めた場合はその割合）以上の数の受益権を有する受益者に限定することができます（同法213条1項）。

　また，同様に，下記③の権利については，総受益者の議決権の10分の1（これを下回る割合を信託行為において定めた場合はその割合）以上の割合の受益権を有する受益者又は現に存する受益権の総数の10分の1（これを下回る割合を信託行為において定めた場合はその割合）以上の数の受益権を有する受益者に限定することができます（同条2項）。

　ただし，信託行為の定めにより他の受益者の氏名等の開示の請求の権利が制限されている場合については，各受益者同士で連絡がとれないことから，単独での権利行使の制限を禁止しています（同条3項）。

　また，受託者の不正行為等に対する差止請求権（同法44条）については，6ヶ月（これを下回る期間を信託行為において定めた場合にはその期間）前から引き続き受益権を有する受益者に限り，権利を行使することができる旨の信託行為の定めを設けることができます（同法213条4項）。

① 　常に単独で行使できる受益者の権利

| 条文 | 権利の内容 |
|---|---|
| | 裁判所に対する申立権（②③の権利を除く） |
| 5条1項 | 遺言信託における信託の引受けの催告権 |
| 23条5項・6項 | 信託財産に属する財産への強制執行等に対する異議を主張する権利 |
| 24条1項 | 信託財産に属する財産への強制執行等に対する異議に係る訴えを提起した受益者が勝訴した場合の費用又は報酬の支払いの請求権 |
| 36条 | 信託事務の処理の状況についての報告を求める権利 |
| 40条 | 受託者に対する損失のてん補等の請求権 |
| 41条 | 法人受託者の役員に対する損失のてん補等の請求権 |
| 44条 | 受託者の法令違反行為等に対する差止めの請求権 |
| 45条1項 | 受託者若しくは法人受託者の役員に対する損失のてん補等の請求又は受託者の法令違反行為等に対する差止めの請求に係る訴えを提起した受益者が勝訴した場合の費用又は報酬の支払いの請求権 |
| 59条5項 | 前受託者の信託財産に属する財産の処分に対する差止めの請求権 |
| 60条3項・5項 | 前受託者の相続人等又は破産管財人の信託財産に属する財産の処分に対する差止めの請求権 |
| 61条1項 | 前受託者又は前受託者の相続人等又は破産管財人の信託財産に属する財産の処分に対する差止めの請求に係る訴えを提起した受益者が勝訴した場合の費用又は報酬の支払いの請求権 |
| 62条2項 | 新受託者となるべき者に対する受託の催告権 |
| 99条1項 | 受益権を放棄する権利 |
| 103条1項・2項 | 受益権取得請求権 |
| 131条2項 | 信託監督人となるべき者に対する就任の催告権 |
| 138条2項 | 受益者代理人となるべき者に対する就任の催告権 |
| 187条1項 | 受益権原簿記載事項を記載した書面の交付又は提供の請求権 |
| 190条2項 | 受益権原簿の閲覧又は謄写の請求権 |
| 198条1項 | 限定責任信託において受益権原簿記載事項の記載又は記録の請求権 |
| 226条1項 | 限定責任信託において受益者に対する信託財産に係る給付の制限に違反した場合の金銭のてん補又は支払いの請求権 |
| 228条1項 | 欠損が生じた場合の金銭のてん補又は支払いの請求権 |
| 254条1項 | 受益証券発行限定責任信託において会計監査人の任務の懈怠に対する損失のてん補の請求権 |

② 受益証券発行信託の場合で，信託行為の定めにより，総受益者の議決権の 100 分の 3 （これを下回る割合を信託行為において定めた場合はその割合）以上の割合の受益権を有する受益者又は現に存する受益権の総数の 100 分の 3 以上の数の受益権を有する受益者に限定することができる権利

| 条文 | 権利の内容 |
|---|---|
| 27 条 1 項・2 項，75 条 4 項 | 受託者の権限違反行為に対する取消権 |
| 31 条 6 項・7 項 | 受託者の利益相反行為に対する取消権 |
| 38 条 1 項 | 帳簿等の閲覧又は謄写の請求権 |
| 46 条 1 項 | 検査役選任の裁判所に対する申立権 |

③ 受益証券発行信託で，総受益者の議決権の 10 分の 1 （これを下回る割合を信託行為において定めた場合はその割合）以上の割合の受益権を有する受益者又は現に存する受益権の総数の 10 分の 1 以上の数の受益権を有する受益者に限定することができる権利

| 条文 | 権利の内容 |
|---|---|
| 150 条 1 項 | 信託の変更を命ずる裁判の申立権 |
| 165 条 1 項 | 信託の終了を命ずる裁判の申立権 |

## 6 受託者の法令等違反行為に対する差止請求権の創設

　信託法においては，受託者が法令若しくは信託行為の定めに違反する行為をし，又はこれらの行為をするおそれがある場合において，その行為によって信託財産に著しい損害が生ずるおそれがあるときは，受益者は，その受託者に対し，その行為を止めることを請求することができるものとしています（信託法 44 条 1 項）。受益者に，受託者に対する事前の対抗手段を付与したものです。

　この受益者に付与されている差止請求権は，受託者が複数の信託において

は，他の受託者にも付与されており（同法85条4項），信託行為の定めにより，委託者にも付与することが可能です（同法145条2項9号）。

　なお，この差止請求権は，実体法上の請求権であり，受益者は，裁判上だけではなく，裁判外でも行使することができますが，緊急性を要する場合には，この差止請求権を被保全権利として，仮の地位を定める仮処分命令の申立てをすることができます（民事保全法23条2項）。

　また，受託者は，受益者から差止請求を受けた場合，その行為を止めるべきか否かを善管注意義務に基づき決定しなければならないと解されています。

　受益者が複数の場合には，受益者の一部から，裁判外で差止請求を受けたときに，その行為が信託法44条1項に定められた「法令若しくは信託行為の定めに違反する行為をし，又はこれらの行為をするおそれがある場合」に該当していないにもかかわらず，受託者が漫然とその行為を中止した場合には，他の受益者から善管注意義務違反を問われるおそれがあります[47]。

# 第4 | 受益権の譲渡

　信託法93条1項においては，「受益者は，その有する受益権を譲り渡すことができる。ただし，その性質がこれを許さないときは，この限りでない。」と定められています。

　同条2項においては，民法466条2項，3項の趣旨と平仄をとって「前項の規定にかかわらず，受益権の譲渡を禁止し，又は制限する旨の信託行為の定め（以下この項において「譲渡制限の定め」という。）は，その譲渡制限の定めがされたことを知り，又は重大な過失によって知らなかった譲受人その他の第三者に対抗することができる。」と定められています。

　また，受益権の譲渡は譲渡人による受託者への通知又は受託者の承諾がなければ，受託者その他の第三者に対抗することができず，その通知及び承諾

---

47　村松秀樹・富澤賢一郎・鈴木秀昭・三木原聡『概説　新信託法』（金融財政事情研究会，2008）147頁

は，確定日付のある証書によってしなければ，受託者以外の第三者に対抗することができないことが定められています。

さらに，受益権の譲渡における抗弁として，受託者は，上記の通知又は承諾がされるまでに譲渡人に対し生じた事由をもって譲受人に対抗することができるものとされています（同法95条）。

なお，民法899条の2第1項においては，相続によって権利を承継した者は，遺産の分割か否かにかかわらず，法定相続分を超える部分については，対抗要件を備えることが必要とされており，これに伴い，相続による債権の承継についても，法定相続分を超える部分について対抗要件が求められることとなり，譲渡人による通知等が必要となります。相続による債権の承継の場合には，譲渡人は共同相続人全員で，譲受人は受益相続人となりますが，他の共同相続人は，必ずしも通知義務を負わないことから，共同相続人が当該債権に係る遺言または遺産の分割の内容を明らかにして，債務者にその承継の通知をしたときは，共同相続人の全員が債務者に通知をしたものとみなすものとしています（民法899条の2第2項）。

そのため，信託法においても，相続により受益権が承継された場合において，法定相続分を超えて受益権を承継した共同相続人がその受益権に係る遺言の内容（遺産の分割によりその受益権を承継した場合には，その受益権に係る遺産の分割の内容）を明らかにして受託者にその承継の通知をしたときは，共同相続人の全員が受託者に通知をしたものとみなして，共同相続人の全員が債務者に通知をしたものとみなすものとしています（同法95条の2）。

# 第5 | 受益権の質入れ・放棄

## 1 受益権の質入れ

受益権の質入れについては，「受益者は，その有する受益権に質権を設定することができる。ただし，その性質がこれを許さないときは，この限り

でない。」と定められています（信託法96条1項）。

また，同条2項においては，受益権の譲渡と同様に「前項の規定にかかわらず，受益権の質入れを禁止し，又は制限する旨の信託行為の定め（省略）は，その質入制限の定めがされたことを知り，又は重大な過失によって知らなかった質権者その他の第三者に対抗することができる。」と定められています。

受益権を目的とする質権は，①受益権を有する受益者が受託者から信託財産に係る給付として受けた金銭等，②受益権取得請求によって受益権を有する受益者が受ける金銭等，③信託の変更による受益権の併合又は分割によって受益権を有する受益者が受ける金銭等，④信託の併合又は分割によって受益権を有する受益者が受ける金銭等，⑤その他受益権を有する受益者がその受益権に代わるものとして受ける金銭等，について存在します（信託法97条）。

受益権の質権者は，上記の金銭を受領し，他の債権者に先立って自己の債権の弁済に充てることができます（同法98条1項）。

## 2 受益権の放棄

信託法では，受益者は，受託者に対し，受益者が信託行為の当事者（委託者・受託者）である場合を除き，受益権を放棄する旨の意思表示をすることができることが定められています（信託法99条1項）。また，受益者が，その意思表示をしたときは，第三者（受託者を含む）の権利を害する場合を除き，当初から受益権を有していなかったものとみなしています（同条2項）。

したがって，受益者として指定された者は，放棄の時点までに受けた利益を不当利得として返還しなければならないことになります。

なお，この信託法上の受益権の放棄は，信託の設定の時点にまで遡及するものであり，将来効だけの受益権の放棄とは別の概念であることに留意する必要があります。

# 第6 | 受益債権

## 1 受益債権

　受益債権は，前述のとおり，信託行為に基づいて受託者が受益者に対し負う債務で，信託財産に属する財産の引渡しその他の信託財産に係る給付をすべきものに係る債権（信託法 2 条）のことです。

## 2 実績配当主義

　信託法において，受益債権に係る債務については，受託者は，「信託財産に属する財産のみをもって」これを履行する責任を負うとされています（信託法 100 条）。この規定は，旧信託法 19 条における「受託者カ信託行為ニ因リ受益者ニ対シテ負担スル債務ニ付テハ信託財産ノ限度ニ於テノミ其ノ履行ノ責ニ任ス」との規定を踏襲して，明確化したものですが，受託者の受益者に対する債務が物的有限責任であることを表したものであり，実務における信託の「実績配当主義」の根拠であるといわれています。

　また，信託法 101 条では，受益債権と信託債権との優先劣後関係として，受益債権は，信託債権に後れるものとされています。

## 3 受益債権の期間の制限

　信託法 2 条 7 項では，受益権とは，「受益債権」と「これを確保するための諸権利」と定義されていますので，信託法においては，消滅時効の対象を，従来論じられてきた「受益権」ではなく「受益債権」としています。そして，受益債権のすべてが，消滅時効により消滅した場合には，受益権の基本的部分を構成する権利が消滅することになるため，後者の権利は，存続することができずに消滅することになると解されています。

　信託法 102 条 1 項においては，「受益債権の消滅時効は，次項及び第 3 項に定める事項を除き，債権の消滅時効の例による。」と定められています。

　したがって，①「債権者が権利を行使することができることを知った時から5年間行使しないとき」，②「権利を行使することができる時から10年間行使しないとき」のいずれかに該当する場合に，時効によって消滅することになります（民法166条1項）。

　ただし，信託の場合，信託行為の定めにより受益者となるべき者として指定された者は，当然に受益権を取得することから，受益者として指定されたことを受益者は知っていないにもかかわらず，受益債権の消滅時効が進行してしまうおそれがあります。

　そこで，受益者が受益者としての指定を受けたことを知るに至るまでの間（受益者が現に存しない場合は信託管理人が選任されるまでの間）は，進行しないものとされています（信託法102条2項）。

　また，受託者が受益債権について消滅時効を援用したときは，その受益者は損失を被り，一方で，受託者又は他の受益者等が利益を取得することになります。そのため，受益債権の消滅時効の援用は，受託者の忠実義務又は公平義務に抵触するおそれがあり，一定の要件の下で，忠実義務又は公平義務を解除し，援用権の行使を認める必要があるものと考えられます。そこで，受益債権の消滅時効は，①受託者が，消滅時効の期間の経過後，遅滞なく，受益者に対し受益債権の存在及びその内容を相当の期間を定めて通知し，かつ，受益者からその期間内に履行の請求を受けなかったとき，②消滅時効の期間の経過時において受益者の所在が不明であるとき，その他信託行為の定め，受益者の状況，関係資料の滅失その他の事情に照らして，受益者に対し①の通知をしないことについて正当な理由があるとき，のいずれかのときに限り，援用することができるものとしています（同条3項）。

　また，受益者としての指定を受けたことを知るまでは，消滅時効がいつまでも進行を開始しないこととなり，その結果，権利関係の安定性が損なわれるおそれがあることから，受益債権は，20年を経過したときは，消滅するものとされています（同条4項）。

# 第13章

## 信託管理人・信託監督人・受益者代理人

### 第1 | 信託法における受益者保護のための三つの機関

旧信託法においては，不特定の受益者又は未存在の受益者がある場合において，信託行為により信託管理人を指定したとき，又は，信託行為により指定していないときは，裁判所が，利害関係人の請求又は職権により，信託管理人を選任することができること（旧信託法8条1項），また，信託管理人は，受益者のために自己の名をもって信託に関する裁判上又は裁判外の行為をする権限を有すること（同条2項），が定められており，裁判所は，事情により信託財産から相当の報酬を信託管理人に与えるものとされていました（同条3項）。

信託法では，旧信託法における信託管理人の制度の見直しを行い，123条から144条において，三つの制度に分けて新設しています。

一つ目が，受益者が現に存しない場合において，受益者に代わって自己の名で受益者の権利に関する一切の行為をする権限を有する「信託管理人」制度，二つ目が，受益者が受託者の監督を適切に行うことができない特別の事情がある場合等において，すべての受益者のために，自己の名で受益者に認められた一定の監視・監督的な権利に関する一切の行為をする権限を有し，受益者と重畳的に権利行使をすることができる「信託監督人」制度，三つ目が，受益者の全部又は一部のために，受託者等の免責を除き，受益者の権利

に関する一切の行為をする権限を有する「受益者代理人」制度です。

# 第*2* | 信託管理人

## 1　信託管理人の権限と義務

　信託管理人は，自己の名で受益者の権利に関する一切の裁判上又は裁判外の行為を行うことができますが，信託行為による別段の定めにより制限することもできます（信託法 125 条）。

　また，善管注意義務・誠実公平義務が課せられています（同法 126 条）。

## 2　信託管理人の選任方法

　信託法においては，受益者が現に存しない場合に，原則として，信託行為において，信託管理人となるべき者を指定する定めを設けることができます（信託法 123 条 1 項）。また，信託行為に信託管理人に関する定めがないとき，又は，信託行為の定めにより信託管理人となるべき者として指定された者が就任の承諾をしないか，就任できないときには，裁判所は，利害関係人の申立てにより，信託管理人を選任することができるものとされています（同条 4 項）。さらに，信託行為に信託管理人に関する定めがない場合においても，信託の変更の手続により，信託管理人に関する別段の定めを置くことも可能です。

# 第*3* | 信託監督人

## 1　信託監督人の権限と義務

　信託法においては，受益者が高齢者，未成年者等，受託者を監視，監督することが困難であるような場合に備えて，受益者保護の観点から信託監督人

の制度を導入しました。

　信託監督人が行使することができる権利は，原則として，受託者を監視，監督するために必要となる権利であり，具体的には，信託法92条（17号・18号・21号・23号を除く）に掲げる権利に関する一切の裁判上又は裁判外の行為をする権限を有し，信託行為に別段の定めがあるときは，その定めるところによるものとされています（同法132条1項）。

　信託監督人は，信託管理人とは異なり，受益者が存在する場合に選任されることから，受益者の権利行使との競合が問題となり得ますが，信託監督人が行使することができる権利は，信託行為の定めにより制限できない単独受益者権です。複数受益者の場合には，重畳的に行使が可能な権利であり，競合して権利を行使しても，信託事務の円滑な処理の妨げにはならないと考えられます。したがって，信託監督人が選任されても，受益者は権利行使の機会を失わないものとしています。

　また，信託監督人は，信託管理人と同様に，受益者のために善管注意義務と誠実公平義務を負っています（同法133条）。

## 2　信託監督人の選任方法

　受益者が現に存する場合において，信託行為に，信託監督人となるべき者を指定する定めを設けることができるものとしています（信託法131条1項）。

　なお，受益者が受託者の監督を行える場合においても，より厳正な監督を行うために弁護士，公認会計士等の専門家を指定することも可能であると考えられます。

　また，受益者が受託者の監督を適切に行うことができない特別の事情がある場合には，信託行為に信託監督人に関する定めがないとき，又は信託行為の定めにより信託監督人となるべき者として指定された者が就任の承諾をせず，若しくはこれをすることができないときは，裁判所は，利害関係人の申立てにより，信託監督人を選任することができるものとされています（同条

4項）。信託設定後の事情の変化により，受益者が受託者を十分に監視，監督することができないような場合に備えたものです。

したがって，複数の受益者が存する信託について，その一部の受益者の監督能力が乏しい場合でも，他の受益者に十分な監督能力があれば，この「特別な事情」は存しないことになります。

# 第4 | 受益者代理人

## 1 受益者代理人の権限と義務

信託法においては，受益者が短期間に入れ替わったり，受益者が特定していても多数である場合には，受益者の権利行使が困難となることが考えられることから，受益者保護を前提としつつ，信託事務の円滑な処理の観点から，受益者代理人の制度を導入しています。

受益者代理人は，受益者が短期間に変わるために受益者を把握することが困難な場合，受益者が多数で迅速，適切な意思決定をすることが困難な場合に選任されることを予定しているため，受託者を監視・監督する権限だけではなく，信託に関する意思決定の権利についても必要であると考えられます。そこで，信託法では，受益者代理人は，その代理する受益者のためにその受益者の権利（信託法42条の受託者等に対する損失てん補の責任等の免除を除く）に関する一切の裁判上又は裁判外の行為をする権限を有することとしつつ，信託行為に別段の定めがあるときは，その定めるところによるものとしています（同法139条1項）。

そのために，受益者と受益者代理人との権利行使の競合が問題となり得ますが，受益者代理人の制度の導入の趣旨から，信託に係る意思決定の権利については，受益者代理人に専属するものとし（同条4項），受益者代理人に代理される受益者は，権利行使の機会を認めても信託事務の円滑な処理の妨げにはならず，信託行為の定めにより制限が認められていない権利（同法

92条各号）及び信託行為において定めた権利を除き，その権利を行使することができないものとされています。

　また，受益者代理人がその代理する受益者のために裁判上又は裁判外の行為をするときは，その代理する受益者の範囲を示せば足りるものとされています（同法139条2項）。

　受益者代理人の義務については，受益者のために善管注意義務及び誠実公平義務が課せられています（同法140条）。

## 2 受益者代理人の選任方法

　受益者が現に存する場合，信託行為の定めにより，その代理する受益者を定めて，受益者代理人となるべき者を指定する定めを設けることができるものとしています（信託法138条1項）。

　受益者代理人が選任されると，代理される受益者は，原則として，信託に関する意思決定に係る権利を行使することができなくなるため，信託管理人や信託監督人と異なり，裁判所が選任することはできません。ただし，当初信託行為の定めにより選任されていた受益者代理人が任務の終了事由に該当した場合に，新受益者代理人を選任するに際して，委託者又は受益者代理人に代理される受益者の申立てにより，裁判所が選任することは可能です（同法142条1項）。

## 旧信託管理人・信託管理人・信託監督人・受益者代理人の比較

<table>
<tr><th colspan="2"></th><th>（旧）信託管理人</th><th>信託管理人</th><th>信託監督人</th><th>受益者代理人</th></tr>
<tr><td rowspan="2">選任</td><td>条文</td><td>（旧）8条</td><td>123条</td><td>131条</td><td>138条</td></tr>
<tr><td>状況</td><td>受益者が不特定又は未存在の場合に選任可能</td><td>受益者が現に存在しない場合に選任可能</td><td>受益者が現に存在する場合に選任可能</td><td>受益者が現に存在する場合に一部又は全部の受益者のために選任可能</td></tr>
<tr><td colspan="2">方法</td><td>①信託行為による指定，又は②利害関係人の請求若しくは職権により裁判所が選任</td><td>①信託行為による指定，又は②利害関係人の申立てにより裁判所が選任</td><td>①信託行為による指定，又は②受益者が受託者の監督を適切に行うことができない特別の事情がある場合に，利害関係人の申立てにより裁判所が選任</td><td>信託行為による指定のみ</td></tr>
<tr><td rowspan="2">権限</td><td>条文</td><td>（旧）8条</td><td>125条</td><td>132条</td><td>139条</td></tr>
<tr><td>内容</td><td>受益者のために自己の名で信託に関する裁判上又は裁判外の行為を為す権限を有する</td><td>受益者のために自己の名で受益者の権利に関する一切の裁判上又は裁判外の行為をする権限を有する<br>信託行為による別段の定めが可能</td><td>受益者のために自己の名で受益者の受託者を監督する一定の権利（受託者に対する監視・監督権）に関する一切の裁判上又は裁判外の行為をする権限を有する<br>信託行為による別段の定めが可能</td><td>その代理する受益者のために受益者の権利（受託者又は受託者の役員の責任の免除を除く）に関する一切の裁判上又は裁判外の行為をする権限を有する<br>信託行為による別段の定めが可能</td></tr>
<tr><td rowspan="2">義務</td><td>条文</td><td></td><td>126条</td><td>133条</td><td>140条</td></tr>
<tr><td>内容</td><td>規定なし</td><td>善管注意義務<br>誠実公平義務</td><td>善管注意義務<br>誠実公平義務</td><td>善管注意義務<br>誠実公平義務</td></tr>
</table>

# 第14章

## 委託者

# 第1 委託者の地位

## 1 委託者の権利

　委託者とは信託法3条各号による設定方法により信託を設定する者をいいます（信託法2条4項）。信託法において，委託者の権利については，信託行為で，信託法の規定による委託者の権利の全部又は一部を有しない旨，又は，信託法145条2項に定める権利の全部又は一部を有する旨を定めることができることが定められています（同法145条1項）。すなわち，委託者の権利は，デフォルト・ルール化されたということです。

　委託者の権利のデフォルト・ルール化は，資産の流動化を目的とする信託等において，信託行為の定めにより委託者の権利を低下又は剥奪することに利用しやすいこと，また，デフォルト状態においても旧信託法と比較して委託者の権利を相対的に低下させていることから，委託者の権利を低下させたとの心証を与えるため，学界の一部から，民事信託には不都合な改正であるとの批判もされています。

　しかしながら，信託行為の定めにより委託者の権利を拡大させることができることから，見方を換えれば，委託者の権利は強化されたということもできるわけです。

　委託者の意思は，民事信託にとっては，信託の中核をなす信託目的そのものですので，委託者の権利のデフォルト・ルール化により，目的の実現に委託者自らが関与できる事項が拡大することは民事信託にとって有用であると

## 一般の信託において委託者が有する主な権利

| 条文 | 権利の内容 |
| --- | --- |
| 36 条 | 信託事務の処理の状況等に関する報告請求権 |
| 38 条 6 項 | 貸借対照表，損益計算書等の閲覧又は謄写の請求権 |
| 57 条 1 項 | 受託者の辞任に対する同意権 |
| 58 条 1 項 | 受益者との合意による受託者の解任権 |
| 58 条 4 項 | 裁判所に対する受託者の解任申立権 |
| 62 条 1 項 | 受益者との合意による新受託者の選任権 |
| 62 条 2 項 | 新受託者に対する就任承諾の催告権 |
| 62 条 4 項 | 裁判所に対する新受託者の選任申立権 |
| 63 条 1 項 | 裁判所に対する信託財産管理命令の申立権 |
| 70 条 | 裁判所に対する信託財産管理者の解任申立権 |
| 74 条 2 項 | 裁判所に対する信託財産法人管理命令の申立権 |
| 74 条 6 項 | 裁判所に対する信託財産法人管理人の解任申立権 |
| 123 条 2 項 | 信託管理人に対する就任承諾の催告権 |
| 123 条 4 項 | 裁判所に対する信託管理人の選任申立権 |
| 128 条 2 項 | 信託管理人の辞任についての同意権 |
| | 受益者との合意による信託管理人の解任権 |
| | 裁判所に対する信託管理人の解任申立権 |
| 129 条 1 項 | 新信託管理人に対する就任承諾の催告権 |
| | 受益者との合意による新信託管理人の選任権 |
| | 裁判所に対する新信託管理人の解任申立権 |
| 130 条 1 項 2 号 | 信託管理人に対する意思表示による事務の処理を終了させる権利 |
| 131 条 2 項 | 信託監督人に対する就任承諾の催告権 |
| 131 条 4 項 | 裁判所に対する信託監督人の選任申立権 |
| 134 条 2 項 | 信託監督人の辞任に対する同意権 |
| | 受益者との合意による信託監督人の解任権 |
| | 裁判所に対する信託監督人の解任申立権 |

| 135条1項 | 新信託監督人に対する就任承諾の催告権 |
|---|---|
| | 受益者との合意による新信託監督人選任権 |
| | 裁判所に対する新信託監督人の選任申立権 |
| 138条2項 | 受益者代理人に対する就任承諾の催告権 |
| 141条2項 | 受益者代理人の辞任に対する同意権 |
| | 受益者との合意による受益者代理人の解任権 |
| | 裁判所に対する受益者代理人の解任申立権 |
| 142条1項 | 新受益者代理人に対する就任承諾の催告権 |
| | 受益者との合意による新受益者代理人選任権 |
| | 裁判所に対する新受益者代理人の選任申立権 |
| 143条1項 | 受益者との間で受益者代理人の事務の処理を終了させる旨を合意する権利 |
| 146条2項 | 委託者が二人以上いる信託における受託者及び受益者との間での委託者の地位の合意権 |
| 149条1項 | 受益者，受託者との合意による信託の変更権 |
| 149条3項1号 | 受託者の利益を害しないことが明らかであるときの信託の変更についての受託者に対する意思表示により信託を変更させる権利 |
| 150条1項 | 裁判所に対する信託の変更申立権 |
| 151条1項 | 受益者，受託者との合意による信託を併合する権利 |
| 155条1項 | 受益者，受託者との合意による吸収信託分割をする権利 |
| 159条1項 | 受益者，受託者との合意による新規信託分割をする権利 |
| 164条1項 | 受益者との合意による信託の終了 |
| 165条1項 | 裁判所に対する信託の終了申立権 |
| 166条1項 | 裁判所に対する公益確保のための信託の終了申立権 |
| 169条1項 | 裁判所に対する公益確保のための信託財産に関する保全処分申立権 |
| 172条1項〜3項 | 信託財産の保全処分に関する資料の閲覧等請求権 |
| 173条1項 | 裁判所に対する公益確保のための新受託者選任申立権 |
| 182条2項 | 信託終了時の法定帰属権利者としての権利 |
| 190条2項 | 受益証券発行信託における受益権原簿の閲覧・謄写請求権 |
| 250条1項 | 会計監査人設置信託における受益者との合意による新会計監査人の選任権 |
| 251条1項 | 会計監査人の辞任の同意権<br>委託者及び受益者との間での合意による会計監査人の解任権 |

## 信託行為で定めることができる委託者の権利（145条2項）

| 号 | 権利内容 | 条文 |
|---|---|---|
| 1 | 信託財産に属する財産に対する強制執行等に対する第三者異議を主張する権利 | 23条5項・6項 |
| 2 | 受託者の権限違反行為の取消権 | 27条1項・2項 |
|  | 新受託者等が就任するに至るまでの間の前受託者の権限違反行為の取消権 | 75条4項 |
| 3 | 利益相反行為の取消権 | 31条6項・7項 |
| 4 | 信託事務の処理をしないことが受益者の利益に反するものについて，これを固有財産又は受託者の利害関係人の計算でした場合の，当該行為を信託財産のためにされたものとみなす権利 | 32条4項 |
| 5 | 帳簿等の閲覧又は謄写の請求権 | 38条1項 |
| 6 | 他の受益者の氏名等の開示の請求権 | 39条1項 |
| 7 | 受託者がその任務を怠った場合の損失のてん補又は原状の回復の請求権 | 40条 |
| 8 | 法人である受託者の任務懈怠に対する役員への損失のてん補又は原状の回復の請求権 | 41条 |
| 9 | 受託者の違反行為に対する差止めの請求権 | 44条 |
| 10 | 検査役の選任の申立権 | 46条1項 |
| 11 | 前受託者の信託財産に属する財産の処分に対する差止めの請求権 | 59条5項 |
| 12 | 前受託者の相続人等の信託財産に属する財産の処分に対する差止めの請求権 | 60条3項・5項 |
| 13 | 限定責任信託において給付可能額を超えて受益者に対する信託財産に係る給付をした場合の金銭のてん補又は支払の請求権 | 226条1項 |
| 14 | 限定責任信託において欠損額が生じたときの金銭のてん補又は支払の請求権 | 228条1項 |
| 15 | 会計監査人設置信託において会計監査人がその任務を怠ったことによって信託財産に損失が生じた場合の損失のてん補の請求権 | 254条1項 |

評価してもよいのではないかと思います。

## 2　法定帰属権利者

　①信託行為に残余財産受益者若しくは帰属権利者の指定に関する定めがない場合，又は，②信託行為の定めにより残余財産受益者等として指定を受けた者のすべてがその権利を放棄した場合には，信託行為に委託者又はその相続人その他の一般承継人を帰属権利者として指定する旨の定めがあったものとみなすと定められています（信託法 182 条）。この帰属権利者を法定帰属権利者と呼んでいます。

# 第2 委託者の地位の移転・承継

## 1　委託者の地位の移転

　委託者の地位は，受託者，受益者及び他の委託者が存する場合は他の委託者の同意を得るか，又は，信託行為において定めた方法に従って，第三者に移転することができます（信託法 146 条）。

　旧信託法においては，委託者の地位の移転に関する規定が存在しなかったので，学説においては，その可否をめぐって諸説が存在しましたが，実務においては，資産の流動化を目的とする信託等を中心に，信託行為の定めにより，委託者の地位の譲渡が頻繁に行われていましたので，この規定は，実務の考え方を踏襲したものであるといえます。

## 2　委託者の地位の承継

　委託者の地位の承継については，①契約によって設定された信託と②遺言によって設定された信託に分けられます。

① 契約によって設定された信託

　契約によって設定された信託については，委託者の相続人は，委託者の地

位を相続により承継することになります。この根拠規定は，信託法上ありません。特段の規定がないということは，他の権利と同じように相続人が承継するというわけです。また，それを望まない場合には，信託行為の定めにより承継させないこともできます。

## ②　遺言によって設定された信託

遺言によって設定された信託については，信託法147条に規定があり，委託者の相続人は，委託者の地位を相続により承継しないものとされており，信託行為の別段の定めにより承継させることもできるものとされています。

遺言によって設定された信託は，その大半が委託者が財産を法定相続分とは異なる配分にしようとするものであり，そもそも，類型的に，信託の受益者と委託者の相続人とは，信託財産に関して相対立する立場にあり，通常，遺言者は，そのような状態が予想されるにもかかわらず，相続人に対して，委託者の権利を与えることを望まないと考えられることから，委託者の地位を相続により承継しないことがデフォルト・ルールとして定められたということです。

**委託者の地位の相続による承継**

| 信託の種類 | | 契約によって設定された信託 | 遺言信託 |
|---|---|---|---|
| 旧信託法 | 条文 | 16条2項他 | |
| | 内容 | 委託者の相続人は，信託目的設定者としての委託者の地位と同一の地位（受託者の辞任に同意を与える権利を除く）を有する | |
| 信託法 | 条文 | なし | 147条 |
| | 内容 | 委託者の相続人は，委託者の地位を相続により承継する（デフォルト・ルール） | 委託者の相続人は，委託者の地位を相続により承継しない（デフォルト・ルール） |

# 第15章

## 信託の変更・併合・分割

## 第1 | 信託の変更

### 1 信託の変更の定義

「信託の変更」については，信託法では，定義されていません。立案担当者によれば，「信託の変更とは，既存の信託行為の定めについて事後的に関係当事者の合意など一定の者の意思に従って改廃を加え」あるいは，「信託行為に定めを置いていなかった事項について，事後的に一定の者の意思に従って，新たに定めを設けること」であり，「実質的には，信託行為の変更を行うことに類するものである。」と説明されています[48]。

### 2 裁判所の関与による信託の変更

旧信託法においては，信託行為の当時に予見することができない特別の事情により，信託財産の管理方法が，受益者の利益に適さない状況に至ったときに限り，委託者，その相続人，受益者，又は，受託者は，その変更を裁判所に請求することができるものとされていました（旧信託法23条）。

信託法では，旧信託法における裁判所による管理方法の変更のみに限定し

---

48 村松秀樹・富澤賢一郎・鈴木秀昭・三木原聡『概説　新信託法』（金融財政事情研究会，2008）280頁

124

ていた変更の対象範囲を拡大し，信託行為の当時予見することのできなかっ
た特別の事情により，「信託事務の処理の方法」に係る信託行為の定めが信
託の目的及び信託財産の状況その他の事情に照らして受益者の利益に適合し
なくなるに至ったときは，裁判所は，委託者，受託者又は受益者の申立てに
より，信託の変更を命ずることができるものとしています（信託法150条）。

## 3　合意による信託の変更

　旧信託法においては，関係当事者全員の合意に基づく変更は，可能である
と考えられていましたが，手続が規定されていなかったため，実務における
対応としては，特別法である兼営法の定めに基づく定型的信託契約の変更以
外は実施しづらい状況でした。

　そこで，信託法においては，信託の変更は，変更後の信託行為の内容を明
らかにして，原則として委託者，受託者及び受益者の合意によってすること
ができるものとしつつ（信託法149条1項），関係当事者の利害に配意しな
がら，例外規定を置いています（同条2項）。

　すなわち，①信託の目的に反しないことが明らかであるときは，受託者及
び受益者の合意により，②信託の目的に反しないこと及び受益者の利益に適
合することが明らかであるときは，受託者の書面又は電磁的記録によってす
る意思表示により，信託の変更ができるものとしています。これらの場合，
受託者は，①の場合は委託者に対し，②の場合は委託者及び受益者に対し，
遅滞なく，変更後の信託行為の内容を通知しなければならないことを義務付
けています。

　また，ⅰ）受託者の利益を害しないことが明らかであるときには，委託者
及び受益者による受託者に対する意思表示により，ⅱ）信託の目的に反しな
いこと及び受託者の利益を害しないことが明らかであるときには，受益者に
よる受託者に対する意思表示により，それぞれ信託の変更ができるものとし，
ⅱ）の場合には受託者は，委託者に対し，遅滞なく，変更後の信託行為の内
容を通知しなければならないものとしています（同条3項）。

**信託の変更の手続**

| 当事者との関係 | 信託の変更の方法 | 通知の要否 | 根拠条文 |
|---|---|---|---|
| 原則 | 委託者，受益者及び受託者の合意 | 不要 | 149 条 1 項 |
| 信託の目的に反しないことが明らかであるとき | 受託者及び受益者の合意 | 受託者から委託者への通知 | 149 条 2 項 1 号 |
| 信託の目的に反しないこと及び受益者の利益に適合することが明らかであるとき | 受託者の書面又は電磁的記録によってする意思表示 | 受託者から委託者及び受益者への通知 | 149 条 2 項 2 号 |
| 受託者の利益を害しないことが明らかであるとき | 委託者及び受益者による受託者に対する意思表示 | 不要 | 149 条 3 項 1 号 |
| 信託の目的に反しないこと及び受託者の利益を害しないことが明らかであるとき | 受益者による受託者に対する意思表示 | 受託者から委託者への通知 | 149 条 3 項 2 号 |

　さらに，これらの例外として，信託行為に別段の定めがあるときは，これを認めています（同条 4 項）。この規定は，信託の変更を行う権限を，その信託の運営についての専門的知識を有する第三者等に与えることができることをも意味します。

# 第2 ｜ 信託の併合

## 1 信託の併合の定義

　信託法では，「信託の併合」とは，「受託者を同一とする二以上の信託の信託財産の全部を一の新たな信託の信託財産とすること」であると定められています（信託法 2 条 10 項）。信託の併合の際に，従前の信託の信託財産責任負担債務であった債務は，信託の併合後の信託の信託財産責任負担債務となり，従前の信託の信託財産責任負担債務のうち信託財産限定責任負担債務で

あるものは，信託の併合後の信託の信託財産限定責任負担債務となることが
定められており（同法153条，154条），債務においても，積極財産と同様
に同じ状態で引き継がれることになっています。

## 2 信託の併合の手続

　信託の併合の手続については，原則として，一定の事項を明らかにした上
で，従前の各信託の委託者，受託者及び受益者の合意によってすることがで
きるものとされています（信託法151条1項前段）。また，例外として，①
信託の目的に反しないことが明らかであるときには，受託者と受益者の合意
により，②信託の目的に反しないことと，受益者の利益に適合することが明
らかであるときには，受託者の書面又は電磁的記録によってする意思表示に
より，それぞれすることができるものとされており（同条2項），実質的に
関与の必要性のないものの同意を省略しています。

　なお，受託者は，①の場合には，委託者に対し，②の場合については，委
託者及び受益者に対し，それぞれ遅滞なく定められた事項を通知することが
義務付けられています。また，同条3項では，1項及び2項の定めが，デ
フォルト・ルールであることが規定されています。

### 信託の併合の手続

| 当事者との関係 | 信託の併合の方法 | 通知の要否 | 根拠条文 |
|---|---|---|---|
| 原則 | 委託者，受益者及び受託者の合意 | 不要 | 151条1項 |
| 信託の目的に反しないことが明らかであるとき | 受託者及び受益者の合意 | 受託者から委託者への通知 | 151条2項1号 |
| 信託の目的に反しないこと及び受益者の利益に適合することが明らかであるとき | 受託者の書面又は電磁的記録によってする意思表示 | 受託者から委託者及び受益者への通知 | 151条2項2号 |

## 3 債権者保護手続

　併合する前の信託の信託財産責任負担債務に係る債権を有する債権者の保護のために，その債権者は，受託者に対し，信託の併合について異議を述べることができることになっていますが（信託法152条1項本文），信託の併合をしても債権者を害するおそれのないことが明らかであるときは異議を述べることはできません（同項ただし書）。また，異議を述べることができる場合には，受託者は，①信託の併合をする旨，②1ヶ月以上の一定の期間内に異議を述べることができる旨，③その他法務省令で定める事項，について官報に公告し，かつ，債権者で知れているものには，各別にこれを催告[49]しなければならないものとしています（同条2項・3項）。

　さらに，債権者が期間内に異議を述べなかったときは，その債権者は，信託の併合について承認をしたものとみなされ（同条4項），異議を述べたときは，受託者は，その債権者に対し，ⅰ）弁済，ⅱ）相当の担保の提供，ⅲ）当該債権者に弁済を受けさせることを目的として信託会社等への相当の財産の信託，のいずれかの措置をとらなければならないものとしています（同条5項）。

## 4 信託の併合の意義

　信託の併合を利用しないで同様の効果を得るためには，二つの信託を終了させ，それぞれの信託財産と信託財産責任負担債務を現状有姿のまま帰属権利者に移転，引受けさせた後に，二つ分の信託財産を一つの信託財産として同一の受託者に信託し，二つ分の債務を受託者が引き受けなければなりません。この場合，往復で二度，人格をまたぐ移転があったことになり，また，信託の再設定の際には，信託財産を特定して，個別に移転させなければならず，債務についても，包括的には移転しないため，債務引受の手続が必要と

---

49　法人受託者の場合には，時事に関する事項を掲載する日刊新聞紙に掲載する方法又は電子公告による公告で，催告に代えることができます。

されますが，併合では，これらのことを受託者という同一の人格の中で，信託財産，信託財産責任負担債務ともに，包括的に移転させることができるところに，意義があるといえます。

# 第 3 │ 信託の分割

## 1 信託の分割の定義

信託法においては，信託の分割について，「吸収分割」と「新規信託分割」の二種類が規定されています。

「吸収信託分割」とは，ある信託の信託財産の一部を，受託者を同一とする他の信託の信託財産として移転すること，「新規信託分割」とは，ある信託の信託財産の一部を，受託者を同一とする新たな信託の信託財産として移転することが定められています（信託法 2 条 11 項）。また，信託の併合と同じく，移転することとなる債務は，同様の状態で引き継がれることになります（同法 157 条，161 条）。

## 2 信託の分割の手続

吸収信託分割及び新規信託分割いずれにおいても，一定の事項を明らかに

### 信託の分割の手続

| 当事者との関係 | 信託の分割の方法 | 通知の要否 | 根拠条文 |
| --- | --- | --- | --- |
| 原則 | 委託者，受益者及び受託者の合意 | 不要 | 155 条 1 項<br>159 条 1 項 |
| 信託の目的に反しないことが明らかであるとき | 受託者及び受益者の合意 | 受託者から委託者への通知 | 155 条 2 項 1 号<br>159 条 2 項 1 号 |
| 信託の目的に反しないこと及び受益者の利益に適合することが明らかであるとき | 受託者の書面又は電磁的記録によってする意思表示 | 受託者から委託者及び受益者への通知 | 155 条 2 項 2 号<br>159 条 2 項 2 号 |

して，原則としては委託者，受託者及び受益者の合意によってすることができるものとしています（同法155条1項，159条1項）。

　ただし，信託の併合と同様に，利害関係のない合意者の省略，及び，別段の定めが認められています（同法155条2項・3項，159条2項・3項）。

## ③ 債権者保護手続

　さらに，分割信託（新規信託分割の場合は従前の信託）又は承継信託（新規信託分割の場合は新たな信託）の信託財産責任負担債務に係る債権を有する債権者の保護のために，その債権者は，受託者に対し，信託の分割について異議を述べることができることになっていますが（信託法156条1項本文，160条1項本文），信託の分割をしても債権者を害するおそれがないことが明らかであるときは，異議を述べることはできません（同法156条1項ただし書，160条1項ただし書）。異議を述べることができる場合には，受託者は，①信託の分割をする旨，②1ヶ月以上の一定の期間内に異議を述べることができる旨，③その他法務省令で定める事項，について官報に公告し，かつ，債権者で知れているものには，各別にこれを催告[50]しなければならないものとしています（同法156条2項・3項，160条2項・3項）。さらに，債権者が期間内に異議を述べなかったときは，その債権者は，その信託の分割について承認をしたものとみなされ（同法156条4項，160条4項），異議を述べたときは，受託者は，その債権者に対し，ⅰ）弁済，ⅱ）相当の担保の提供，ⅲ）当該債権者に弁済を受けさせることを目的として信託会社等への相当の財産の信託，のいずれかの措置をとらなければならないものとされています（同法156条5項，160条5項）。

　なお，異議を述べることができる債権者で各別の催告をしなければならないものが，催告を受けなかった場合には，受託者に対し，分割前から有する分割信託（新規信託分割の場合は従前の信託）に係る債権については，分割

---

50　法人受託者の場合には，時事に関する事項を掲載する日刊新聞紙に掲載する方法又は電子公告による公告で，催告に代えることができます。

後の承継信託（新規信託分割の場合は新たな信託）の信託財産に属する財産
に，承継信託（新規信託分割の場合は新たな信託）に係る債権については，
分割後の分割信託（新規信託分割の場合は従前の信託）の信託財産に属する
財産をもってそれぞれの債権に係る債務を履行することを請求することがで
きるものとされています（同法 158 条，162 条）。

# 第 16 章

# 信託の終了・清算

## 第 **1** 信託の終了

### 1 信託の終了事由

信託法 163 条では，信託の終了事由が定められています。

---

① 信託の目的を達成したとき，又は信託の目的を達成することができなくなったとき

② 受託者が受益権の全部を固有財産で有する状態が 1 年間継続したとき

③ 受託者が欠けて，新受託者が就任しない状態が 1 年間継続したとき

④ 受託者が信託財産が費用等の償還等に不足している場合（52 条，53 条 2 項，54 条 4 項）に信託を終了させたとき

⑤ 信託の併合がされたとき

⑥ 特別の事情による信託の終了を命ずる裁判（165 条），又は，公益の確保のための信託の終了を命ずる裁判（166 条）があったとき

⑦ 信託財産についての破産手続開始の決定があったとき

⑧ 委託者が破産手続開始の決定，再生手続開始の決定又は更生手続開始の決定を受けた場合に，管財人が双方未履行債務の解除（破産法

---

53条1項，民事再生法49条1項，会社更生法61条1項，金融機関
等の更生手続の特例等に関する法律41条1項，206条1項）に基づ
き信託契約が解除されたとき
⑨　信託行為において定めた事由が生じたとき

## 2 委託者と受益者の合意による終了

　委託者及び受益者は，いつでも，その合意により，信託を終了することが
できます（信託法164条1項）。委託者と受益者が，受託者に不利な時期に
信託を終了したときは，やむを得ない事由があったときを除いて，委託者及
び受益者は，受託者の損害を賠償しなければなりません（同条2項）。
　ただし，常に，委託者及び受益者の合意のみで，受託者の関与がない状況
で信託が終了すると，受託者に不測の損害が生じるおそれがあるだけではな
く，信託事務処理が突然中止されることにより，受益者の損失につながりか
ねない事態を招くおそれもあることから，信託行為の別段の定めを認めてい
ます（同条3項）。この別段の定めは，実務上，受託者による円滑な事務処
理のためには，不可欠なものであるといえます。また，受託者の不利な時期
に信託を終了した場合の損害賠償についても，信託行為の別段の定めを認め
ています。

## 3 特別の事情による信託の終了を命ずる裁判

　実務においては，資産の流動化の一形態として，オリジネーターが，流動
化対象財産を，受託者に信託譲渡し，受託者は信託財産を引当てに責任財産
限定特約付の借入れを行うことにより，オリジネーターが保有する受益権の
価額の大半を償還して，資金調達を行う「ABLスキーム」が用いられてき
ました。このスキームにおいては，旧信託法58条に，受益者が信託利益の
全部を享受する場合に，信託財産によらなければ債務を返済することができ
ないときなど，やむを得ない事由があるときには，裁判所は，受益者又は利

害関係人の請求により，信託の解除を命じることができることが定められていたことから，信託に対する格付機関の評価が低下するリスク，いわゆる「58条リスク」として，懸念されていました。

そこで，信託法においては，①裁判所に対する申立てができる者を限定するとともに，申立権の不行使に関する特約を締結することを容易にすること，②その要件を受益者の事情のみの「やむを得ない事由があるとき」からより明確なものにすることにより，「58条リスク」の回避を図っています。

すなわち，「信託行為の当時予見することのできなかった特別の事情により，信託を終了することが信託の目的及び信託財産の状況その他の事情に照らして受益者の利益に適合するに至ったことが明らかであるとき，裁判所は，委託者，受託者又は受益者の申立てにより，信託の終了を命ずることができる」ものとしています（信託法165条1項）。

## **4** 公益の確保のための信託の終了を命ずる裁判

信託法は，特別の事情による信託の終了を命ずる裁判に加え，会社法における会社の解散命令（会社法824条）を参考に，公益の確保のための信託の終了を命ずる裁判の制度を導入しています。

すなわち，裁判所は，①不法な目的に基づいて信託がされたとき，②受託者が，法令若しくは信託行為で定めるその権限を逸脱し若しくは濫用する行為又は刑罰法令に触れる行為をした場合において，法務大臣から書面による警告を受けたにもかかわらず，なお継続的に又は反覆して当該行為をしたときに，公益を確保するため信託の存立を許すことができないと認めるときは，法務大臣又は委託者，受益者，信託債権者その他の利害関係人の申立てにより，信託の終了を命ずることができることになっています（信託法166条1項）。

# 第2 | 信託の清算

## 1 信託の清算

　信託法においては，信託の清算については，信託に係る債務等を清算し，受益者及び帰属権利者に対して残余財産を交付することを「信託の清算」とし，その開始事由として信託の終了事由を定め，清算事務が完了することを「清算事務の結了」としています。

## 2 信託の清算開始原因

　信託法175条では，信託が終了した場合（①信託の併合がされたとき，及び，②信託財産についての破産手続開始の決定により終了した場合でその破産手続が終了していないときを除く）には，清算をしなければならないものと定められています。

## 3 信託の存続の擬制

　信託法176条では，「信託は，当該信託が終了した場合においても，清算が結了するまではなお存続するものとみなす。」と定められており，この存続中の信託を，「法定信託」と呼んでいます。

## 4 清算受託者の職務内容と権限

　信託法においては，清算受託者の職務内容は，①現務の結了，②信託財産に属する債権の取立て及び信託債権に係る債務の弁済，③受益債権（残余財産の給付を内容とするものを除く）に係る債務の弁済，④残余財産の給付を行うことであることが定められています（信託法177条）。

　信託の清算の際には，清算受託者には，信託の清算のために必要な一切の行為をする権限があることが，デフォルト・ルールで定められています（同法178条1項）。したがって，例えば，信託財産の管理のみを目的とする不

135

動産管理信託においても，清算手続における債務の弁済のために信託財産の処分が必要となる場合には，信託行為に別段の定めがなければ，受託者は，信託財産を処分することができると考えられます。

## 5　残余財産の帰属

　旧信託法においては，債権の清算後の残余財産が帰属する帰属権利者について，①信託の終了事由の発生前にも，受益者としての権利の行使が認められるとする説と，②認められないとする説が存在していました。

　信託法においては，②説に基づき，「帰属権利者」は，本来的に信託から利益を享受するものとされた受益者への給付が終了した後に残存する財産が帰属する者にすぎないから，信託の終了事由発生後においてのみ受益者としての権利義務を有するものとしつつ，一方で，信託の終了前から受益者としての権利義務を有する「残余財産受益者」も認められています。すなわち，残余財産は，信託行為において残余財産の給付を内容とする受益債権に係る受益者である「残余財産受益者」となるべき者として指定された者，又は，信託行為において「帰属権利者」として指定された者に帰属するものとされています（同法 182 条 1 項）。

　また，信託行為に残余財産受益者若しくは帰属権利者の指定に関する定めがない場合，又は，信託行為の定めにより残余財産受益者若しくは帰属権利者として指定を受けた者のすべてがその権利を放棄した場合には，信託行為に委託者又はその相続人その他の一般承継人を帰属権利者として指定する旨の定めがあったものとみなすものとされています（同条 2 項）。

　さらに，これらの規定（同条 1 項・2 項）の定めにより，残余財産の帰属が定まらないとき，例えば，帰属権利者の残余財産引渡請求権が時効消滅等により消滅し，帰属権利者がいなくなってしまったときについては，清算受託者の固有財産に帰属することになっています（同条 3 項）。

## 6　帰属権利者の権利義務

　信託行為の定めにより帰属権利者となるべき者として指定された者は，当然に残余財産の給付をすべき債務に係る債権を取得します。ただし，信託行為の別段の定めを認めています（信託法183条1項）。また，帰属権利者となるべき者として指定された者が，残余財産の給付をすべき債務に係る債権を取得したことを知らないときは，受託者は，その者に対して，遅滞なく，その旨を通知しなければならないものとされています（同条2項）。

　信託行為の定めにより帰属権利者となった者が，信託行為の当事者でない場合には，受託者に対し，その権利を放棄する旨の意思表示をすることができます（同条3項）。帰属権利者となった者は，その権利を放棄する旨の意思表示をしたときは，第三者の権利を害する場合を除いて，当初から帰属権利者としての権利を取得していなかったものとみなされます（同条4項）。

　なお，帰属権利者は，信託の清算中は，受益者とみなされ（同条6項），受益者としての権利行使ができます。

## 7　清算受託者の職務の終了

　清算受託者は，その職務を終了したときは，遅滞なく，信託事務に関する最終の計算を行い，信託が終了したときにおける受益者（信託管理人を含む）と帰属権利者のすべてに対し，その承認を求めなければなりません（信託法184条1項）。

　また，受益者等がその最終計算を承認した場合には，清算受託者の職務の執行に不正の行為があったときを除き，その受益者等に対する清算受託者の責任は，免除されたものとみなされます（同条2項）。

　実務上，受益者等が，積極的に承認を行わず，受託者の責任が不安定な状態が長期に渡って継続することも想定されますので，受益者等が清算受託者から最終計算の承認を求められた時から1ヶ月以内に異議を述べなかった場合には，受益者等は，その計算を承認したものとみなされます（同条3項）。

# 第3 信託財産の破産

## 1 信託破産制度の創設

　旧信託法においては，信託財産を責任財産とする債務が信託財産を上回る債務超過等の破綻状態が生じた場合の制度は存在していませんでした。そのために，例えば，受託者が，複数の金融機関から信託財産のみを責任財産とする責任限定特約付の借入れを行った後，その信託が債務超過に陥り，借入れの契約上，期限の利益を失った場合には，それらの金融機関は，早い者勝ちで回収を行うことになり，遅れた金融機関が損失を負担することになるものと考えられていました。

　近年，信託における資金調達として，責任財産を信託財産に限定した特約付の借入れが増大してきたこと，また，平成 16 年（2004 年）の信託業法の改正により，膨大な固有財産を保有していた信託兼営銀行だけではなく，固有財産が必ずしも多くない信託会社が信託業務の担い手として参入してきたことなどにより，金融機関等の信託債権者の保護のために，債権者間の公平性を確保する制度が必要とされるようになりました。

　そこで，信託財産の破産制度が導入されました。信託財産の破産は，信託法ではなく，破産法の中に規定されています。

## 2 破産の対象となる信託

　一般の信託は，信託財産だけではなく，受託者の固有財産についても責任財産となることから，信託財産についての破産制度を利用する必要性に乏しいとの意見がありましたが，①一般に，信託財産と固有財産の双方の財務内容が徐々に悪化することは十分に想定され，信託債権者は，信託財産の財務状態が良好な間に清算して配当を受けたいという期待を有するものと考えられること，②信託財産に関して破産手続開始の原因が生じた場合に，関係者がどのようなリスクを負担するのかが明確になり，信託制度の利用を促進す

ることになること，③一般の信託についても，限定責任信託に人的保証が付
されたものと同様なものであると理解できることなどの意見により，一般の
信託においても導入するものとされました。

## 3 信託財産の破産手続開始の原因

　信託財産の破産手続開始の原因は，①支払不能（受託者が，信託財産によ
る支払能力を欠くために，信託財産責任負担債務のうち弁済期にあるものに
ついて，一般的かつ継続的に弁済することができない状態）と②債務超過
（受託者が，信託財産責任負担債務につき，信託財産に属する財産をもって
完済することができない状態）が定められています（破産法 244 条の 3）。

## 4 支払不能

　破産法 2 条 11 項においては，信託財産の破産における「支払不能」とは，
受託者が，「信託財産による支払能力」を欠くために，信託財産責任負担債
務のうち弁済期にあるものにつき，一般的かつ継続的に弁済することができ
ない状態であることが定義されており，受託者の固有財産による支払能力は
除かれています。

　信託財産には法人格がないことから，信託財産責任負担債務については，
受託者が債務者となり，受託者の固有財産についても強制執行の対象となり
ますが，受託者が固有財産によりその債務を弁済した場合には，結局，受託
者は信託財産から償還を受けることになり（信託法 48 条 1 項），受託者の固
有財産は，いわば保証人的地位にあるにすぎず，「保証人が存在する場合と
同視して，信託財産について支払不能というべきか否かの判断をする必要が
ある」[51]ことに留意する必要があります。

---

51　村松秀樹・富澤賢一郎・鈴木秀昭・三木原聡『概説　新信託法』（金融財政事情研究会，
　2008）324 頁

## 5 債務超過

　一般の信託においては，受託者の固有財産も信託債権の責任財産となっているため，合名会社及び合資会社と類似していますが，結局，信託財産のみが弁済能力の基礎となっているものと考えられることから，一般の信託についても，「債務超過」を破産手続開始の原因としています。

　立案担当者の著書によれば，「信託財産に係る債務とは信託財産責任負担債務であり，信託債権と受益債権に係る債務がこれに含まれる。ただし，信託の清算が終了した後の残余財産の給付を内容とする受益債権（182 条 1 項 1 号）に係る債務は，その性質上，含まれず，債務超過の判断の基礎となる債務とはならない。また，信託の期間中に発生する受益債権についても，いまだ発生していないものについては同様に解すべきである」[52]と述べられています。

## 6 破産手続開始の申立権者

　破産手続開始の申立てができる者は，信託債権者，受益者（受益者代理人を含む），受託者，信託財産管理者，信託財産法人管理人，裁判所の管理命令に基づく管理人に限定しています（破産法 244 条の 4）。

## 7 信託債権者及び受益者の地位

　信託財産について破産手続開始の決定があった場合には，信託債権者及び受益者は，受託者について破産手続開始の決定があったときでも，破産手続開始の時において有する債権の全額について破産手続に参加することができるものとしています（破産法 244 条の 7 第 1 項）。

　受益債権については，実体法上，信託債権に劣後することから（信託法 101 条），破産手続上も，信託財産について破産手続開始の決定があったと

---

52　村松秀樹・富澤賢一郎・鈴木秀昭・三木原聡『概説　新信託法』（金融財政事情研究会，2008）325 頁

きには，信託債権は，受益債権に優先し（破産法244条の7第2項），また，受益債権と約定劣後破産債権（信託財産の破産において，配当の順位が劣後的破産債権に遅れる旨の合意がされた債権）は，同順位としています（同条3項）。また，破産法142条1項では，約定劣後破産債権者は，議決権を有しないことから，受益債権は，配当が劣後し，かつ，議決権はありません。

　なお，信託行為の定めにより，約定劣後破産債権が受益債権に優先するものとすることができます（同法244条の7第3項ただし書）。

# 第 17 章

# 新しい類型の信託

## 第 **1** 自己信託

　自己信託は，委託者が受託者となるものであり，旧信託法の立法時における検討においては，信託宣言の規定は削除されていました。財産隠匿，特に債権者を害する「執行免脱の懸念」を排除しようとしたからです。

　信託法の改正時においても，自己信託の導入の可否をめぐり委託者の債権者を害するおそれが指摘され大きな議論となりましたが，自己信託の導入は，国際潮流に沿うこと，民事信託の多様な利用方法が期待されること，債権等の流動化を他者に委託することなく低コストで簡便に行うことができることなどから，最終的には，以下の弊害防止の規律を組み込むことで導入されました。

　①　自己信託の設定方法は意思表示を公正証書その他の書面又は電磁的記録で当該目的，当該財産の特定に必要な事項その他の法務省令で定める事項を記載し又は記録したものによってする方法が定められており（信託法3条3号），信託の効力の発生についても，公正証書・公証人の認証を受けた書面・電磁的記録の作成，又は，受益者として指定された者に対する確定日付のある証書による信託がされた旨及びその内容の通知によることを要件としています（同法4条3項）。

　②　自己信託の場合には，特例があり，委託者がその債権者を害すること

を知って信託をしたときは，信託財産責任負担債務に係る債権を有する
債権者のほか，委託者兼受託者に対する債権で信託前に生じたものを有
する者は，信託財産に属する財産に対し，強制執行，仮差押え，仮処分
若しくは担保権の実行若しくは競売又は国税滞納処分をすることができ
ます（信託法 23 条 2 項）。ただし，受益者が現に存する場合においては，
その受益者とその前に受益権を譲り渡した全ての者が，受益者としての
指定を受けたことを知った時（又は受益権を譲り受けた時）において債
権者を害することを知っていたときに限るものとされています（同条 3
項）。

③　法人の事業譲渡の特例として，自己信託は，法人の事業譲渡に関する
規定の適用を受けることが定められています（信託法 266 条 2 項）。し
たがって，自己信託により，事業を移す場合には，株主総会の特別決議
等が必要になります。

# 第2 | 受益証券発行信託

## 1 受益証券発行信託の定義

　信託法においては，信託行為の定めにおいて一又は二以上の受益権を表示
する証券（受益証券）を発行することができることが定められており（信託
法 185 条 1 項），この受益証券が発行された信託のことを受益証券発行信託
といいます。

　実務においては，多様なニーズがあり，商事信託においては，受益者が多
数で，かつ，受益権を転々流通させることが求められる場合には，受益権を
有価証券化することが効率的です。

　そこで，信託法においては，信託行為の定めにより信託の受益権を有価証
券化することができる「受益証券発行信託」の制度を創設しました。この信
託においては，特定の内容の受益権について，受益証券を発行しないことも

できます（同条2項）。

　なお，受益証券を発行する旨の定めのある信託においては，受益証券を発行する旨の定めと，特定の内容の受益権について受益証券を発行しない旨の定めは，いずれも変更することはできず（同条3項），受益証券を発行する旨の定めのない信託においては，信託の変更によって受益証券を発行することはできません（同条4項）。

## ② 受益証券発行信託の信託受益権の性質

　受益証券発行信託の受益証券の性質は，株券と同様に有因証券であり，その譲渡手続の簡易化及び譲渡の効力の強化の観点から，講学上の「無記名証券」としての性質を持たせています。

　受益証券発行信託においては，受益証券の譲渡等における効力要件は券面の交付であり（信託法194条），占有者の適法な所持の推定（同法196条1項），受益証券の善意取得（同条2項），公示催告手続で無効（同法211条）等，有価証券としての特質を有しています。

## ③ 受益権原簿の作成

　受益証券発行信託においては，「受益権原簿」の制度が導入されており，受益証券発行信託の受託者は，遅滞なく，受益権原簿を作成して，下記の「受益権原簿記載事項」を記載し，又は記録しなければならないものとされています（信託法186条）。

①　各受益権に係る受益債権の内容及びその他の受益権の内容を特定するものとして法務省令（信託法施行規則18条）で定める事項

②　各受益権に係る受益証券の番号，発行の日，受益証券が記名式か又は無記名式かの別及び無記名式の受益証券の数

③　各受益権に係る受益者（無記名受益権の受益者を除く）の氏名又は名称及び住所

④　③の受益者が各受益権を取得した日

⑤　①～④の他，法務省令（同規則 19 条）で定める事項

受益証券発行信託の受益者は，受託者に対し，その受益者についての受益権原簿に記載・記録された受益権原簿記載事項を記載した書面の交付等を請求することができます（信託法 187 条 1 項）。

また，その書面には，受益証券発行信託の受託者（受託者が法人の場合は代表者）が署名し，又は記名押印しなければならず（同条 2 項），電磁的記録には，受益証券発行信託の受託者が法務省令（信託法施行規則 31 条）で定める署名又は記名押印に代わる措置（電子署名）[53]をとることが義務付けられています（同条 3 項）。

受益証券発行信託の受託者が 2 人以上ある場合には，上記（同条 2 項・3 項）の定めは，受益証券発行信託のすべての受託者に適用されます（同条 4 項）。

なお，受益証券発行信託の受託者は，受託者に代わって受益権原簿の作成及び備置きその他の受益権原簿に関する事務を行う「受益権原簿管理人」を定め，その事務を行うことを委託することができます（同法 188 条）。

## 4　受益権原簿の備置きと閲覧等

受益証券発行信託の受託者は，受益権原簿をその住所（受託者が法人である場合には，その主たる事務所，受益権原簿管理人が現に存する場合には，その営業所）に備え置くことが義務付けられています（信託法 190 条 1 項）。

また，委託者，受益者その他の利害関係人は，受益証券発行信託の受託者に対し，受益権原簿の書面等の閲覧又は謄写を請求することができますが，その場合には，請求の理由を明らかにしてしなければならないものされています（同条 2 項）。

また，閲覧又は謄写の請求があったときは，受益証券発行信託の受託者は，以下のいずれかに該当すると認められる場合を除き，これを拒むことができ

---

53　「電子署名」とは，電磁的記録に記録することができる情報について行われる措置であって，①当該情報が当該措置を行った者の作成に係るものであることを示すためのものであること，②当該情報について改変が行われていないかどうかを確認することができるものであること，の二つの要件のいずれにも該当するものをいいます。

ません（同条 3 項）。

① 　その権利の確保又は行使に関する調査以外の目的で請求を行ったとき

② 　不適当な時に請求を行ったとき

③ 　信託事務の処理を妨げ，又は受益者の共同の利益を害する目的で請求を行ったとき

④ 　閲覧又は謄写によって知り得た事実を利益を得て第三者に通報するために請求を行ったとき

⑤ 　過去 2 年以内に，上記の閲覧又は謄写によって知り得た事実を，利益を得て第三者に通報したことがあるとき

　なお，無記名受益権の受益者を除き，受益権原簿記載事項のうち，受益証券が発行されている受益者の氏名又は名称及び住所（同法 186 条 3 号），又はその受益者が各受益権を取得した日（同条 4 号）について，上記の請求があった場合には，信託行為による別段の定めを認めています（同法 190 条 4 項）。

## 5　基準日

　受益証券発行信託の受託者は，一定の「基準日」を定めて，基準日において受益権原簿に記載され，又は記録されている受益者（無記名受益権の受益者を除く）をその権利を行使することができる者と定めることができます（信託法 189 条 1 項）が，無記名受益権の受益者には適用しないものとされています（同条 1 項・2 項）。

　基準日を定める場合には，受益証券発行信託の受託者は，基準日受益者が行使することができる権利（基準日から 3 ヶ月以内に行使するものに限る）の内容を定めなければならず（同条 3 項），また，その基準日の 2 週間前までに，その基準日及び基準日受益者が行使することができる権利の内容を，官報に公告しなければならないことが定められていますが（同条 4 項），これらの定めは，同条 2 項を除き，デフォルト・ルールとされています（同条 5 項）。

## 6　受益証券発行信託の権利義務の特例

　受益証券発行信託の受益証券は，一般に多数の受益者が存在し，かつ，転々流通することを想定していることから，関係当事者の権利，義務についての特例を置いています。特に，受益者の受託者に対する監視・監督についての意識が希薄になると考えられることから，受益者保護の観点より，下記の受託者の義務の特例が規定されています。

①　一般の信託における受託者の善管注意義務については，信託行為による別段の定めにより，例えば，受託者の善管注意義務を軽減することが認められていますが（信託法29条2項ただし書），受益証券発行信託においては，この別段の定めが認められていません（同法212条1項）。

②　信託事務の処理の委託について，受託者は委託先が不適任若しくは不誠実であること又は信託事務処理が不適切であることを知ったときには，受益者への通知等，必要な措置をとらなければならないとされていますが（信託法35条3項），一般の信託については，この場合の信託行為による別段の定めが認められています（同条4項）。しかしながら，受益証券発行信託については，この信託行為の別段の定めが認められていません（同法212条2項）。

③　受益証券発行信託は，多数の受益者の存在が想定され，一部の受益者による濫用的な権利行使を防止する必要があることから，前述したとおり，受益者の権利の行使について，一般の信託において，各受益者が単独で行使することが可能で，かつ，信託行為の定めにより制限できない権利（信託法92条各号）の一部について，信託行為の定めにより，特別に制限できることが定められています（同法213条）。

④　受益者が複数の受益証券発行信託においては，信託行為に別段の定めがない限り，受益者の意思決定は，信託行為において受益者集会における多数決による旨の定めがあるものとみなします（信託法214条）。

⑤　受益権が転々流通することを想定している信託については，委託者と

受益者の権利行使等が錯綜しないために，当初の委託者は，その信託の権利・義務から離脱するように設定することが多いが，受益証券発行信託においては，委託者と受益者の権利の錯綜を防止するために，受益証券を取得する者が，委託者の権利のうち，一定の権利について，受益者が行使するものとしています（信託法 215 条）。

# 第3 限定責任信託

## 1 信託財産への責任財産の限定

信託においては，受託者が信託事務の処理のために第三者との間で取引を行い債務を負担した場合には，受託者がその取引の主体となっているため，受託者がその債務を弁済しなければならない責任を負うことになります。

したがって，その債務が信託財産だけでは弁済できない場合には，受託者は，固有財産によりその債務を弁済しなければならないことになります。

受託者がこのような負担を受けないために，実務においては，受託者と債権者との間で責任財産を信託財産に限定する責任財産限定特約を付すことがありますが，個別の契約の締結が必要であり，かつ，責任財産限定特約の効力は，その債権者との間にしか及ばず，受託者の責任を限定する制度としては限界があるといわれていました。

## 2 限定責任信託の創設

そこで，法制審議会信託法部会において，受託者の有限責任を許容する限定責任信託が検討されました。その結果，信託債権者の利益を犠牲にして受託者や受託者に対する固有の債権者を過度に利するおそれがあるなどの反対意見はあったものの，土地信託への適用をはじめ，受託者の専門的な能力，市場・技術動向の変化を迅速に判断する能力が求められるパイロット事業，期間を限定した事業，プロジェクト事業や資産流動化のための事業等に有用

であるとの意見が取り入れられ，限定責任信託が創設されました。

　限定責任信託は，受託者が当該信託のすべての信託財産責任負担債務について信託財産に属する財産のみをもってその履行の責任を負う信託をいうと定義されています（信託法2条12項）。

　この信託では，第三者が受託者に対して有する債権で，信託事務に関する取引により生じたものや法定の原因により生じたもの，例えば，信託での借入債務や土地工作物の所有者責任（民法717条1項ただし書）などについては，責任財産が信託財産に限定されると解されていますが，受託者が不法行為（同法709条）により第三者に損害を与えた場合には，受託者の固有財産も不法行為債権の責任財産となることに留意する必要があります（信託法217条1項）。

　限定責任信託は，①信託行為においてそのすべての信託財産責任負担債務について，受託者が信託財産に属する財産のみをもってその履行の責任を負う旨の定めをすること，②限定責任信託に係る一定の事項の登記をすること，の二つの要件を満たすことにより，信託財産に責任が限定される効力が生じます（同法216条1項）。

## ③　債権者の保護措置

### (1)　取引の相手方の予見可能性の確保

　責任財産が信託財産に限定されると信託の取引の相手方が不測の損失を受けるおそれがあることから，限定責任信託には，その名称中に限定責任信託という文字を用いなければならず（信託法218条1項），受託者は，限定責任信託の受託者として取引をする場合には，取引に際して相手方である第三者に対して「限定責任信託」である旨を明示しなければならない義務を課しています（同法219条）。

　また，第三者が予見可能であるような客観的状況を作る手段として，登記の制度を整備しています。

## (2)　帳簿等の作成等，報告及び保存の義務等の特例

　限定責任信託における帳簿その他の書類又は電磁的記録の作成，内容の報告及び保存並びに閲覧及び謄写については，信託財産の価額，損益及び受益者に対する給付可能額の算定を，一般の信託に比べてより厳格に行う必要があることから，株式会社における規律を参考に，特別の定めを置いています（信託法 222 条）。

## (3)　受託者の第三者に対する責任

　限定責任信託においては，信託債務の引当てになる財産が不当に減少しないように，受託者は，信託事務を行うに際して，悪意又は重大な過失があったときは，これによって第三者に生じた損害を賠償する責任を負い（信託法 224 条 1 項），また，①貸借対照表等に記載し，又は記録すべき重要な事項についての虚偽の記載又は記録，②虚偽の登記，③虚偽の公告，のいずれかをしたときについても，受託者がその行為について注意を怠らなかったことを証明した場合を除いて，これによって第三者に生じた損害を賠償する責任を負います（同条 2 項）。

## (4)　受益者に対する信託財産に係る給付に関する責任

　限定責任信託においては，受益者に対する信託財産に係る給付は，その給付可能額（受益者に対し給付をすることができる額として純資産額の範囲内において法務省令（信託計算規則 24 条[54]）で定める方法により算定される額）を超えてすることはできません（信託法 225 条）。

---

[54]　信託法 225 条に規定する法務省令で定める方法は，信託財産に係る給付（当該信託の受益権を当該信託の信託財産に帰属させることに代えて当該受益権を有する者に信託財産に属する財産を交付する行為を含む。以下この項において同じ。）の日の属する信託事務年度の前信託事務年度の末日における純資産額から次の各号に掲げる額の合計額を控除する方法とする。

①　100 万円（信託行為において，信託留保金の額を定め，又はこれを算定する方法を定めた場合において，当該信託留保金の額又は当該方法により算定された信託留保金の額が 100 万円を超えるときにあっては，当該信託留保金の額）

②　信託財産に係る給付の日の属する信託事務年度の前信託事務年度の末日後に信託財産に係る給付をした場合における給付をした信託財産に属する財産の帳簿価額の総額

## (5)　欠損が生じた場合の責任

　受託者が受益者に対する信託財産に係る給付をした場合に，その給付をした日後最初に到来する信託事務年度の経過後3ヶ月以内で定める限定責任信託の貸借対照表等を作成する時期に欠損額が生じたときは，受託者が職務の執行について注意を怠らなかったことを証明した場合を除き，①受託者は，その欠損額に相当する金銭の信託財産に対するてん補の義務を，②その給付を受けた受益者は，欠損額に相当する金銭の受託者に対する支払いの義務を，現に受けた個別の給付額の限度で，連帯して負います（信託法228条1項）。

## (6)　限定責任信託の清算

　限定責任信託の清算に際しても，債権者に対する公告（信託法229条），債務の弁済の制限（同法230条），清算からの除斥（同法231条）等が定められています。

## 4 受益証券発行限定責任信託

　受益証券発行限定責任信託は，受益証券発行信託と限定責任信託の両方の性質を持つ信託です。したがって，基本的には，受益証券発行信託と限定責任信託の両方の規定が適用されますが，株式会社により近い類型であることから，債権者及び受益者を保護すべき必要性の高い信託であると考えられ，そのために，信託法では，特別の規律を置いています（信託法248条～257条）。

　この信託においては，信託行為の定めにより会計監査人を置くことができ，貸借対照表における負債が200億円以上であるものは，会計監査人は，必ず置かなければならないものとされています。

　その会計監査人は，限定責任信託の貸借対照表及び損益計算書並びにこれらの附属明細書その他の書類又は電磁的記録を監査し，法務省令（信託計算規則30条）で定めるところにより，会計監査報告の作成が義務付けられています（信託法252条1項）。

　また，その職務の執行については，善管注意義務が課せられており，任務

懈怠責任として損失てん補責任等を負い，悪意若しくは重大な過失があった場合には，第三者に対する直接の損害賠償責任を負います。

# 第4 信託社債

　信託の利用については様々な形態があり，資産の流動化を目的とする信託等については，大規模な資金調達を行う必要もあること，また，実務においては，受益権を優先劣後構造化することにより，債権と同様の経済的効果を持つ受益権を創り出していますが，法的な仕組みとして明確な構造が求められていたことから，信託財産を責任財産とした債券発行の制度の創設が求められていました。

　そこで，信託法には規定化されなかったものの，会社法施行規則の改正において信託社債の制度が盛り込まれました。

　すなわち，会社法施行規則 2 条 3 項 17 号において，「信託社債」は，信託の受託者が発行する社債であって，信託財産のために発行するものであることが定義されています。

　信託社債は，会社のみに発行が認められ，責任財産は，信託財産に限定することが可能であり，一方，信託財産だけではなく固有財産も引当てにすることもできます。この場合，引当てとなる信託財産が受託者の倒産から隔離（受託者の他の債権者の債務の引当てにならない）されることに加えて，信託財産が債務超過になったときでも，固有財産が補償することになります。

# 第5 受益者の定めのない信託

## 1 旧信託法下における受益者の定めのない信託

　受益者の定めのない信託は，従来，目的信託とも呼ばれ，英米では，ペットを飼育するための信託等が存在しています。

旧信託法下においては，「受益者を指定するか，または確定し得る程度の指示を与えることは，信託行為の有効要件である」と解されており，信託の成立のためには，信託行為の時点で，受益者が特定・現存することまでは必要としないが，受益者を確定し得ることは必要であり，受益者を確定し得ないものは，公益信託を除き，無効であると考えられていました。

## 2　受益者の定めのない信託のニーズ

受益者の定めのない信託のニーズとしては，例えば，①自らが経営する会社の製品の開発・研究を行っている者に対する研究助成等，公益信託の許可を受けるほどの公益性はないものの，これに準じるようなものの受け皿として，また，②ペットの飼育等，受益の対象が，動物や地域のように権利能力のないもののための行為主体として，さらには，③資産流動化のためのケイマンにおけるチャリタブル・トラスト類似の機能を有するものとしての利用，が考えられていました。

## 3　受益者の定めのない信託の創設

受益者の定めのない信託については，これらのニーズに鑑み，受益者による受託者に対する監視・監督権が期待できず，自己信託と同様に執行免脱等の弊害のおそれがあることから，条件付での創設となりました。すなわち，信託法258～260条において，受益者の定めのない信託の弊害防止のための下記に記載した特例が，すべて強行規定で定められています。

①　公益信託以外には20年以内に限定して認める。

②　設定は契約と遺言に限定し，弊害のおそれがある自己信託による設定はできない。

③　契約によるものは，委託者の監視・監督権限を強化するとともに（信託法145条2項各号（6号を除く）の権利を有する），受託者の義務も厳格化している。

④　遺言によるものは，信託管理人の指定を義務付け，かつ，信託管理人

の監視・監督権限を③の委託者の権限以上とし，信託管理人が就任しない状態が 1 年継続したときは信託は終了する。

⑤　信託の変更により，受益者の定めのある信託において受益者の定めを廃止すること，受益者の定めのない信託において受益者の定めを設けることはできない。

⑥　別に法律に定める日までは，信託事務を適正に処理するに足りる財産的基礎及び人的構成を有するものとして政令（信託法施行令 3 条）で定める純資産の額が 5 千万円以上等の要件を満たす法人以外の者を受託者とすることはできない（信託法附則 3 項）。

なお，受益者の定めのない信託には，当然，受益者が存在しませんので，信託法 261 条に読み替えの定めが置かれています。

# 第6 | セキュリティ・トラスト

信託法 3 条 1 号においては，「財産の譲渡，担保権の設定その他の財産の処分をする旨」と規定されています。この規定には，旧信託法における「財産権ノ移転其ノ他ノ処分」だけではなく，「担保権の設定」が規定されているわけですが，これは，債務者を委託者，担保権者を受託者，債権者を受益者として担保権を設定するいわゆる「セキュリティ・トラスト」の導入を認めたものであるといわれています。すなわち，担保付社債信託法においてのみ認められていた担保権の設定方法を，「一般の借入れ」で，かつ，「一般の信託」で認めるものであるといえます。

実務においては，シンジケート・ローンという形態の借入れが多く利用され，また，その運営の際に，債権を譲渡することも多く行われています。

その場合，例えば，抵当権については，債権者の変更（債権の譲渡）に応じて登記手続を行わなければなりませんので，費用や手間がかかることになりますが，セキュリティ・トラストにより，抵当権自体を債権者と分離しておけば簡単に変更ができることになります。

　信託法においては，この信託の条文上の手当てとしては，「担保権者である受託者は，信託事務として，当該担保権の実行の申立てをし，売却代金の配当又は弁済金の交付を受けることができる」（信託法55条）という規定を入れることにより，対応を図っています。

# 第7　事業の信託（信託設定時の債務の引受け）

　事業の信託について，実は，そのような類型の信託はありません。信託法21条1項3号により，信託財産で負担する債務を信託行為によって当初から引き受けることができることになりましたが，そもそも「事業」を積極財産と消極財産の束であると考え，それを包括的な形でとらえると，あたかも「事業自体」を信託したかのような状態を作り出すことができます。そのため，事業の信託，事業自体の信託ができるようになったといわれているということです。したがって，手続的には，債務の「包括的」な移転方法が規定されているわけではありませんので，委託者の債務を消滅させて受託者に引き受けさせるには，免責的債務引受けの手続，すなわち，委託者の債権者の同意が必要となります。

　なお，積極財産の価額が消極財産の価額を下回る場合においても，信託の設定が可能であると解されています。

　事業の信託については，信託の柔軟性から，そのニーズは強いものの，柔軟性を生かせる税制等が整備されていないことや，事業の信託は，自己信託との組み合わせが有効ですが，自己信託の場合，信託銀行や信託会社が受託者とならないために，実施に際しての整理・検討を行うノウハウに乏しいこと，代替する制度（会社，組合）も多く，他の制度と比較して知名度も低いこと，とりわけ，会社法の抜本的改正により会社の柔軟性が向上していることから，現状では，ほとんど利用されていないものと考えられます。

　ただし，工夫次第で今後の活用が期待される類型の信託であるといえます。

# 第 8 | 遺言代用の信託

## 1 遺言代用信託の意味

　遺言代用の信託とは，委託者が生前に，遺言の代わりに設定する信託のことです。

　典型的には，高齢者である委託者が，信託銀行等に自らの財産を信託して，委託者の妻を委託者の死亡時に受益権を取得する者とする信託が考えられますが，この信託の設定により，自らの死亡後における財産の分配を行うことが可能となり，生前における行為により自らの死亡後の財産承継を図る死因贈与と類似する機能を有するものです。

　民法における死因贈与は，遺贈に関する規定が準用されて，贈与者は，いつでも贈与を取り消すことができると解されていますので，遺言代用の信託の規律においても，死因贈与，遺贈とパラレルな考え方に基づいています。

## 2 遺言代用信託の規律

　信託法においては，信託法 89 条で規定されている受益者指定権等の行使についての特則という形で，遺言代用の信託のデフォルト・ルールを定めています。すなわち，①委託者の死亡の時に受益者となるべき者として指定された者が受益権を取得する旨の定めのある信託，又は，②委託者の死亡の時以後に受益者が信託財産に係る給付を受ける旨の定めのある信託，における委託者は，受益者を変更する権利を有することが，デフォルト・ルールとして定められています（信託法 90 条 1 項）。また，委託者の死亡の時以後に受益者が信託財産に係る給付を受ける旨の定めのある信託においては，委託者が死亡するまでは，受益者としての権利を有しないことが，同様にデフォルト・ルールとして定められています（同条 2 項）。

## 3 遺言代用信託の利点

　遺言代用の信託の規律は，遺言・死因贈与の規定とパラレルにしているものの，デフォルト・ルールであるため，信託行為において，受益者変更ができない旨を定めれば，委託者，受益者及び受託者全員の合意により信託行為を変更しない限り，受益者を確定することができます。その意味では，民法の遺言・死因贈与とは異なる効果を持たせることができるといえます。

　また，委託者が生前に信託銀行等の受託者に財産を信託し，受託者に管理処分権が移ることから，財産の保全（物理的な保全）が図られるとともに，委託者は，自分の目で，自らの死後と同じ管理・処分の状況を確認することができます。

# 第9 後継ぎ遺贈型の受益者連続信託

## 1 後継ぎ遺贈型の受益者連続信託の意味

　いわゆる後継ぎ遺贈型の受益者連続信託とは，例えば，委託者が，当初，自らを受益者とし，委託者が死亡後は，委託者の妻を受益者とし，その妻の死亡後は，委託者の長男を受益者とするなど，委託者が死亡後においても，受益者が連続する信託のことで，英米においては，一般的に利用されている制度です。この後継ぎ遺贈型の受益者連続信託において，受益者が連続するというのは，受益権を承継するのではなく，各受益者は，それぞれ異なる受益権を原始的に取得するものと考えられています。

　わが国においては，委託者が生存中に，受益者をＡＢＣと連続させることは，法的に特段の問題はないと解されてきましたが，後継ぎ遺贈型の受益者連続信託については，民法との関係からその有効性について疑義があるといわれてきました。

## 2 後継ぎ遺贈型の受益者連続信託の創設

そこで，信託法では，「受益者の死亡により，当該受益者の有する受益権が消滅し，他の者が新たな受益権を取得する旨の定め（受益者の死亡により順次他の者が受益権を取得する旨の定めを含む。）のある信託は，当該信託がされた時から 30 年を経過した時以後に現に存する受益者が当該定めにより受益権を取得した場合であって当該受益者が死亡するまで又は当該受益権が消滅するまでの間，その効力を有する。」（信託法 91 条）との規定が置かれて，後継ぎ遺贈型の受益者連続信託の有効性が明確化されました。

したがって，この信託も，民法で実現できないことができることになります。ただし，先ほどの遺言代用信託の場合も含みますが，この信託を利用しても，遺留分制度の潜脱は認められません。さらには，第一次受益者だけではなく，第二次受益者についても，委託者が死亡時において始期付きの存続期間の不確定な権利を取得したものとして，遺留分についての必要な算定がなされると解されています。

## 3 後継ぎ遺贈型の受益者連続信託の期間

後継ぎ遺贈型の受益者連続信託の期間については，見解が分かれています。

後継ぎ遺贈型の受益者連続信託の効力は，信託法 91 条では，その信託がされた時から 30 年を経過した時以後に現に存する受益者がその定めにより受益権を取得した場合であってその受益者が死亡するまで又はその受益権が消滅するまでの間，その効力を有するとされていますので，30 年経過した後に生ずる新しい受益者が最後の受益者となると解することができます。したがって，30 年経過した後に，最初に，受益者となった時が，信託設定から 50 年後であったとしても，その者までは受益者となることができることとなり，その者が死亡するか，受益権が消滅するまでは，その信託は有効に存続することになると考えられます。

ところが，「現に存する受益者」は，「いつの時点の受益者であるのか」に

ついては明確ではありません。学説では、「現に存する受益者」に意味を持たせて、受益者となるべき者は、①30年経過の時点で現存していなければならないとする説と②前の受益者の死亡時点で現存していればよいとする説がありますが、私見では②説ではないかと考えています。

　ケース：当初の受益者をAとし、Aの死亡後はB、Bの死亡後はCが受益権を取得する旨の定めがある信託である場合

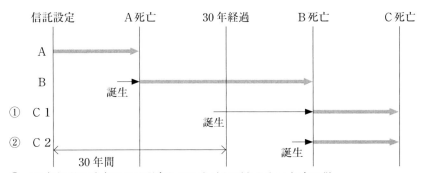

①　30年経過の時点でCは現存していなければならないとする説
②　Bの死亡時点でCが現存していればよいとする説

## ４　後継ぎ遺贈型の受益者連続信託の利用例

　この信託の利用法としては、例えば、ある人が、妻に先だたれて、再婚したような場合において、自分が死亡した後、その妻の生活が心配であるけれども、その妻が死亡したときに、先妻との間に生まれた子供に財産を残したい、妻の親族には財産を渡したくないような場合に、後継ぎ遺贈型の受益者連続信託を設定して、第一受益者を妻に、第二受益者を先妻との間に生まれた子供にしておけば、このようなニーズを満たすことができます。

# 第**18**章

# 雑則・罰則

## 第*1* 法人である受託者についての公告の方法

　信託法における公告（信託の併合（152条2項），吸収信託分割（156条2項）及び新規信託分割（160条2項），限定責任信託における清算受託者就任後の信託債権者に対する債権を申し出るべき旨（229条1項）の公告については，官報公告と規定されており，これらは除く）は，受託者が法人である場合には，その法人における公告の方法（公告の期間を含む）によりしなければならないものとされています（同法265条）。

## 第*2* 法人受託者の合併等の債権者に対する保護手続の特例

　信託法においては，「会社法その他の法律の規定」により，ある法人が，「組織変更，合併その他の行為をするとき」は，その法人の債権者がその行為について「公告，催告その他の手続を経て異議を述べることができることとされている場合」において，法人である受託者がその行為をしようとするときは，受託者が信託財産に属する財産のみをもって履行する責任を負う信託財産責任負担債務に係る債権を有する債権者は，その異議を述べることができる債権者に含まれないものとしています（信託法266条1項）。

受託者の合併等は，信託財産の独立性により信託財産に属する財産には影響がなく，その信託財産のみを責任財産とする債権者を害することがないからです。

# 第3 | 罰則制度

信託法においては，受託者の義務が緩和されるとともに，私的自治に委ねられる範囲が大幅に拡大するとともに，受益証券発行信託，限定責任信託，自己信託，受益者の定めのない信託，事業の信託等，新しい類型の信託が導入され，その利用が拡大することが予想されることから，悪質な受託者等が参入し，信託制度を濫用することが懸念されます。

それを防止するためには，私法の仕組みとして，前述したような様々な規定が置かれていますが，罰則についても濫用防止の一環として導入されたものと考えられます。

受益証券発行限定責任信託の受託者等の贈収賄罪（信託法267条）が規定されたほか，国外犯（同法268条），法人における罰則の適用（同法269条），過料（同法270条）が規定されています。

# 第19章

## 公益信託

## 第1 旧信託法における公益信託の規定の改正

　旧信託法において，公益信託とは，祭祀，宗教，慈善，学術，技芸その他の公益を目的とする信託であると定義されていました（旧信託法66条）。

　前述のとおり，信託法は，平成18年（2006年）に改正されていますが，その改正の検討の際に，公益信託の規律の部分についても，まとめて改正することが考えられていました。

　公益信託は，民法の財団法人等の公益法人と類似の社会的機能を有する制度であるといえることから，公益法人と公益信託の制度は，その監督のあり方を全く異なるものとすることは，バランスを失し，公益活動の健全な発展，促進を阻害するおそれがあります。ところが，信託法改正の検討とほぼ同じ時期に，公益法人制度の見直しの検討が行われていました。

　そこで，公益信託は，法制審議会信託法部会において，主務官庁制度の廃止の方向性を確認し，「受益者の定めのない信託」の一類型として位置づけることとした上で，信託法とは別に，旧信託法の名称を「公益信託ニ関スル法律」に変更し，とりあえず，旧信託法と同様の規律となるように改正されました。公益法人制度の見直しを踏まえて，公益信託の規律を改正しようと考えたからです。

# 第*2* 公益信託ニ関スル法律

## **1** 公益信託の定義と効力要件

　公益信託ニ関スル法律においては，公益信託は，信託法258条1項に規定
する「受益者の定めのない信託」のうち「学術，技芸，慈善，祭祀，宗教」
その他公益を目的とするもので主務官庁の許可を受けたものであることが定
義されており（公益信託ニ関スル法律1条），また，私益信託とは違い，主
務官庁の許可を効力要件としています。

## **2** 公益信託の監督

⑴　主務官庁による監督と許可

　公益信託は，私益信託と違い，主務官庁の監督に属し，主務官庁は，検査
の権限のほか，供託その他必要な処分を命ずる権限を有しています（公益信
託ニ関スル法律3条，4条）。

　公益信託の設定の審査については，実務上は，「公益信託の引受け許可審
査基準等について」（平成6年9月13日公益法人等指導監督連絡会議決定）
に記載された基準に基づいて行われています。

　信託の変更，信託の併合・分割をするには，主務官庁の許可を受けなけれ
ばならず（同法6条），信託行為の当時に予見することができない特別の事
情が生じたときには，裁判所による信託の変更を命じる信託法150条は適用
されず，主務官庁は，信託の本旨に反しない限り，信託の変更を命じること
ができます（公益信託ニ関スル法律5条）。

　さらに，受託者は，やむを得ない事由がある場合に限って，辞任すること
ができますが，その際にも，主務官庁の許可が必要です（同法7条）。

⑵　公益信託における主務官庁の権限の特例

　公益信託においては，信託法258条1項の「受益者の定めのない信託」に
関する裁判所の権限は，①信託の変更を命ずる裁判（信託法150条1項），

②信託の終了を命ずる裁判（同法166条1項），保全処分を命ずる裁判（同法169条1項），新受託者の選任の裁判（同法173条1項），③鑑定人の選任の裁判（同法180条1項），④書類の提出を命ずる裁判（同法223条），弁済の許可の裁判（同法230条2項）を除き，主務官庁に属することが定められています（公益信託ニ関スル法律8条本文）。

### (3)　主務官庁の権限の職権による行使

主務官庁は，受託者の解任に関する信託法58条4項（同法70条，74条6項，128条2項を含む），新受託者の選任に関する同法62条4項（同法129条1項を含む），信託財産管理命令に関する同法63条1項，信託財産法人管理命令に関する74条2項，信託管理人選任に関する123条4項，に規定する権限については，職権で行うことができます（公益信託ニ関スル法律8条ただし書）。

### (4)　主務官庁の権限の委任

主務官庁の権限は政令の定めにより，その全部又は一部を国に所属する行政庁に委任することができます（公益信託ニ関スル法律10条）。

また，主務官庁の権限に属する事務は，政令の定めにより，都道府県の知事その他の執行機関においてその全部又は一部を処理することができます（同法11条1項）。

上記においては，主務官庁は都道府県の執行機関がその事務を処理するに当たっての基準を定めることができ（同条2項），その基準を定めたときは告示しなければならないものとされています（同条3項）。

## 3 公益信託固有の規律

### (1)　公　　告

公益信託の受託者は毎年1回一定の時期に信託事務及び財産状況を公告しなければならないものとされています（公益信託ニ関スル法律4条2項）。

### (2)　信託期間

受益者の定めのない信託の存続期間を制限する信託法の規定（信託法259

条）が適用されません（公益信託ニ関スル法律2条2項）。

⑶　**類似の目的の信託の継続**

　公益信託が終了する場合に，帰属権利者の指定に関する定めがないとき又は帰属権利者が権利放棄したときは，主務官庁は，その信託の本旨に従って類似の目的の為に信託を継続することができることが定められています（公益信託ニ関スル法律9条）。

## 4　罰　　則

　公益信託の受託者，信託財産管理者，受託者の職務を代行する者，信託財産法人管理人，信託管理人，検査役は，①公益信託ニ関スル法律4条2項の公告をすることを怠り，又は，不正の公告をしたとき，②同法6条又は7条の規定に違反したとき（主務官庁の許可を受けずに信託の変更，併合，分割，受託者の辞任をしたとき），③主務官庁の命令又は処分に違反したとき，のいずれの場合には，100万円以下の過料に処せられます（公益信託ニ関スル法律12条）。

## 5　公益信託制度の見直し

　公益信託制度については，平成20年（2008年）12月から始まった新たな公益法人制度への移行期間が平成25年（2013年）11月に満了したことなどを受けて，公益信託法の見直しのために信託法部会が開催され，平成30年（2018年）12月18日に「公益信託法の見直しに関する要綱案」が決定され，同要綱案が平成31年（2019年）2月14日の総会で採択され，「公益信託法の見直しに関する要綱」として法務大臣に答申されています。

# 第20章

## 信託業法

### 第1 | 信託に関する法律

　わが国においては，信託に関連する法律として，法務省の所管の私法である信託法のほか，金融庁の所管のものとして，信託会社等を規制する信託業法と，信託業務を兼営する金融機関を規制する金融機関の信託業務の兼営等に関する法律（兼営法）があります。

　その他に，金融商品取引法において，信託受益権が適用対象の有価証券として指定されていることにより，金融商品取引業としての規制や開示規制が適用される場合があり，また，投資性の強い信託については，信託業法の中で金融商品取引法を準用することになっています。その他，投資信託法，貸付信託法，資産流動化法，担保付信託法等の特別法があります。

　これらの法律のうち，本書においては，信託業法（兼営法を含む）と金融商品取引法について説明します。

### 第2 | 信託業法の規制と適用

　信託業法1条では，「信託業を営む者等に関し必要な事項を定め，信託に関する引受けその他の取引の公正を確保することにより，信託の委託者及び受益者の保護を図り，もって国民経済の健全な発展に資することを目的とす

る」と規定されています。信託業においては，業者と顧客との間の交渉力・情報量の格差があること，さらに，受託者は信託財産を自己名義で排他的に管理運用する権限を有していますので，受託者の義務を加重して顧客を保護する必要があることから，受託者等を規制しなければならないということです。

　また，信託業法2条では，「信託業」とは，「信託の引受けを行う営業」であることが定義されています。「信託の引受け」とは，「委託者の相手方が委託者の信託設定の意思表示に対し，これを引き受ける旨の意思表示であり，この効果として信託の受託者となり，信託上の一切の権利義務を発生させるものである。」[55]といわれ，「営業」とは，「営利の目的で同種の行為を反復継続すること」[56]であると解されています。

# 第3　信託関連業務

## 1　信託関連業務の種類

　信託業法における信託に関する規制は，①信託の引受けを行う営業である信託業と，②信託契約の代理・媒介を行う営業である信託契約代理業と，③その他に分けられます。

　信託会社は，運用型信託会社と管理型信託会社とに分けられ，信託業法3条の免許を受けた者を運用型信託会社，信託業法7条1項の登録を受けた者を管理型信託会社といいます（信託業法2条2項）。

　運用型信託会社と管理型信託会社は，信託財産の管理処分権の裁量性の大

---

55　松本崇・西内彬『特別法コンメンタール信託法・信託業法・兼営法』（第一法規出版，1972）48頁，信託業法における「信託の引受け」とは，信託を「受託」することをいい，金融商品取引法における有価証券の「引受け」とは異なる意味であることに留意する必要があります。

56　松本崇・西内彬『特別法コンメンタール信託法・信託業法・兼営法』（第一法規出版，1972）48頁

きさによって分けられており，管理型信託会社は，信託財産の管理行為等，管理型信託業のみを営むことができるものとされており（同法2条3項，7条1項），運用型信託会社は管理型信託業を超えた信託財産の処分行為まで可能とされています。

このように運用型信託会社と管理型信託会社とでは，営むことができる業務が異なっていることから，例えば，運用型信託会社では，最低資本金と純資産は，1億円（同法5条2項2号・3号，信託業法施行令3条）であることに対して，管理型信託会社は，いずれも5千万円（信託業法10条1項2号・3号，信託業法施行令8条）となっており，また，営業保証金は，運用型信託会社では，2,500万円，管理型信託会社では，1,000万円です（信託業法11条2項，信託業法施行令9条1号・2号）。

また，その他については，特殊なものとして，(a)自己信託，(b)グループ間信託，(c)TLO信託の三つがあります。

## 2 信託会社の業務範囲

信託会社は，信託業のほか，信託契約代理業，信託受益権売買等業務及び財産の管理業務（信託会社の業務方法書に記載されている信託財産と同じ種類の財産についてその信託財産の管理の方法と同じ方法により管理を行うものに限る）を営むことができます（信託業法21条1項）。

また，内閣総理大臣の承認を受けて，その信託業務を適正かつ確実に営むことについて支障を及ぼすおそれがない業務で，信託業務に関連するものを営むことができますが（同条2項），これらの業務のほかには，他の業務を営むことができません（同条5項）。

## 3 信託契約代理業

「信託契約代理業」とは，信託契約（信託契約に基づく信託の受託者が信託の受益権の発行者となる場合以外の信託契約）の締結の代理（信託会社等を代理する場合に限る）又は媒介を行う営業のことです（信託業法2条8

項)。信託会社が信託契約代理業を営む場合には，信託契約代理業の登録が
必要です。

## 4　信託受益権売買等業務

「信託受益権売買等業務」とは，信託受益権の売買又はその代理・媒介等
を行う業務のことです[57]。後述するように，金融商品取引法上，信託受益権
は，規制対象となる有価証券とみなされていますので，信託受益権の売買又
はその代理・媒介等には，第二種金融商品取引業の登録が必要となりますが，
運用型信託会社は，第二種金融商品取引業の登録を受けなくても，業として
行うことができます（金商法65条の5第1項)。ただし，金融商品取引業者
としての各種の行為規制については適用されることになります（金商法65
条の5第2項)。

# 第4　信託業法の適用除外

信託業法においては，「信託の引受けを行う営業」であっても，信託業に
は該当しないという例外を認めています。すなわち，他の取引に係る費用に
充てるための金銭の預託を受けるものやその他取引に付随して行われるもの
で，その内容等を勘案して，委託者及び受益者の保護のため支障を生ずるこ
とがないと認められる下記のもの（信託業法施行令1条の2）については，
適用除外としています（信託業法2条1項)。

①　弁護士又は弁護士法人がその行う弁護士業務に必要な費用に充てる目
　　的で依頼者から金銭の預託を受ける行為その他の委任契約における受任
　　者がその行う委任事務に必要な費用に充てる目的で委託者から金銭の預
　　託を受ける行為

②　請負契約における請負人がその行う仕事に必要な費用に充てる目的で

57　神田秀樹・折原誠『信託法講義』（弘文堂，2014）249頁

　　注文者から金銭の預託を受ける行為

③　①②に準ずるものとして内閣府令で定める行為

# 第5 | 信託業法の私法上の効果

　信託法は，私法で，「取引ルール」を定めたものであり，その違反の効果は，損失てん補・原状回復責任等です。一方，信託業法は，業者規制法であり，「業者ルール」を定めたもので，その違反の効果は，行政処分（業務改善命令等）が原則です。

　ところが，信託業法においては「基本的な私法的ルールの特別規定と考えられる規定」[58]があるといわれています。信託業法を見てみますと，確かに，23 条 1 項で，「信託会社は，信託業務の委託先が委託を受けて行う業務につき受益者に加えた損害を賠償する責めに任ずる。」と私法上の効果である損害賠償を規定しています。これは，わが国の信託業法の特徴の一つであると考えられます。そして，私法上の効果を表す明示的条項がない場合には，信託業法違反の場合に私法上の効果はあるかどうかが問題となりますが，解釈論とされています。

# 第6 | 信託の引受けに関する規制

## 1 信託の引受けに関する行為準則

⑴　信託会社の信託の引受けに関する禁止行為

　信託会社は，信託の引受けに関して，以下の行為をしてはならないことが定められています（信託業法 24 条 1 項）。なお，この規定は，遺言信託にも適用があることに留意する必要があります。

---

58　神田秀樹「信託法・信託業法改正シンポジウム　新しい信託法と商事信託」（信託 230号）33 頁

① 委託者に対して虚偽のことを告げる行為（同項1号）

虚偽の内容は，信託契約の内容だけではなく，例えば，信託の過去の運用実績等についても，事実と異なることを告げることは禁止されています。

② 委託者に対し，不確実な事項について断定的判断を提供し，又は確実であると誤解させるおそれがある事項を告げる行為（同項2号）

この断定的判断は，将来における予測に関する事項であり，例えば，有価証券運用を目的とする信託において，「絶対に50％の利回りは間違いない」というような説明や表示は，たとえそれが起こり得ることであっても，断定的判断の提供に該当することになります。

③ 信託会社が，信託の引受けにあたり，委託者若しくは受益者又は第三者に対し，特別の利益の提供を約し，又はこれを提供する行為（第三者に特別の利益の提供を約させ，又は提供させる行為を含む）（同項3号）

この規定の趣旨は，「特別の利益提供を行った場合に，その委託者を直接害するものではないが，他の委託者・受益者との間で不均衡が生じ，信託業の適確な運営に支障を生じるおそれがある」[59]ためです。特別の利益提供は，金銭の交付等だけではなく，特別の便宜の提供等も含まれます。

④ 委託者，受益者又は第三者に対して，信託の受益権について損失を生じた場合に補てんしたり，あらかじめ一定額の利益を得なかった場合に補足することを約束する行為，又は，信託の受益権について損失を生じた場合に補てんしたり，あらかじめ一定額の利益を得なかった場合に補足する行為（第三者にその行為を約束させる行為，行わせる行為を含み，自己の責めに帰すべき事故による損失を補てんする場合を除く）（同項4号）

⑤ その他委託者の保護に欠けるものとして内閣府令（信託業法施行規則30条）で定める行為

---

59　小出卓哉『逐条解説　信託業法』（清文社，2008）110頁

## (2)　適合性原則

　信託業法 24 条 2 項では，適合性原則が定められていますが，適合性原則とは，信託会社が，委託者の知識，経験，財産の状況及び信託契約を締結する目的に照らして，適切な信託の引受けを行い，委託者保護に欠けることのないように業務を営まなければならないという原則です。この原則には，「狭義の適合性原則」と，「広義の適合性原則」の二つの概念があり，前者は，「ある特定の利用者に対してはいかに説明を尽くしても一定の商品の販売・勧誘を行ってはならないとのルール[60]」であり，後者は，「業者が利用者の知識・経験・財産・目的に適合した形で販売・勧誘を行わなければならないとのルール[61]」です。本条は，両方を包含しているものであると考えられますが，平成 16 年（2004 年）の信託業法の改正時に導入されました。信託の場合には，「委託者の属性」と「信託の内容」によって決せられると考えられています。

## 2　信託契約の内容の説明義務

　信託会社は，信託契約による信託の引受けを行うときは，あらかじめ，委託者に対して，①信託会社の商号，②信託の目的，③信託財産に関する事項，④信託契約の期間に関する事項，⑤信託財産の管理又は処分の方法に関する事項，⑥信託業務を委託する場合に委託する信託業務の内容，委託先の氏名，住所等，⑦利益相反行為を行う場合にその旨とその概要，⑧受益者に関する事項，⑨信託財産の交付に関する事項，⑩信託報酬に関する事項，⑪信託財産に関する租税その他の費用に関する事項，⑫信託財産の計算期間に関する事項，⑬信託財産の管理又は処分の状況の報告に関する事項，⑭信託契約の合意による終了に関する事項，⑮その他内閣府令（信託業法施行規則 33 条 7 項・8 項）で定める事項について，説明義務が課せられています（信託業法 25 条）。

---

60　松尾直彦『金融商品取引法［第 3 版］』（商事法務，2014）396 頁
61　松尾直彦『金融商品取引法［第 3 版］』（商事法務，2014）402 頁

この説明義務は，その説明の内容，方法及び程度等について，委託者の知識・経験等に応じて，上記の適合性の原則に従い行う必要があります。

また，委託者の保護に支障を生ずることがない場合（信託業法施行規則31条）については，説明義務が免除されています（信託業法25条ただし書）。

## 3 信託契約締結時の書面交付義務

信託会社は，信託契約による信託の引受けを行ったときは，遅滞なく，委託者に対し以下の事項を明らかにした書面の交付義務を課しています（信託業法26条1項本文）。なお，書面を委託者に交付しなくても委託者の保護に支障を生ずることがない場合として内閣府令（信託業法施行規則32条）で定める場合には，この書面交付義務は免除されています（信託業法26条1項ただし書）。

① 信託契約の締結年月日

② 委託者の氏名又は名称及び受託者の商号

③ 信託の目的

④ 信託財産に関する事項

⑤ 信託契約の期間に関する事項

⑥ 信託財産の管理又は処分の方法に関する事項（2条3項各号のいずれにも該当しない信託にあっては，信託財産の管理又は処分の方針を含む）

⑦ 信託業務を委託する場合（信託法22条3項各号に掲げる業務を委託する場合を除く）には，委託する信託業務の内容並びにその業務の委託先の氏名又は名称及び住所又は所在地（委託先が確定していない場合は，委託先の選定に係る基準及び手続）

⑧ 信託法29条2項各号（信託財産に係る行為準則）に掲げる取引を行う場合には，その旨及び当該取引の概要

⑨ 受益者に関する事項

⑩　信託財産の交付に関する事項

⑪　信託報酬に関する事項

⑫　信託財産に関する租税その他の費用に関する事項

⑬　信託財産の計算期間に関する事項

⑭　信託財産の管理又は処分の状況の報告に関する事項

⑮　信託契約の合意による終了に関する事項

⑯　その他内閣府令で定める事項

　この書面交付義務は，信託を契約で設定する場合に限定しており，遺言信託，自己信託の場合には，適用されません。

　また，実務では，信託契約締結と同時に，信託契約書が交付されるタイプの信託もありますが，その場合，その信託契約書を契約締結時交付書面とするものが大半です。

## 4　善管注意義務

　信託業法では，善管注意義務について，「信託会社は，信託の本旨に従い，善良な管理者の注意をもって，信託業務を行わなければならない。」と定められています（信託業法28条2項）。この規定は，信託法において任意規定である善管注意義務を強行規定化したものであり，義務を軽減することはできないと解されています。

　この点に関して，信託業法においては，善管注意義務を軽減することはできないものの，信託行為の定めにより，善管注意義務の範囲を限定できるか，すなわち，信託事務処理の範囲を限定できるかという議論があります。

　例えば，不動産の流動化を目的とする信託では，受託者は，信託財産を他者に賃貸し，委託者兼当初受益者が選任の指図をしたプロパティー・マネージャーに委託するという方法により，信託財産を管理する権限しか有しておらず，その権限の範囲内でしか信託事務の処理を行わないことが一般的です。このような信託においては，信託契約に定められた信託事務のみを遂行することにより，善管注意義務を果たしたことになると考えられます。これらの

信託における受託者の行為は，信託行為に定められている行為以外は行いませんが，善管注意義務が軽減されているために行わないのではなく，信託事務の範囲が限定されているために行わないということです。

　すなわち，信託業法においては，信託行為の定めにより，受託者の善管注意義務を軽減することはできませんが，善管注意義務を負う信託事務の範囲を限定することは可能です。ただし，そのような信託でも，指図が違法な場合や明らかに不合理である場合には，受託者は，必要な措置をとらなければ，善管注意義務を尽くしたとはいえないと考えられます。

### 5 忠実義務等に関する規制

#### (1)　忠実義務の一般規定

　信託法と同様，信託業法においても，「信託会社は，信託の本旨に従い，受益者のため忠実に信託業務その他の業務を行わなければならない。」（信託業法28条1項）と規定されており，忠実義務の一般規定を取り入れています。

#### (2)　信託財産に係る行為準則

　信託業法においては，受託する信託財産について，信託会社に対して以下の行為を禁止しています（信託業法29条1項）。

① 　通常の取引の条件と異なる条件で，かつ，その取引が信託財産に損害を与えることとなる条件となる取引を行うこと

② 　信託の目的，信託財産の状況又は信託財産の管理若しくは処分の方針に照らして不必要な取引を行うこと

③ 　信託財産に関する情報を利用して自己又は当該信託財産に係る受益者以外の者の利益を図る目的をもって取引を行うこと[62]

④ 　その他信託財産に損害を与え，又は信託業の信用を失墜させるおそれがある行為として内閣府令で定める行為

　この内閣府令（信託業法施行規則41条2項）においては，以下の行為が規定されています。

　ⅰ）信託財産の売買その他の取引を行った後で，一部の受益者に対し不当
　　に利益を与え又は不利益を及ぼす方法で当該取引に係る信託財産を特定
　　すること（同項1号）

　ⅱ）他人から不当な制限又は拘束を受けて信託財産に関して取引を行うこ
　　と，又は行わないこと（同項2号）

　ⅲ）特定の資産について作為的に値付けを行うことを目的とした取引を行
　　うこと（同項3号）

　ⅳ）信託財産に係る受益者（信託管理人又は受益者代理人を含む）に対し，
　　取引に関する重要な事実を開示し，書面又は電磁的方法による同意を得
　　て行う場合を除き，通常の取引の条件と比べて受益者に不利益を与える
　　条件[63]で信託財産に属する財産につき自己の固有財産に属する債務に係
　　る債権を被担保債権とする担保権を設定することその他第三者との間に
　　おいて信託財産のためにする行為であって受託者又は利害関係人と受益
　　者との利益が相反することとなる取引を行うこと（同項4号）

　ⅴ）重要な信託の変更等をすることを専ら目的として，受益者代理人を指
　　定すること（同項5号）

　また，平成24年2月に発覚した投資顧問会社の不正運用による年金資産
消失の事件に鑑み，下記の行為が禁止される形で義務付けられています。

　ⅵ）厚生年金基金は，年金給付等積立金を，特定の運用方法に集中しない
　　方法により運用するよう努めなければならないことが義務付けられてい
　　ますが（廃止前厚生年金基金令39条の15），基金がこの規定に違反す

---

62　この場合，内閣府令（信託業法施行規則41条）で定められた ⅰ）取引の相手方と新た
　な取引を行うことにより自己又は信託財産に係る受益者以外の者の営む業務による利益を
　得ることを専ら目的としているとは認められない取引，ⅱ）第三者が知り得る情報を利用
　して行う取引，ⅲ）当該信託財産に係る受益者に対し，その取引に関する重要な事実を開
　示し，書面又は電磁的方法による同意を得て行う取引，ⅳ）その他信託財産に損害を与え
　るおそれがないと認められる取引については，適用除外とされていますので，情報を利用
　した悪質な行為に限定されるものと考えられます。

63　「通常の取引の条件と比べて受益者に不利益を与える条件」か否かは，当該取引を行う
　「行為時点」での判断であり，結果的に受益者に不利益を与えることになったとしてもこ
　れには該当しないと考えられます（平成19年信託業法パブコメ回答）。

るおそれがあることを知ったにもかかわらず，その基金に対し，その旨を通知しないこと（信託業法施行規則 41 条 2 項 6 号）

vii）厚生年金基金が運用を特定しない信託（廃止前厚生年金基金令 30 条 1 項 1 号）であるにもかかわらず，信託財産の運用として特定の金融商品を取得させることその他の運用方法の特定があった場合において，これに応じること（信託業法施行規則 41 条 2 項 7 号）

viii）厚生年金基金に対し，積立金の運用に関して，不確実な事項について断定的判断を提供し，又は確実であると誤解させるおそれのあることを告げること（同項 8 号）

## (3)　利益相反行為

信託業法においても，受託者である信託会社の利益相反行為の制限とその例外が規定されています（信託業法 29 条 2 項）。

具体的には，信託会社が，①自己又はその利害関係人と信託財産との取引，②信託財産間の取引，③第三者との間での代理人となって行う取引，を行うことを禁止しています。

また，その例外として， i ）信託行為においてこれらの利益相反取引を行う旨とその取引の概要についての定めがあること又は ii ）信託行為にその取引の禁止について定めがある場合を除き，その取引に関する重要な事実を開示してあらかじめ書面若しくは電磁的方法による受益者（信託管理人又は受益者代理人を含む）の承認を得た場合であり，かつ， iii ）受益者の保護に支障を生ずることがない場合として内閣府令（信託業法施行規則 41 条 3 項）で定める下記の場合，が定められています。

i　委託者若しくは委託者から指図の権限の委託を受けた者（一定の者を除く）又は受益者若しくは受益者から指図の権限の委託を受けた者のみの指図により取引を行う場合（同項 1 号）

ii　信託の目的に照らして合理的に必要と認められる場合であって，同項 2 号に掲げる取引の種類に応じ，それぞれ定める方法によって取引を行う場合（下記表）

177

## 信託業法施行規則 41 条 3 項 2 号の取引の種類と取引の方法

| | | 取引の種類 | 取引の方法 |
|---|---|---|---|
| イ | (1) | 金融商品取引所に上場されている有価証券の売買 | 取引所金融商品市場において行うもの又は(3)※ |
| | (2) | 店頭売買有価証券の売買 | 店頭売買有価証券市場において行うもの又は(3)※ |
| | (3) | (i)　国債証券，地方債証券，特別の法律により法人の発行する債券，資産流動化法上の特定社債券，社債券の売買 | ※前日の公表されている最終価格に基づき算出した価額又はこれに準ずるものとして合理的な方法により算出した価額により行うもの |
| | | (ii)　株券又は新株予約権証券で，価格が認可金融商品取引業協会等の規則に基づいて公表されるものの売買 | |
| | | (i)(ii)　外国又は外国の者の発行する証券であって，(i)又は(ii)の有価証券の性質を有するものの売買 | |
| | | (iii)　投信法上の投資信託又は外国投資信託の受益証券，あるいは投資証券若しくは投資法人債券又は外国投資証券の売買 | |
| ロ | | 市場デリバティブ取引及び外国市場デリバティブ取引 | 取引所金融商品市場又は外国金融商品市場において行うもの |
| ハ | | 不動産の売買 | 不動産鑑定士による鑑定評価を踏まえて調査した価格により行うもの |
| ニ | | その他の取引 | 同種及び同量の取引を同様の状況の下で行った場合に成立することとなる通常の取引の条件と比べて，受益者に不利にならない条件で行うもの |

iii　個別の取引ごとに当該取引について重要な事実を開示し，信託財産に係る受益者の書面又は電磁的方法による同意を得て取引を行う場合（同項3号）

iv　その他受益者の保護に支障を生ずることがないものとして金融庁長官等の承認を受けて取引を行う場合（同項4号）

なお，信託会社は，上記の取引をした場合には，受益者の保護に支障を生

ずることがない場合として内閣府令（同条5項）で定める場合を除いて，信託財産の計算期間ごとに，その期間における取引の状況を記載した書面を作成し，その信託財産に係る受益者に対し交付しなければならならないことが定められています（信託業法29条3項）。

　また，信託業法では，信託法で原則として制限されている競合行為（信託法32条）については，特段の制限規定は置かれていません。

## 6　分別管理義務等の体制整備

(1)　分別管理義務

　信託法34条の趣旨を踏まえ，分別管理義務については，信託会社は，内閣府令（信託業法施行規則39条）で定めるところ，すなわち，「管理場所を区別することその他の方法により信託財産に属する財産と固有財産及び他の信託財産に属する財産とを明確に区分し，かつ，当該信託財産に係る受益者を判別できる状態で管理」することにより，信託法34条の規定に基づき信託財産に属する財産と固有財産及び他の信託の信託財産に属する財産とを分別して管理するための体制その他信託財産に損害を生じさせ，又は信託業の信用を失墜させることのない体制を整備しなければならないことが定められています（信託業法28条3項）。

(2)　内部管理体制の整備

　信託会社は，分別管理義務の体制整備のほか，信託財産に損害を生じさせ，又は信託業の信用を失墜させることのない以下の体制を整備しなければならないことが定められています（信託業法施行規則40条）。

①　内部管理に関する業務（法令遵守の管理・内部監査及び内部検査・財務に関する業務）を適正に遂行するために，ⅰ）人的構成の確保，ⅱ）社内規則の整備，ⅲ）内部管理に関する業務に従事する者の信託財産の管理又は処分を行う部門からの独立した体制（同条1項）

②　信託契約代理店に対する指導及び信託契約代理店の信託契約代理業務に係る法令の遵守状況の検証を行うための十分な体制（同条3項）

③　本店その他の営業所を他の信託会社等の本店その他の営業所等と同一の建物に設置してその業務を営む場合には，顧客がその信託会社を他の信託会社等であると誤認することを防止するための適切な措置（同条4項）

④　電気通信回線に接続している電子計算機を利用してその業務を営む場合には，顧客がその信託会社を他の者と誤認することを防止するための適切な措置（同条5項）

⑤　個人顧客に関する情報の安全管理，従業者の監督及びその情報の取扱いを委託する場合にはその委託先の監督について，情報の漏えい，滅失又はき損の防止を図るために必要かつ適切な措置（同条6項）

⑥　信用情報に関する機関から提供を受けた情報であって個人である資金需要者の借入金返済能力に関するものを，資金需要者の返済能力の調査以外の目的のために利用しないことを確保するための措置（同条7項）

⑦　個人顧客に関する人種，信条，門地，本籍地，保健医療又は犯罪経歴についての情報その他の特別の非公開情報を，適切な業務の運営の確保その他必要と認められる目的以外の目的のために利用しないことを確保するための措置（同条8項）

⑶　**年金消失事件を踏まえた体制整備**

平成24年（2012年）2月に発覚した投資顧問会社の不正運用による年金資産消失の事件に鑑み，投資運用業者に以下の体制整備が求められています。

すなわち，金融商品取引業等に関する内閣府令130条1項15号では，投資運用業者は，運用財産の管理について権利者が信託会社等への信託をする場合には，その運用財産の運用に関し，対象有価証券の取得又は買付けに関して，①信託会社等が対象有価証券の真正な価額を知るために必要な措置として，対象有価証券の価額について，ⅰ）価額の算出を行う者から直接に通知を受けることを確保するための措置，ⅱ）価額の算出を行う者に対し直接に確認することができることを確保するための措置，のいずれかの措置をとること，また，②対象有価証券に係る権利を有する者から出資又は拠出を受

けた資産に係るファンド監査が行われること，③信託会社等がファンド監査
の真正な監査報告書等の提供を受けるために必要な措置として，ⅰファンド
監査の監査報告書等について，ファンド監査を行った者から直接に提供を受
けることを確保するための措置，ⅱファンド監査の監査報告書等について，
ファンド監査を行った者から金融商品取引業者等以外の者を経由して提供を
受けることを確保するための措置，ⅲその他ファンド監査の真正な監査報告
書等の提供を受けることを確保するための措置，のいずれかの措置をとらな
ければならないことが求められるようになりました。

　これを受けて，信託会社においても，運用している対象有価証券の価額，
監査報告書等を入手した場合，又は，その金融商品取引業者から，運用報告
書に記載された対象有価証券に係る記載事項の通知を受けた場合において，
その価額，監査報告書等とその記載事項を照合すること，さらに，その結果
をその権利者に対して通知することを確保するための十分な体制を整備する
ことが求められています（信託業法施行規則40条9項）。

　また，年金信託契約に基づき年金の運用を行う場合，厚生年金基金から示
された基本方針に従って運用した場合の利益の見込みと損失の可能性につい
て，その基金の知識，経験，財産の状況及び年金信託契約を締結する目的に
照らして適切に説明を行うための十分な体制も整備しなければなりません
（同条10項）。

## 7　信託業務の委託

### (1)　信託業務の委託の要件

　信託法においては，信託事務の処理の第三者への委託については，自己執
行義務が大幅に緩和されましたが，信託業法においては，顧客保護の観点か
ら，信託会社は，①信託業務の一部を委託することとその信託業務の委託先
（委託先が確定していない場合は，委託先の選定に係る基準及び手続）が信
託行為において明らかにされていること，②委託先が委託された信託業務を
的確に遂行することができる者であること，のいずれの要件も満たす場合に

限って，その受託する信託財産について，信託業務の一部を第三者に委託することができるという規制が課せられています（信託業法 22 条 1 項）。

　ここで，注意すべきは，信託業務の一部しか委託することはできず，信託業務の全部を委託することはできないということです。

## ⑵　信託業務を委託した場合の信託会社の責任

　信託会社の責任について，「信託会社は，信託業務の委託先が委託を受けて行う業務につき受益者に加えた損害を賠償する責めに任ずる。ただし，信託会社が委託先の選任につき相当の注意をし，かつ，委託先が委託を受けて行う業務につき受益者に加えた損害の発生の防止に努めたときは，この限りでない。」と定められています（信託業法 23 条 1 項）。

　また，信託法に受託者の委託に係る選任・監督責任の減免の規定が盛り込まれた（信託法 35 条 3 項）ことから，その趣旨を取り入れ，信託業法においても，信託会社が信託業務を，①信託行為において指名された第三者，②信託行為において信託会社が委託者の指名に従い信託業務を第三者に委託する旨の定めのある場合において，当該定めに従い指名された第三者，③信託行為において信託会社が受益者の指名に従い信託業務を第三者に委託する旨の定めがある場合において，その定めに従い指名された第三者に委託したときは，免責が認められています（信託業法 23 条 2 項）。

　ただし，①②においては，株式の所有関係又は人的関係において，委託者と密接な関係を有する者として政令で定める者に該当し，かつ，受託者と密接な関係を有する者として政令で定める者に該当しない者に限られています。

## ⑶　信託業務を委託した場合の委託先の責任

　信託法において，信託事務の委託先の責任について定めた旧信託法 26 条 3 項の規定が削除されたにもかかわらず，信託業法においては，信託会社から委託を受けた者は，顧客との関係では，信託会社と同様の機能を果たすことができることから，信託会社と同様の責任を課しています（信託業法 22 条 2 項）。

　しかしながら，信託財産の保管業務のように，信託財産の現状に変更を及

ぼさない管理行為にとどまる場合など，委託先が信託会社と同様の機能を果たしているとまでは考えられない場合には委託先に義務を課す必要はないと考えられることから，委託先の責任の規定については，適用除外が認められています（同条3項）。

具体的には，①信託財産の保存行為に係る業務，②信託財産の性質を変えない範囲内において，その利用又は改良を目的とする業務，③①②以外で，受益者の保護に支障を生ずることがないと認められるものとして内閣府令（信託業法施行規則29条）で定めるものは適用されません。

## 8　信託財産状況報告書の作成・交付義務

信託会社は，その受託する信託財産について，その信託財産の計算期間ごとに，信託財産状況報告書を作成し，当該信託財産に係る受益者に対し交付しなければならないものとされています（信託業法27条1項本文）。

信託法37条3項において，報告が義務付けられている財産状況開示資料は，信託行為による別段の定めが認められていますので，実務においては，信託契約において，信託財産状況報告書の交付を信託法の財産状況開示資料の交付（信託法37条3項）とみなす旨を定めています。

なお，信託財産状況報告書を受益者に交付しなくても受益者の保護に支障を生ずることがない場合として内閣府令（信託業法施行規則38条）で定める場合においては，信託財産状況報告書の交付が免除されています（信託業法27条1項ただし書）。

また，信託財産状況報告書の記載事項については，信託業法施行規則37条1項各号に定められています。

## 9　受託者の受益者に対する費用等の償還等に関する説明義務

信託会社は，受益者との間で，受益者から費用等の償還又は費用の前払いを受ける旨の合意を行おうとするときは，その合意に基づいて費用等若しくは信託報酬の償還，又は費用若しくは信託報酬の前払いを受けることができ

る範囲及びその他の内閣府令（信託業法施行規則41条の8）で定める事項
について，説明しなければならないものとされています（信託業法29条の
3）。

## 10 重要な信託の変更等

　信託業法においては，信託会社は重要な信託の変更又は信託の併合若しく
は信託の分割（以下「重要な信託の変更等」といいます。）をしようとする
場合には，これらが信託の目的に反しないこと及び受益者の利益に適合する
ことが明らかである場合，その他内閣府令（信託業法施行規則41条の2）
で定める場合（公益信託等）を除き，①重要な信託の変更等をしようとする
旨，②重要な信託の変更等に異議のある受益者は一定の期間内に異議を述べ
るべき旨，③その他内閣府令（信託業法施行規則41条の5）で定める事項
を，内閣府令（信託業法施行規則41条の3）で定める方法（信託会社にお
ける公告）により公告し，又は受益者（信託管理人又は受益者代理人を含
む）に各別に催告しなければならないことが定められています（信託業法
29条の2第1項）。

　なお，1個の信託約款に基づいて，信託会社が多数の委託者との間に締結
する信託契約については，その信託契約の定めにより信託約款に係る信託を
一の信託とみなして適用されます（同条5項）。

## 11 信託会社の合併と会社分割

　信託業法40条1項においては，合併後存続する信託会社又は合併により
設立された信託会社は，合併により消滅する信託会社の業務に関し，当該信
託会社が内閣総理大臣による認可その他の処分に基づいて有していた権利義
務を承継するものとされており，同条2項においては，会社分割により信託
業の全部の承継をする信託会社についても準用することが規定されています。

## 12 自己信託の規制

　一般の信託の場合，信託の引受けを営業として行う場合には，信託業法の適用を受けます。したがって，従来の信託銀行又は信託会社以外の事業法人等が自己信託の受託者として参入する場合の障害となるおそれがあることから，一般の信託とは，別建ての自己信託特有の規律が設けられ，登録制度が設けられています（信託業法50条の2第1項）。

　すなわち，自己信託をしようとする者は，その信託の受益権を多数の者（信託業法施行令15条の2第1項により50名以上）が取得できる場合には，原則として内閣総理大臣の登録を受けなければならないものとされています。

　したがって，営業として自己信託の受託者となっても，50名以上の受益者が存在しなければ，信託業法の適用を受けません。

　信託業法の適用を受ける自己信託は，自己信託固有の規制として，自己信託の設定時において，中立かつ公正な調査のため，専門的知識を有する第三者による信託財産の調査が義務付けられています（信託業法50条の2第10項）。

　なお，信託期間中については，一般の信託の受託者と同一の規制を受託者に課しています（同条第12項）。

## 第7 信託業法と金融機関の信託業務の兼営等に関する法律の規制の違い

　信託業法は，内閣総理大臣の免許又は登録を受けた信託会社等（自己信託を含む）が信託業務を行う場合に関して適用される法律ですが，兼営法は，銀行等の金融機関が内閣総理大臣の認可（兼営法1条1項）を受けて，信託業務を兼営する場合に適用される法律です。規制の大半は，兼営法が信託業法を準用する形で規定されていますが，主な相違点が三つあります。

## ①　大口信用供与規制

一つ目は，兼営法には，大口信用供与規制が規定されているということです。

大口信用供与規制は，原則として信託業務には及びませんが，元本補てん付き金銭信託の信託財産からの貸出金については，その一定額が大口信用供与の制限を受けることになっています（兼営法4条，兼営法施行令12条，兼営法施行規則33条）。

## ②　定型的信託契約約款の変更

二つ目が，定型的信託契約約款の変更等が別途定められていることです。

兼営法においては，信託業務を営む金融機関は，多数人を委託者又は受益者とする定型的信託契約（貸付信託又は投資信託に係る信託契約を除く）について約款の変更をしようとするときは，定型的信託契約における委託者及び受益者のすべての同意を得る方法によるほか，内閣総理大臣の認可を受けて，変更に異議のある委託者又は受益者は1ヶ月以上の一定の期間内にその異議を述べるべき旨を公告する方法によりすることができます（兼営法5条1項・2項）。

また，委託者又は受益者が上記の期間内に異議を述べなかった場合には，その委託者又は受益者は，その契約の変更を承諾したものとみなし（同条3項），期間内に異議を述べた受益者は，信託業務を営む金融機関に対して，「その変更がなかったならば有したであろう公正な価格」で受益権を買い取ることを請求することができます（同条4項）。

## ③　元本の補てん等を行う信託契約の締結

三つ目が，元本の補てん等を行う信託契約の締結が認められていることです。

信託業法においては，信託会社は，委託者，受益者又は第三者に対して，信託の受益権について損失を生じた場合に補てんしたり，あらかじめ一定額の利益を得なかった場合に補足することを約束する行為，又は，信託の受益権について損失を生じた場合に補てんしたり，あらかじめ一定額の利益を得

なかった場合に補足する行為が禁止されていますが（信託業法24条1項4号），兼営法においては，信託兼営銀行は，運用方法を特定しない金銭信託に限り，元本を補てんしたり，利益を補足する旨を定める信託契約を締結することができることが規定されています（兼営法6条）。信託は，そもそも，実績配当が原則ですが，その例外が認められているということです。

　実務的な視点からは，この三つ目の点が，高い信用力を背景に，信託兼営銀行だけに認められている特権であるといえます。元本補てん契約が付加された貸付信託は，戦後の信託商品の象徴でした。

　上記3点の相違点のほか，信託兼営金融機関は，信託業だけではなく併営業務（兼営法1条1項各号の業務。信託契約代理業，信託受益権売買等業務，財産の管理，財産に関する遺言の執行等）を営むことができますが，兼営法1条においては，信託業と併営業務とをあわせて，「信託業務」と規定されており，信託業法における「信託業」とは範囲が異なることにも留意する必要があります。

# 第21章

## 金融商品取引法の規制

### 第1 金融商品取引法における金融商品取引業

#### 1 金融商品取引業

　金融商品取引法においては，従来の金融商品及び金融取引毎の縦割りの業法を見直し，横断的な規制を行う観点から，対象の商品及び取引の範囲を拡大させることに伴い，規制対象業務の範囲を拡大し，「金融商品取引業」（金商法2条8項）と定義して，金融商品に関する「販売・勧誘」，「資産運用・助言」及び「資産管理」を本来の規制対象業務としています。

　すなわち，従来の証券取引法に基づく「証券業」から，規制対象の「業」を拡大し，証券業だけではなく，それぞれ別の業法により規制されていた金融商品及び金融取引のうち，投資信託委託業及び投資法人資産運用業（投信法），投資顧問業及び投資一任業務（投資顧問業法），金融先物取引業（金融先物取引法），信託受益権販売業（信託業法），抵当証券業（抵当証券業規制法），商品投資販売業（商品ファンド法）について，金融商品取引法において，金融商品取引業として統合して規制の対象としているのです。

#### 2 金融商品取引業の種類

　金融商品取引業に該当する場合には，原則として内閣総理大臣の登録（一

部の業務については，認可又は届出制）を受けなければ，当該業務ができないものとされており，参入規制の柔軟化をはかる観点から，その業務内容の範囲に応じて規制できるように，「第一種金融商品取引業」，「第二種金融商品取引業」，「投資助言・代理業」，「投資運用業」の区分を設けて，その区分に応じた登録拒否要件を定めています。

## ③　金融商品取引法における登録金融機関業務

　金融商品取引法では，従前の証券取引法と同様に，証券業に相当する「有価証券関連業」という概念を設け，銀行等の一定の金融機関が有価証券関連業を行うことを原則禁止としつつ，弊害が生じるおそれが少ないと認められる一部の業務の取扱いができるようにしていますが，銀行等の一定の金融機関がこれらの業務を行う場合には，登録金融機関としての登録が必要とされています。これらの金融機関が登録金融機関としての登録を受けて行う業務は，「登録金融機関業務」と定義され（金商法33条の3），登録金融機関が登録金融機関業務を行う際には，金融商品取引業者が金融商品取引業を行う場合に課される行為規制と同等の規制を受けるものとされています。信託兼営銀行の場合も，銀行であるため，金融商品取引業の登録ではなく，登録金融機関としての登録を受けることにより金融商品取引業務を行っています。

　なお，金融商品取引法34条においては，金融商品取引業者と登録金融機関を合わせて「金融商品取引業者等」と定義されています。

## 第2　金融商品取引法における規制対象有価証券

　金融商品取引法においては，次の三つのものが規制対象，すなわち，金融商品取引法が適用される有価証券とされています。
① 　民商法上の有価証券として証券が発行されているもの（金商法2条1項）
　「証券自体を規制」する必要のあるものです。

②　証券の発行は可能であるが，ペーパーレス化された権利で有価証券とみなされるもの（同法2条2項本文）

「有価証券表示権利」といわれているものです。

③　証券の発行はできないが有価証券とみなされる権利（同法2条2項各号）

「権利自体を規制」する必要のあるものです。

　なお，流動性の高低の基準により，①②を合わせて「第一項有価証券」，③を「第二項有価証券」として分類しています。

# 第3 ┃ 信託受益権に関する規制

　信託受益権に関する規制については，金融商品取引法が制定される前の証券取引法2条では，投資信託又は外国投資信託の受益証券（証券取引法2条1項7号），貸付信託の受益証券（同項7号の3），特定目的信託の受益証券（同項7号の4），外国法人の発行する貸付債権の信託の受益権等のうち政令で定めるもの（同条2項1号）等の特殊なものだけが，規制の対象でした。

　ところが，金融商品取引法においては，大幅にその適用範囲が拡大されています。

　金融商品取引法は，「①金銭の出資，金銭等の償還の可能性を持ち，②資産・指標などに関連して，③より高いリターン（経済的効果）を期待してリスクテイクをとるといった基準」[64]により，適用対象の有価証券とするか否かを決定していますが，その基準を踏まえて，信託受益権を金融商品取引法上の「第二項有価証券」に指定しました。したがって，信託受益権は，金融商品取引法の適用を受けることになります。これが，信託に関する最大の変更点です。

　また，旧信託業法で規制されていた「信託受益権販売業者」を金融商品取

---

64　松尾直彦編著『一問一答　金融商品取引法［改訂版］』（商事法務，2008）98頁

引法上の「金融商品取引業」としたことや信託契約の締結の代理・媒介が、信託業法の規制対象であるものの、金融商品取引法の規制が課せられる場合が生じることとなったことが変更点としてあげられます。

さらに、信託法の改正により、信託受益権を私法上の有価証券とする「受益証券発行信託」が導入されたことから、その受益証券を「第一項有価証券」として、規制対象としています。

金融商品取引法の制定に伴うもう一つの大きな変更点として、信託業法による金融商品取引法の準用があげられます。この点については、「第22章信託業法による金融商品取引法の準用」でとりあげます。

# 第4 金融商品取引法と信託業法の適用関係

## 1 信託受益権の発行者と発行時

金融商品取引法において、信託受益権及び受益証券発行信託の受益証券については、その「発行者」には、「委託者」、「受託者」、「委託者及び受託者」の三つのパターンがあり（金商法2条5項、金商定義府令14条2項2号・3項1号）、また、信託受益権については、「発行時」についても、「効力発生時」と「受益権譲渡時」に分かれています（同条4項1号）。また、受益証券発行信託の受益証券のうち、第一項有価証券を信託財産とする「有価証券信託受益証券」[65]については、信託財産である有価証券を発行し、又は発行しようとするものが発行者とされています（同条2項3号）。

## 2 信託の設定に関する規制

金融商品取引法においては、集団投資スキームが規制の対象になり、発行

---

65 金商法2条1項各号の有価証券を信託財産とするもので、当該信託財産である有価証券に係る権利の内容が当該受益権の内容に含まれる旨その他内閣府令で定める事項が当該信託に係る信託行為に定められているものです（金商法施行令2条の3第3号）。

**信託受益権の発行者と発行時期**

| 運用指図権 | 受益者 | 信託の運用方法・信託財産 | 発行者 | 発行時期 |
|---|---|---|---|---|
| 委託者指図型 | 自益信託 | すべて | 委託者 | 受益権譲渡時 |
| | 他益信託 | すべて | 委託者 | 信託効力発生時 |
| 委託者非指図型 | 自益信託 | 合同運用金銭信託（元本補てん無） | 受託者 | 信託効力発生時 |
| | | 合同運用金銭信託（元本補てん有） | 受託者 | 受益権譲渡時 |
| | | 信託財産が金銭（合同運用以外） | 受託者 | 受益権譲渡時 |
| | | 信託財産が金銭以外 | 委託者受託者 | 受益権譲渡時 |
| | 他益信託 | すべて | 委託者受託者 | 信託効力発生時 |

者自身による販売・勧誘行為（これを「自己募集」といいます。）は，「有価証券の募集又は私募」として規制の対象とされていますが，信託受益権は，自己募集として規制の対象となる有価証券に含まれていないため，金融商品取引法は適用されません（金商法 2 条 8 項 7 号）。

　なお，後述するように，投資性の強い信託については，信託業法において，市場リスク等により元本について損失が生じるおそれがある信託契約を「特定信託契約」として，金融商品取引法の規制を準用しています。

### 3　信託受益権の売買（取得・譲渡）に関する規制

　信託受益権を売買（取得・譲渡）する行為については，信託受益権が第二項有価証券であるため，第二種金融商品取引業（金商法 28 条 2 項）に該当し，原則として，金融商品取引法が適用されますが，以下の例外が認められています。

① 販売（譲渡）の勧誘の全部を委託する場合の金融商品取引法の適用除外
　信託受益権の発行時が信託の効力発生時である信託（元本補てん契約のな

い自益型合同運用金銭信託及び他益信託）において，売買当事者として信託
受益権を販売（譲渡）する場合については，信託受益権を勧誘することなく，
金融商品取引業者等による代理又は媒介により，当該信託受益権の販売に係
る契約を締結する場合で，当該代理又は媒介に係る業務の委託契約書等で金
融商品取引業者等に勧誘の全部を委託する旨が明らかにされているものにつ
いては，金融商品取引業から除外されており，金融商品取引法の適用はあり
ません（金商法施行令1条の8の6第1項4号，金商定義府令16条1項1
号）。

　なお，信託受益権を取得する行為については，そのような特例は認められ
ておらず，信託受益権の取得を「業として」（金商法2条8項1号）行う場
合には，金融商品取引業に該当し，金融商品取引法が適用されます。

　ただし，信託受益権の売買当事者となる場合には，取得・譲渡のいずれの
場合においても，「自己のポートフォリオを改善するために行うもの」は，
基本的に「業として」行うものに該当せず，金融商品取引業に該当しないも
のと解されています[66]。

　しかしながら，その売買が，不特定多数の者を対象に勧誘する等「対公衆
性」がある場合には，金融商品取引業に該当することになります[67]。

② 　自己募集に該当する場合の金融商品取引法の適用除外

　前述したとおり，信託受益権の売却が「自己募集」に該当する場合には，
金融商品取引法は適用されません（金商法2条8項7号）。したがって，信
託受益権の発行者が「受託者」で，発行時が受益権譲渡時であるもの，又は，
発行者が「委託者及び受託者」で，発行時が受益権譲渡時であるものについ
ては，「受託者」が信託受益権の売却の勧誘を行う場合には，金融商品取引
法は適用されません。

　なお，信託受益権の発行者が「委託者」で，発行時が受益権譲渡時である
もの，又は，発行者が「委託者及び受託者」で，発行時が受益権譲渡時であ

66　金商法パブコメ回答39頁No.25
67　金商法パブコメ回答41頁No.32

るものについて，「委託者」が信託受益権の売却の勧誘を行う場合には，金融商品取引法は適用されません。

## 4　信託契約締結の代理・媒介

「信託契約代理業」とは，「信託契約締結の代理又は媒介を行う営業」であると定義されていますが，信託契約に基づく信託の受託者が，金融商品取引法2条5項に規定する信託の受益権の発行者とされる場合については，除かれています（信託業法2条8項）。

信託契約に基づく信託の受託者が，金融商品取引法2条5項に規定する信託の受益権の発行者とされる場合については，「信託契約締結の代理又は媒介を行う営業」は，金融商品取引法上の「有価証券の募集等の取扱い」とされ，「金融商品取引業」に該当することになります（金商法2条8項9号）。したがって，金融商品取引法の適用を受けます。

ただし，受託者が信託受益権の発行者であっても，元本補てん付きの合同運用信託のように，受益権の発行時期が受益権の譲渡時である場合には，金融商品取引法は適用されず，信託契約代理店として信託業法の適用を受けます。

## 5　信託会社の自己運用行為

有価証券の自己運用行為（金商法2条8項15号）も，金融商品取引法の規制対象とされており（同法28条4項），信託受益権も含まれていますが（同法2条8項15号ロ・2項1号），信託会社（信託兼営銀行）の行う運用行為は，信託業法（兼営法）の適用を受けていることから，金融商品取引法は，適用されません（同法33条の8第1項，65条の5第5項）。

# 第5 信託についての開示規制

## 1 金融商品取引法における開示制度

### (1) 開示制度の趣旨

　金融商品取引法における開示制度は，「投資家保護および資本市場の健全性を確保する観点から，投資家と発行者などとの間の「情報の非対称性」を是正し，また，資本市場における有価証券の発行者などに対して，投資家の投資判断に必要かつ十分で正確な情報を記載した開示書類の提出を義務づけ，当該開示書類を公衆縦覧に供することにより，当該有価証券に対する投資判断を行うために必要な情報を広く公平に投資家と市場に提供するものである。[68]」といわれています。

　この開示制度については，金融商品取引法上，有価証券の発行者などが有価証券の発行を行う場合の「発行開示」と，発行された有価証券の流通市場における「継続開示」を行うことが定められています。

### (2) 発行開示

　「有価証券の募集」とは，新たに発行される有価証券の取得の申込みの勧誘（勧誘類似行為を含む）のうちの一定のものであり（金商法2条3項），「有価証券の売出し」とは，既に発行された有価証券の売付けの申込み又はその買付けの申込みの勧誘（勧誘類似行為を含む）のうちの一定のものである（同条4項），と定義されており，これらに該当しないものを「有価証券の私募・私売出し」として，発行開示を不要としています。

　「有価証券の募集」，「有価証券の売出し」に加え，「適格機関投資家取得有価証券一般勧誘」，「特定投資家等取得有価証券一般勧誘」と併せて，「有価証券の公募」と呼び，発行開示が義務付けられています。

---

68　松尾直彦『金融商品取引法［第3版］』（商事法務，2014）89頁

① 　有価証券届出書の提出

　有価証券の発行者は，有価証券の募集，売出しに関し，内閣総理大臣に有価証券届出書等を所定の記載事項と様式により提出しなければならず（金商法 5 条 1 項・5 項），それらは，届出後，公衆縦覧に供されます（同法 25 条 1 項 1 号，27 条）。

　また，届出は，受理された日から 15 日経過した日に効力が生じ（同法 8 条 1 項），取得又は買付けの申込みを勧誘するのは，有価証券届出書を提出した後でなくてはならず（同法 4 条 1 項），取得させたり，売り付けることができるのは，届出の効力が生じてからでなければならないものとされています（同法 15 条 1 項）。

② 　目論見書の作成・交付

　有価証券の発行者は，目論見書を作成し（金商法 13 条 1 項），発行者，有価証券の売出しをする者，引受人，金融商品取引業者，登録金融機関又は金融商品仲介業者は，当該有価証券を募集，売出し等により取得させ，又は売り付ける場合には，一定の場合を除き，目論見書をあらかじめ又は同時に交付しなければならないこととされています（同法 15 条 2 項）。

　なお，目論見書は，公衆縦覧の対象とはなっていません。

　「有価証券の募集」は，第一項有価証券については，金融商品取引法 2 条 3 項 1 号で多数の者（50 名以上（金商法施行令 1 条の 5））を相手方として行う場合として政令で定める場合とし，その人数から有価証券に対する投資に係る専門的知識及び経験を有するものとして内閣府令で定める「適格機関投資家」を含めないこと，適格機関投資家のみを相手方とする場合を除くことを定めており，金商法 2 条 3 項 2 号イ，ロで，その他に募集とされるケースを定めています。

(3) 　継続開示

　一方，流通市場においては，発行者による定期的，継続的な有価証券報告書等の提出等，投資判断に必要な情報を提供する「継続開示」として必要な手続が定められています（金商法 24 条）。

　継続開示としては，有価証券の発行者が一事業年度ごとに情報を開示する有価証券報告書制度の他，半期報告書（上場会社等は四半期報告書），臨時報告書，自己株券買付状況報告書，親会社等状況報告書等の制度があります。

　有価証券報告書は，各事業年度経過後3ヶ月以内に内閣総理大臣に提出しなければならず（同法24条1項），有価証券届出書と同じく，受理された後，公衆縦覧に供されます（同法25条）。

### (4)　特定有価証券の開示

　金融商品取引法における開示規制の対象となる有価証券は，その性質に応じ，「株券・社債券等のように企業としての発行体自体の信用力にその価値を置く企業金融型商品（証券）と，ファンドやABS（資産流動化証券）のように発行体の保有する資産をその価値の裏づけとする資産金融型商品（証券）」[69]に分類することができます。

　開示規制の対象となる有価証券である「特定有価証券」は，「その投資者の投資判断に重要な影響を及ぼす情報がその発行者が行う資産の運用その他これに類似する事業に関する情報である有価証券として政令で定めるもの」と定義されており，資産金融型の有価証券の性質を有していることを明らかにした上で，政令でその対象を指定するものとしています（金商法5条1項本文かっこ書）。

　すなわち，金融商品取引法施行令2条の13第6号では，①資産の流動化に関する法律に規定する特定社債券や優先出資証券，特定目的信託の受益証券等，②投資信託及び投資法人に関する法律に規定する投資信託，外国投資信託の受益証券等，③受益証券発行信託の信託受益証券，④抵当証券，⑤外国貸付債権信託受益証券，⑥有価証券信託受益証券等が「特定有価証券」として定められています。

　これらの特定有価証券についての開示すべき内容や様式についての詳細は，特定有価証券の内容等の開示に関する内閣府令で定められています。

---

69　松尾直彦編著『一問一答　金融商品取引法［改訂版］』（商事法務，2008）156頁

また，開示義務についても，金融商品取引法2条に規定する定義に関する内閣府令により，特定有価証券の種類毎に「発行者」と「発行時」が定められています。

## 2 信託受益権についての開示規制

### (1) 信託受益権の発行者

開示は有価証券の発行者が行いますが，信託の受益権及び受益証券発行信託の受益証券については，前掲の「信託受益権の発行者と発行時」の表のとおり，①委託者指図型の場合は「委託者」，②委託者非指図型で信託財産が金銭である自益信託の場合には「受託者」，③これら以外の場合には「委託者及び受託者」が発行者とされています。なお，受益証券発行信託の受益証券のうち，有価証券信託受益証券については，元の有価証券の発行者が開示義務者です（金商定義府令14条2項3号）。

発行開示も継続開示も発行者が開示義務を負うのが原則ですが，信託受益権及び受益証券発行信託の受益証券については，③の「委託者及び受託者」が発行者の場合でも，発行後においては，開示に必要な情報を持っているのは受託者であるといえることから，受託者が単独で有価証券報告書の提出義務を負うことになっています（特定有価証券開示府令22条の2第2号）。

### (2) 受益証券発行信託の信託受益証券についての開示

特定有価証券である受益証券発行信託の信託受益証券は，企業金融型商品と同様に，発行開示としては，発行者は，有価証券の募集又は売出しに関し，有価証券届出書等を提出しなければならず，継続開示としては，有価証券報告書，半期報告書，臨時報告書等を提出しなければなりません。

しかしながら，特定有価証券である信託受益証券は，その性質の違いから，資産の内容を中心とする開示とされています（特定有価証券開示府令10条1項9号等）。

### (3) 第二項有価証券である信託受益権についての開示規制

第二項有価証券である一般の信託受益権は，広く市場に情報を開示するよ

りも金融商品取引業者の説明義務等の整備によって取引の公正と投資者の保護を図ることが適していることから，開示規制の適用除外とされています（金商法3条3号）。また，貸付信託の受益証券は，第一項有価証券ではあるものの，貸付信託法の規制を受けるため，開示規制の必要がないことから，適用除外とされています（同条2号）。

　一方，第二項有価証券のうち，有価証券投資事業権利等を投資対象事業とする集団投資スキーム持分（同条3号イ）については，開示制度の適用を受けます。そのため，ファンド・オブ・ファンズ型の信託については，信託財産のうち資産の総額の50％以上が信託受益権であれば，有価証券投資事業権利等に該当し，開示制度の適用を受けます。

　第二項有価証券である信託受益権の募集は，第一項有価証券が「勧誘対象者の数」を基準としていることと違い，有価証券の「所有者の数」を基準にしており，その取得勧誘に応じることにより「相当程度多数の者」（金商法施行令1条の7の2で定める500名以上）が当該勧誘に係る有価証券を所有することとなる場合であるものとされています（金商法2条3項3号）。

　ただし，厚生年金基金信託，国民年金基金信託，確定給付企業年金信託，確定拠出年金信託等の年金信託，顧客分別金信託，財形信託，信託型の商品ファンド等の信託受益権については，開示規制の適用除外とされています（金商法施行令2条の10）。

　なお，信託受益権及び受益証券発行信託の受益証券（有価証券信託受益証券を除く）のうち，委託者及び受託者が「発行者」となる場合でも，「発行後の信託に関する情報は受託者に集中するため」[70]，発行後における継続開示については，受託者が単独で有価証券報告書の提出義務を負うものとされています（特定有価証券開示府令22条の2第2号）。

---

70　金商法パブコメ回答32頁No6

# 第22章

## 信託業法による金融商品取引法の準用

### 第1 金融商品取引法の準用対象

　金融商品取引法は，原則として同じ経済的性質を有する金融商品は同じルールを横断的に適用することを目指して制定されましたが，信託・預金・保険については，例外扱いとされています。

　その理由としては，この三つの業は，①免許制等により高度な業規制が存在している，②投資性のない商品も規制対象としている，③証券取引法65条の論拠となった利益相反や銀行の優越的地位の濫用の可能性は重要な論点として存続していることがあげられますが，金融商品取引法の基本的な考え方を実現するために，信託・預金・保険の3分野については，それぞれ，信託業法，銀行法，保険業法に金融商品取引法を取り込む形で準用しています。

　信託については，投資性の強い「特定信託契約」に限定して，信託業法24条の2において，金融商品取引法の規定を準用して販売勧誘ルールを整備しています。

### 第2 特定信託契約

　投資性の強い信託については，上記のとおり，信託業法において，市場リスク等により元本について損失が生じるおそれがある信託契約を「特定信託

契約」として，金融商品取引法の規制を準用しています。

「特定信託契約」とは，信託会社が行う，金利，通貨の価格，金融商品市場における相場その他の指標に係る変動により，信託の元本について損失が生ずるおそれがある信託契約であることが規定されており（信託業法24条の2），①公益信託，②元本補てん契約のある信託，③信託財産を預金等のみによって運用する信託，④管理型信託，⑤物又は権利（金銭・有価証券等以外）の管理処分信託，以外の信託契約です（信託業法施行規則30条の2）。

信託会社が「特定信託契約」の締結を行う場合には，一般の信託契約と同様に，信託業法の義務が課されることに加えて，金融商品取引法を準用した「特定信託契約」固有の行為規制等が課されます。

主な準用規定としては，ⅰ）特定投資家制度（金商法34条以下），ⅱ）広告規制（同法37条），ⅲ）契約締結前の書面の交付義務（同法37条の3），ⅳ）説明義務（同法38条9号）等ですが，適合性原則（同法40条1号）及び契約締結時等の書面の交付（同法37条の4）については，本来の信託業法に同様の規定があり，顧客保護が図られていることから，金融商品取引法を準用しないものとしています。

# 第3 特定投資家制度

特定信託の場合には，金融商品取引法の準用により，特定投資家制度が適用されます。

金融商品取引法においては，顧客の属性に応じて，いわゆるプロ「特定投資家」とアマ「一般投資家」に分けて，金融商品取引業者等がアマ「一般投資家」との間で取引を行う場合等には，投資者保護のために様々な行為規制を課す一方で，その知識，経験，財産の状況から金融取引にかかる適切なリスク管理を行うことが可能と考えられる者をプロの「特定投資家」と位置づけ（金商法2条31項），「特定投資家」との間で取引を行う場合には，取引の効率性を向上させるために，情報格差の是正を目的とする行為規制等の適

用を除外するものとしています（同法45条）。

　ただし，公益又は特定投資家の保護のため支障を生ずるおそれのあるものとして内閣府令で定める場合（同条ただし書，金商業等府令156条）や，損失補てん等の禁止等，市場の公正確保を目的とするような一般的な行為規制については，除外されないことに留意する必要があります。

　また，特定投資家のうち一定の者については，一般投資家への移行（一般に「アマ成り」といいます。）が可能であり，逆に，一般投資家のうち一定の者については，特定投資家への移行（一般に「プロ成り」といいます。）が可能です（金商法34条の2，34条の3，34条の4）。

## 第4 広告等規制

　特定信託の場合には，金融商品取引法37条1項が準用され，正確な情報提供を義務付けるために，信託会社が特定信託契約の締結の業務の内容について広告その他これに類似する行為をするときは，信託会社の商号等及び特定信託契約の締結の業務の内容に関する事項で，顧客の判断に影響を及ぼすこととなる重要な事項等を表示しなければならないものとされています。

## 第5 契約締結前交付書面の交付義務

　特定信託の場合には，金融商品取引法37条の3（1項2～4号・6号，3項を除く）の準用により，特定信託を締結しようとするときは，内閣府令（信託業法施行規則30条の21）で定める方法により，あらかじめ，顧客に対して，①信託会社の住所，②特定信託について，金利，通貨の価格，金融商品市場における相場その他の指標に係る変動により損失が生ずることとなるおそれがある場合はその旨，③特定信託の業務の内容に関する事項で，顧客の判断に影響を及ぼすことになる重要なものとして内閣府令（同規則30条の23）で定める「契約締結前交付書面」を交付しなければならないもの

とされています。

# 第6 | 説明義務

　特定信託契約については，一般の信託と同様に信託業法25条に基づく説明義務が課されていることに加えて，金融商品取引法38条9号を準用した信託業法施行規則30条の26第2号に基づく説明義務が課されています。

　金融商品取引法38条9号では，投資者の保護に欠け，若しくは取引の公正を害し，又は金融商品取引業の信用を失墜させるものとして内閣府令で定める行為を禁止するという形で説明義務を規定しています。

　すなわち，信託業法施行規則30条の26第2号で，契約締結前交付書面，目論見書，又は契約変更書面の交付に関し，あらかじめ，顧客に対して，①金利，通貨の価格，金融商品市場における相場その他の指標に係る変動により損失が生じることとなるおそれがある場合のその旨，②金融商品取引業の内容に関する事項で顧客の判断に影響を及ぼすこととなる重要なものとして内閣府令（信託業法施行規則30条の23）で定める事項について，顧客の知識，経験，財産の状況及び特定信託契約を締結する目的に照らしてその顧客に理解されるために必要な方法及び程度による説明をすることなく特定信託契約を締結する行為，を禁止するという形で，信託会社に説明義務を課しているのです。

第 2 編

実務編

# 第1章

# 信託の分類と種類

　信託の分類にはいろいろな方法がありますが，ここでは，営業信託において，監督官庁の監督の便宜のためや統計のために利用されている分類とその分類による種類について説明します。

　図の左端の列の「金銭の信託」，「物（金銭以外）の信託」，「包括信託（複数種類の受入信託財産）」は，信託の設定時における財産による分類です。

　左から二番目の金銭の信託の列に記載しているのは，信託終了時における財産による分類です。「金銭信託」は，金銭で受益者又は帰属権利者に交付されるものであり，金銭信託以外の金銭の信託は，信託の終了時の状態のまま，例えば，株式であれば株式のまま交付されるものです。この列の最終行の知的財産権の信託，排出権の信託については，平成16年（2004年）の信託業法の改正前までは認められていませんでした。

　左から三番目は，運用裁量権による分類です。無指定金銭信託は，運用方法が何も指定されていないものです。現在，この信託は実務では存在しません。指定金銭信託，指定金外信は，信託行為で指定された運用の方法，運用対象の範囲内で受託者が裁量権を持って運用するもので，特定金銭信託，特定金外信は，信託財産の運用方法が，委託者によって特定されるものです。

　一番右の列は，信託財産を合同で運用するか，単独で運用するかの分類です。

205

第1章　信託の分類と種類

## 信託財産による分類

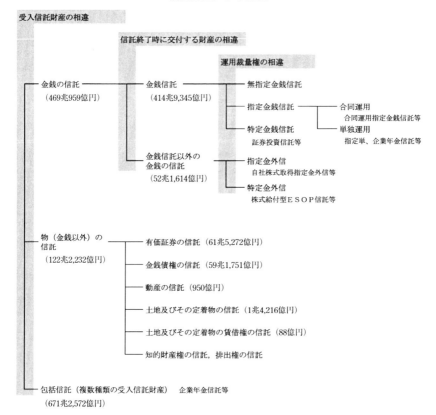

括弧内 2020 年 3 月末残高（（一社）信託協会　信託統計便覧より）

206

# 第2章

## 元本補てんのある信託等

## 第1 | 貸付信託

### 1 概　要

　貸付信託は，長期の貯蓄商品として定期預金と類似する経済効果を持った元本補てん付きの信託商品[1]です。現在，貸付信託の新規の募集を行っている信託銀行はなく，平成 29 年（2017 年）9 月末時点の残高 101 億円が信託協会の最後の統計となっていますが，貸付信託は，安全，高利回り，高い換金性，小口投資可能という商品性から，平成 5 年（1993 年）のピーク時には信託銀行全体で約 7 百万世帯の顧客から 50 兆円以上の残高を積み上げ，戦後の信託銀行が長期金融機関としての地位を築いていく上で，極めて重要な役割を果たしました。

　貸付信託は，信託協会からの要望を行政がバックアップする形で昭和 27 年（1952

【貸付信託残高推移】

| 年度末 | 残高（億円） |
|---|---|
| 1994 | 542,297 |
| 1999 | 225,633 |
| 2004 | 40,363 |
| 2009 | 5,028 |
| 2014 | 140 |

（一社）信託協会　信託統計便覧より

---

1　貸付信託法 2 条に規律された貸付信託の定義は，「一個の信託約款に基いて，受託者が多数の委託者との間に締結する信託契約により受け入れた金銭を，主として貸付又は手形割引の方法により，合同して運用する金銭信託であって，当該信託契約に係る受益権を受益証券によつて表示するものをいう。」とされています。

年）6月に制定された貸付信託法に基づく信託商品ですが，同法の立法にあたっては，概ね次のような狙いがありました[2]。

### ① 基幹産業への長期資金供給

戦後，日本経済の復興に向け，電力，石炭，鉄鋼などの基幹産業は多額の長期設備資金を必要としていました。これらの要請に応えるため，貸付信託法は，信託財産の主な運用先を基幹産業への貸付・手形割引とすることを明記し制定されました。なお，その後の証券市場の整備による資金調達ルートの多様化を受けた昭和46年（1971年）の貸付信託法改正以降は，国債や社債などの有価証券への運用も認められました。しかし，産業の成熟化に伴う長期資金需要そのものの減少や金融の自由化により，今日では貸付信託が歴史的に担った役割は失われています。

### ② 普通銀行との差別化

戦後，信託銀行は敗戦による資産家層の没落などによって，従来の営業基盤が崩壊し，普通銀行と比した店舗網の劣勢もあって，困難な経営状況に陥っていました。貸付信託は，普通銀行との競合を避けつつ，新たな顧客を獲得していくための商品として開発されました。当時の普通銀行の定期預金の満期が1年であったところ，貸付信託法は，貸付信託の信託期間を2年以上と定め，また，受益証券の有価証券化，発行から1年経過後は受託者が買い取ることができることなど，高い換金性を有す商品としての特性を明記しました。

## 2 特　　徴

### (1) 約款による合同運用

貸付信託は，一つの信託約款に基づき受託者が多数の委託者との間で信託契約を締結し，ユニット毎の合同運用を行う商品として設計されており，小

---

2　昭和27年（1952年）の立法当時の貸付信託法1条に規律された目的は，「この法律は，貸付信託の受益権を受益証券に化体するとともに，受益者の保護を図ることにより，一般投資者による産業投資を容易にし，もつて資源の開発その他緊要な産業に対する長期資金の円滑な供給に資することを目的とする。」とされています。

口の大衆資金を集め効率的な運用を行うことに適しています。

　受益者保護のため，信託約款は内閣総理大臣の承認（貸付信託法4条1項）が必要とされており，約款の変更にあたっても，内閣総理大臣の承認及び変更に異議のある受益者が一定の期間内に受託者に異議を述べるべき旨を受託者において公告しなければならないとされています（同法6条1項）。なお，異議を述べた受益者は，受託者に対し，受益証券を公正な価格で買い取るよう請求することができます（同条4項）。

### (2)　実績配当・予想配当率・元本補てん

　貸付信託は，原則として実績配当主義をとっており，運用の成果が受益者に還元されますが，市場金利の実勢を勘案して6ヶ月前に公表する予想配当率に基づいた収益を配当する予想配当率制により運営されています。

　実績配当のため，貸付信託は運用がうまくいかずに元本を割り込むことも想定されますが，兼営法6条で認められた受託者による元本補てん契約が付されています。ただし，利益補足特約はないため，予想配当を下回る収益であった場合にはそのままの実績が配当されます。

　なお，元本補てん契約を付した場合には，貸付信託法14条1項の定めにより，貸付信託の収益の中から特別留保金を積み立てることが義務付けられています。この特別留保金の積み立ては，元本の1,000分の5を超える場合には，受託者である信託銀行に帰属することとされています[3]。

　また，貸付信託は，定期預金と同様に預金保険が適用されます。

### (3)　募集種別・解約

　貸付信託には，半年に1回交付される収益金をその都度受け取る「収益分配型」と，信託期間中の収益金をさらに信託財産として運用し，満期時に一括して受け取る「収益満期受取型ビッグ」の2種類があります。

　現在新規募集を行っている信託銀行はありませんが，募集は常時行われ，毎月5日と20日が募集締切日（設定日）とされていました。信託金額は，

---

3　平成8年3月までは，政令で信託報酬の1,000分の15以上1,000分の25以下と定められており，元本の100分の3が上限とされていました。

1万円単位（当初は5千円）で，一般の個人でも購入しやすい金額に設定されています。

信託期間は，貸付信託法上は2年以上とされていますが，2年と5年の2種類となっています。中途換金については，解約することはできませんが，設定日から1年以上経過後は，一定の買取手数料を支払い，信託銀行へ受益証券の買取を請求することができます。また，収益分配型については，受益証券の第三者への譲渡も可能とされています。

## ⑷　有価証券

貸付信託の受益証券は有価証券とされており，貸付信託が創設された時点では，受益証券が転々流通することが期待されていましたが，結局，流通市場はできませんでした。

# 第2 | 合同運用指定金銭信託

## 1 概　要

合同運用指定金銭信託は，金銭信託のうち，受託者に信託財産の運用裁量権があるもので，多数の委託者（兼受益者）と受託者が，それぞれ一対一で，同一の約款に基づき信託契約を締結する商品です。信託期間に関する法令上の制限はなく，当事者間で自由に設定することができます。

合同運用指定金銭信託には，元本補てん契約を付すとともに予定配当率制を採用することで定期預金と類似する経済効果を持った「金銭信託（一般口）」と「実績配当型金銭信託」の2種類があります。

金銭信託（一般口）は，定期預金との競合や貯蓄から投資への流れなどによって残高が減少していましたが，近年は，定時払いや承継，税制優遇制度対応などのさまざまな特約を付した商品が増加しており，令和2年（2020年）3月末残高の合計は13兆5,616億円[4]となっています。

## 2　特　徴

⑴　金銭信託（一般口）

ア　約款による合同運用

　金銭信託（一般口）は，一つの信託約款に基づき受託者が多数の委託者（兼受益者）との間で一対一の信託契約を締結する商品です。信託財産は，個々の信託契約毎にあるものの，約款の合同運用の定めによって一つの運用団として運用され，個々の信託契約が合同運用団の持分を有します。

　金銭信託（一般口）の運用対象については法令上の制限はなく，受託者は信託約款に記載された範囲内での運用を行いますが，後述のとおり，元本補てん付きの契約については，信託財産の総額の2分の1超を一定の有価証券等の資産へ投資してはならないとされています。

　なお，兼営法5条の定めにより，信託約款を変更する場合には，委託者及び受益者のすべての同意を得るか，内閣総理大臣の認可を受けて，変更に異議のある委託者又は受益者が異議を述べるべき旨を受託者において公告しな

**金銭信託（一般口）**

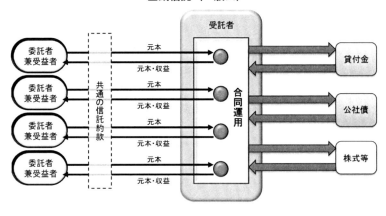

4　（一社）信託協会の社員（三菱UFJ信託銀行，みずほ信託銀行，りそな銀行，三井住友信託銀行）ディスクロージャー誌記載の元本補てん契約付き金銭信託元本金額から試算。

ければならないとされています。なお，異議のある受益者は受託者に対し受益権を公正な価格で買い取ることを請求できます。

イ　実績配当・予定配当率・元本補てん

金銭信託（一般口）は実績配当の商品ですが，預金類似の商品性から，予定配当率を示しています。

実績配当のため，金銭信託は運用がうまくいかずに元本を割り込むことも想定されますが，兼営法6条で認められた受託者による元本補てん契約が付されており，受託者は，元本補てんの事態に備え，債権償却準備金を積み立てています。ただし，利益補足特約はありませんので，予定配当率を下回る収益であった場合にはそのままの実績で配当されます。

なお，元本補てん契約を付した信託契約については，信託財産の総額の2分の1超を株式や債券といった有価証券やデリバティブ取引に係る権利等のリスク性の高い資産へ投資してはならないとされています（兼営法6条，兼営法施行規則37条）。

また，金銭信託（一般口）は，定期預金と同様に預金保険が適用されます。

【信託期間の長短による予定配当率の格差】

信託法の定めによって，受託者はすべての受益者を公平に扱わなければなりません（信託法33条公平義務）。しかし，金銭信託（一般口）では，信託期間の長短により予定配当率に差異を設けています。これは，合同運用を行っている信託財産の中でも，より長期間信託されているものの方が運用への貢献度が高いとの評価によるものであり，信託法の公平義務に抵触するものではないものと解されています。同様に，信託された金銭の多寡によって予定配当率に格差を設けることも，運用の貢献度の差から問題なしと解することが相当と考えられます。

ウ　期間・解約

法令上の制限がないことから，信託期間は信託銀行毎に取扱いが異なっており，信託契約日から2年以上の任意の期間を指定する取扱いや，1年，2

年，5年のような期間を選択する方式などがあります。

　満期日前の信託契約の中途解約については，やむを得ない事情により委託者の同意を得た受益者が受託者へ申し入れ，受託者が相当と認めた場合に限り認められており，この場合，信託財産から所定の解約手数料が差し引かれます。

(2)　**実績配当型**

　実績配当型の金銭信託は，信託ならではのマスリテール向け運用商品として導入されているもので，預金と比した相対的に高い収益性による差別化を目的に，金銭債権やローン債権，リース債権など，従来の貸付信託や金銭信託（一般口）よりもリスクの高い資産への投資を行っています。

　その反面，元本補てん契約は付されておらず，商品によっては解約時の制限もあります。

# 第3章
## 運用を目的とする信託

### 第1 単独運用指定金銭信託・指定金外信

#### 1 概　要

　単独運用指定金銭信託（指定単）と指定金外信（ファンド・トラスト）は，信託契約に記載することにより指定された運用方法の範囲内で受託者の裁量により信託財産の運用を行う信託です。

　委託者（兼受益者）は，信託財産の利殖を目的として単独で金銭を受託者に信託し，信託財産に帰属する運用損益，利子，配当は，すべて受益者に帰属します。

　信託終了の際，指定単は信託財産を換価処分した金銭で，ファンド・トラストは有価証券等の現状有姿の状態で受益者に信託財産を交付します。

#### 2 単独運用指定金銭信託

　指定単は，戦後のインフレ期において短期・高利の運用手段として活発に取り扱われていましたが，当時の低金利政策との不整合や信託銀行の経営の健全性の観点から，期間や配当率，元本補てん契約の不可など受託に一定の制限が加えられ，信託銀行の主力商品ではなくなりました。

　しかしその後，指定単のオーダーメイド性などの特徴が見直され，一定の

214

## 単独運用指定金銭信託（指定単）

条件を満たすものについては受託規制の対象外となり，公的資金や年金の運用手段として活用されました。現在は受託規制そのものが撤廃され，さまざまな用途で利用されています。

　近年では，プライベートバンキング分野での個人の大口資金の運用手段としても注目されています。

## 3 指定金外信

　昭和 55 年（1980 年）12 月，当時の企業の余剰資金運用ニーズの高まりを背景として，法人税基本通達が改正され，有価証券の簿価分離が認められるようになりました。この結果，ファンド・トラストは，後述の特定金銭信託とともに，有価証券投資の商品として急成長しました。

　簿価分離が認められたことによって，委託者（兼受益者）は，直接保有している有価証券と同じ銘柄をファンド・トラストで売買しても，当該保有有価証券の含み損益を実現させなくて済むようになりました。なお，ファンド・トラストは，信託終了時に現状有姿の状態で信託財産が交付されるため，信託終了後も，信託財産の有価証券の含み損益を実現させることなく保有し続けることが可能であるとの特徴を有しています。

【簿価分離】
　法人が既に所有している有価証券と同一の銘柄の有価証券を追加取得

した場合には，有価証券の簿価を通算して経理処理しなければなりません。また，法人が信託を通じて保有している有価証券も，金銭の信託及び退職給付信託を除き，簿価通算の対象とされています（法人税基本通達2―3―16)[5]。

ただし，ファンド・トラストや特定金銭信託は，同基本通達上，簿価通算の適用外とされる金銭の信託に該当しますので，法人が直接保有している有価証券とファンド・トラスト等で保有している有価証券を簿価通算せずに経理処理を行うことが認められています。

# 第 2 ｜ 特定運用金銭信託・特定金外信

## 1 概　　要

特定運用金銭信託（特金）と特定金外信（特金外）は，受託者に信託財産の運用裁量権がない信託です。受託者への運用指図については，委託者自ら又は委託者と投資一任契約を締結した投資運用業を行う金融商品取引業者が行います。

「特定」の定義は法的に明確化されていませんが，有価証券運用であれば，銘柄や数量，価格等について具体的に特定することをいいます。

委託者（兼受益者）は，信託財産の利殖を目的として金銭を受託者に信託し，信託財産に帰属する運用損益，利子，配当はすべて受益者に帰属します。

---

5　［法人税基本通達2―3―16］
　　法人が信託（金銭の信託及び退職給付信託を除く。）をしている財産のうちに当該法人が有する有価証券と種類及び銘柄を同じくする有価証券がある場合には，当該信託に係る有価証券と当該法人が有する有価証券とを区分しないで令第119条の2から第119条の4まで《有価証券の一単位当たりの帳簿価額の算出の方法等》の規定を適用するのであるから留意する。
　　（注）金銭の信託に係る有価証券には，次のようなものがある。
　　　　①　合同運用信託及び証券投資信託に係る有価証券
　　　　②　指定単独運用の金銭信託に係る有価証券

　信託終了の際，特金は信託財産を換価処分した金銭で，特金外は有価証券等の現状有姿の状態で受益者に信託財産を交付します。

---

【特金・特金外で保有している株式の議決権行使】

　特金，特金外で保有している株式の議決権は，通常，信託契約の定めにより委託者の指図を受けて受託者が行使します。

　なお，独占禁止法 11 条 1 項の定めにより，銀行は，原則として他の国内の会社の議決権を総株主の議決権の 5％を超えて取得・保有することはできないとされていますが，同項 3 号の定めにより，金銭又は有価証券の信託に係る信託財産として株式を取得・保有することで得た議決権については除外されます。ただし，信託財産として株式を取得・所有することで得た議決権（受託者に議決権行使の裁量権のあるもの）とそれ以外に有する株式の議決権との合算が 5％を超えた日から 1 年を超えて保有する場合には，あらかじめ公正取引委員会の認可を受ける必要があります。

　また，銀行法 16 条の 4 においても，銀行及びその子会社が合算で国内の会社の議決権を総株主等の議決権の 5％を超えて保有してはならない旨が規定されています。この場合，委託者又は受益者が議決権行使の指図をすることができる有価証券の信託，特金等の受託者として保有する株式の議決権は除外されます。

---

## 2 特定運用金銭信託

　多数の委託者が特定運用の意思決定をすることは実質的に困難であるため，特金は単独運用で設定されることが一般的です。

　特金は，ファンド・トラストと同様に昭和 55 年（1980 年）12 月に簿価分離（215 頁参照）が認められたことによって有価証券投資の商品として急成長しました。

　特金は，委託者が機関投資家等の金融機関である場合には委託者自らが運

## 特定運用金銭信託（特金）

**委託者自らが指図**

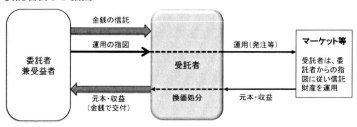

**投資一任契約付**

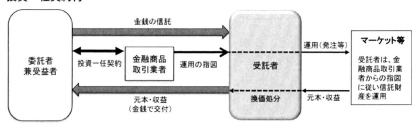

用の指図を行うことが大半ですが，事業法人や非課税法人等が委託者となる場合には，投資運用業を行う金融商品取引業者と委託者との間で投資一任契約を締結し，受託者も含めた三者間で協定を締結することが一般的です。

## **3** 特定金外信

　従前は特金での有価証券投資がほとんどでしたが，近時は現状有姿での信託財産交付が可能であるという商品の柔軟性から，特金外での受託が主流となっています。

# 第4章

# 投資信託

## 第1 投資信託制度

### (1) 投資信託の概要

　投資信託は，多数の投資家から集めた金銭を運用の専門家であるファンドマネージャーがスケールメリットを得ながら株式や債券，不動産等に投資し，その運用成果を投資家に分配する制度です。

　投資信託は，さまざまなニーズに応じた多数の銘柄が設定されており，「少額からの投資が可能」，「基準価額制により資産価値の把握も容易」，「銀行窓口やネット取引等の多様な販路が整備されている」ことから，身近な投資手段として広く浸透しており，投資信託協会の調べでは，令和元年（2019年）末における投資信託全体の純資産残高は約234兆円となっています。また，近年は，NISA[6]（少数投資非課税制度）やつみたてNISA，ジュニアNISAといった個人の資産形成を後押しする制度整備によって，主な購入者である高齢層以外の若年層にも購入者の裾野が広がっています。

　なお，わが国において，法律上定義された投資信託は，「投資信託及び投資法人に関する法律（投信法）」に基づき設定される，委託者指図型投資信託及び委託者非指図型投資信託のことを指しますが，広義には，信託契約に

---

6　2014年から2023年まで毎年120万円（2015年までは100万円）を上限とする新規購入分を対象に，その配当や譲渡益を最長5年間，非課税にする制度。

### 投資信託の純資産総額

(単位：億円)

| | 投資信託合計<br>（公募＋私募） | 公募投資信託<br>（株式投信＋<br>公社債投信） | 私募投資信託<br>（株式投信＋<br>公社債投信） | 公募不動産投信 | 私募不動産投信 |
|---|---|---|---|---|---|
| 2010 年 | 983,359 | 637,201 | 306,266 | 39,090 | — |
| 2011 年 | 900,561 | 573,274 | 285,427 | 41,097 | — |
| 2012 年 | 1,005,353 | 640,638 | 318,185 | 45,789 | — |
| 2013 年 | 1,280,907 | 815,232 | 404,131 | 57,387 | 3,393 |
| 2014 年 | 1,475,766 | 935,045 | 468,707 | 65,407 | 5,968 |
| 2015 年 | 1,679,964 | 977,562 | 619,738 | 73,483 | 8,765 |
| 2016 年 | 1,803,533 | 966,415 | 740,843 | 82,955 | 13,105 |
| 2017 年 | 2,071,641 | 1,111,920 | 855,607 | 88,498 | 15,175 |
| 2018 年 | 2,061,297 | 1,051,592 | 895,580 | 95,837 | 17,680 |
| 2019 年 | 2,344,783 | 1,231,723 | 989,344 | 102,100 | 20,887 |

（一社）投資信託協会調べ

よらない投資法人スキームによるものも一般的に投資信託の一種として捉えられています。

### (2)　投資信託制度の沿革

　投資信託の起源には諸説ありますが，1860 年代のイギリスにおいて，産業革命により蓄積された富の海外投資手段として設定された「フォーリン・アンド・コロニアル・ガバメント・トラスト」が有名です。その後，投資信託の中心はアメリカに移り，1920 年代には産業資本の供給源として発展し，やがて 1929 年の株価暴落を契機として投資家保護の法制度が整備されました。アメリカにおいては現在も年金の投資手段等として多額の資金が運用されています（アメリカにおいては，信託ではなく，証券投資を行う会社の株式を投資家が購入する会社型のミューチュアルファンドと呼ばれる仕組みが活用されています）。

　わが国においては，昭和 12 年（1937 年）に藤本ビルブローカー証券が民法上の組合として設定した藤本有価証券投資組合が投資信託の奔りであったと考えられています。昭和 16 年（1941 年）には，野村證券が野村信託を受託者とした信託契約に基づく投資信託を設定しましたが，当時の証券市場の

**わが国の投資信託に係る主な制度整備**

|  | 法律名 | 主な内容 |
|---|---|---|
| 1951 年 | 「証券投資信託法」制定 | 投資信託の基本的枠組み制定（受益権の流通性，投資家保護） |
| 1967 年 | 「証券投資信託法」改正 | 投資信託委託会社の独立性確保，行為準則制定等 |
| 1998 年 | 「証券投資信託及び証券投資法人に関する法律」制定 | 会社型の証券投資法人制度の導入，私募証券投資信託の導入，投資信託委託会社の免許制から届出制への移行 |
| 2000 年 | 「投資信託及び投資法人に関する法律」制定 | 有価証券以外の不動産，金銭債権といった幅広い資産への投資の認容，委託者非指図型投資信託の創設 |

未成熟等によって残高は伸びず，戦中・戦後の混乱によって姿を消しました。

　その後，昭和 26 年（1951 年）に，当時大量放出された財閥保有株式の受け皿としての期待から，受益権の流通性や投資家保護といった今日の投資信託制度の基本的な枠組みを整備した証券投資信託法が制定され，証券会社を委託者とした投資信託が設定されました（1960 年代には，投資信託制度の信頼性向上の観点から，証券会社から投資信託委託会社が分離・独立していきました）。

　証券投資信託法は，証券不況やバブル崩壊といった大きな環境変化，日本版ビッグバンの一環としての制度整備等の数次の法改正を経て，現在の「投資信託及び投資法人に関する法律」へと変貌を遂げており，この間，会社型の証券投資法人制度の導入，有価証券以外の不動産，金銭債権といった幅広い資産への投資の認容，委託者非指図型投資信託の創設等の幅広な制度の拡張を行ってきました。

(3)　**投資信託の分類**

　広義の意味での投資信託は，信託スキームを利用した組織形態である「契約型（又は信託型）」，投資法人による組織形態である「会社型（又は法人型）」に分類され，有価証券を運用対象とする証券投資信託は契約型，不動産を運用対象とする不動産投資信託（REIT）は一般的には会社型で設定さ

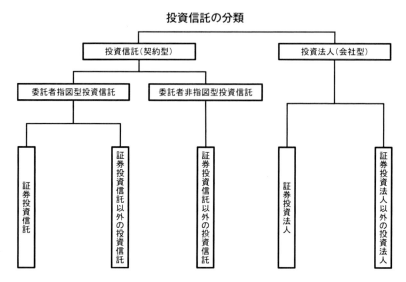

れています。

　契約型の投資信託は，運用裁量権を誰が有するかによって分類され，「投資運用業を行う金融商品取引業者のうちの投資信託委託会社」（投信法2条11項）が委託者として運用の指図を行う「委託者指図型投資信託」と，受託者が複数の委託者から資金を集めて自ら運用を行う「委託者非指図型投資信託」に分類されます。わが国においては，ほとんどが「委託者指図型投資信託」として設定されています。

　また，「委託者指図型投資信託」は，主として有価証券に投資する「証券投資信託」と，主として有価証券以外の不動産等に投資する「証券投資信託以外の投資信託」に分類されます。なお，「委託者非指図型投資信託」は，主として有価証券に投資することが認められていないことから，不動産投資信託等の「証券投資信託以外の投資信託」での利用に限定されます。

# 第2 | 証券投資信託

　証券投資信託は，委託者指図型投資信託のうち，主として有価証券に対す

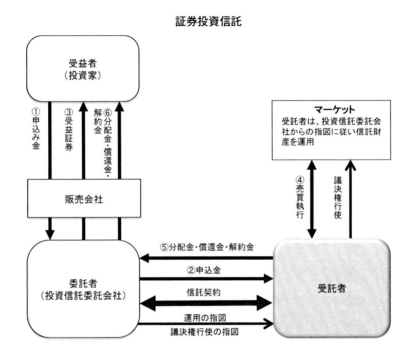

る投資として運用することを目的とするものをいいます（投信法2条4項）。

　投資家保護のため，原則として[7]，投信法に基づかない証券投資信託に類似した信託契約の締結は禁止されています（同法7条）。

　証券投資信託は，投資信託委託会社と受託者との間で締結される信託契約に基づきファンドが設定され，投資家は，信託契約の当事者ではなく，他益信託の受益者として受益権（受益証券）を取得します。

　具体的には，投資家は，証券投資信託の販売会社で当該証券投資信託の申込金を支払い，申込金は販売会社を経由し受託者において信託設定が行われ，投資家が受益権を取得します。なお，かつては投資信託委託会社が自益信託の受益者となる信託設定を行い，当該受益権を投資家へ販売する手法がとら

---

7　受益証券発行信託以外の信託で，信託の受益権を分割して複数の者に取得させることを目的としないものについては認められます。

れていましたが，近時は投資家を他益信託の受益者とすることを信託約款に
明記する手法が一般的となっています。

## (1)　証券投資信託の関係者

### ア　投資信託委託会社

投資信託委託会社は，証券投資信託の委託者として，信託契約に先立ち内
閣総理大臣に信託約款の内容を届け出なければなりません。

信託契約締結後は，信託財産の運用の指図，受益証券の発行，受益者への
運用報告書の作成・交付等を行います。

投資信託委託会社は，内閣総理大臣の登録を受けた金融商品取引業者であ
る必要があります。

---

投資信託委託会社の主な役割
① 信託約款作成・内閣総理大臣への届出
② 信託財産の運用の指図
③ 受益証券の発行
④ 運用報告書の作成・交付
⑤ 収益分配金の決定
⑥ 信託財産に属する株式の議決権行使指図

---

### イ　受託者

委託者指図型投資信託の受託者は，一つの信託会社又は信託業務を営む金
融機関でなければならないとされています。

受託者は，信託財産の保管・管理，指図に基づく有価証券の売買の執行等
を担い，原則として，受託者が直接受益者と接することはありません。受益
者への収益分配金や償還金の交付については，受託者が投資信託委託会社へ
総額を支払い，投資信託委託会社が販売会社を通じて行います。

なお，受託者による信託財産の保管・管理等については，資産管理専門の
信託銀行へ再信託や共同受託の形式で委託することが一般的です。

受託者の主な役割

① 信託契約の締結

② 指図に基づく有価証券の売買の執行

③ 信託財産の保管・管理

④ 基準価額の計算

⑤ 収益分配金・解約金等の委託者への支払い

⑥ 指図に基づく株式の議決権行使

ウ 販売会社

　販売会社は，投資信託委託会社からの委託を受け，投資家への受益証券の販売，目論見書の交付，受益証券の解約受付・買取，解約代金・分配金・償還金の支払い等を行っています。

　なお，投資信託委託会社についても，自ら受益証券の販売を行うことが認められています。

販売会社の主な役割

① 投資家の募集等

② 受益者からの解約の受付，受益証券の買取

③ 収益分配金，償還金，解約代金の支払い

④ 運用報告書の交付

エ 投資家

　投資家は，受益者として計算期間ごとの運用状況の報告を受け，運用成果の交付を受けます。

(2) **受益証券の取扱い**

　委託者指図型投資信託の受益権は，均等に分割し，その分割された受益権は，受益証券をもって表示しなければならないとされています（投信法6条1項）。

　受益証券は，金融商品取引法上の有価証券に該当し，投資信託委託会社が

発行するものとされていますが，平成19年（2007年）からの投資信託振替制度開始により，現在は信託約款において受益証券の不発行を定めることが一般的となっており，証券投資信託の設定や解約，償還等はコンピューターシステム上の帳簿の記録により行われています。

## ⑶　運用対象による分類

　証券投資信託は，信託財産の2分の1を超える額を有価証券（金商法2条1項・2項）で運用することとされており，有価証券以外の部分は，主に運用の待機資金として，流動性・安全性の高い預金，金銭信託，コールローン等で運用されています。

　また，所得税法では，証券投資信託の運用対象に応じ収益金の課税の取り扱いを明確化するため，「公社債投資信託」と「株式投資信託」について定義しています。

### ア　公社債投資信託

　証券投資信託のうち，信託財産を公社債に対する投資としてのみ運用するもので，株式又は出資に対する投資を行っていないものをいいます（所得税法2条1項15号にて定義されています）。公社債投資信託の収益金は利子所得の取扱いとなります（同法23条1項）。

### イ　株式投資信託

　証券投資信託のうち，前掲の公社債投資信託以外のものをいいます。株式投資信託の収益金は配当所得の取扱いとなります（所得税法24条1項）。なお，実際に株式への投資を行っていなくても，信託約款において公社債以外への投資が認められているものは，株式投資信託の区分となります。

## ⑷　募集態様による分類

　投信法は，証券投資信託の販売方法として，不特定多数の投資家を対象とする公募と，特定又は少数の投資家を対象とした私募の二つの形態を規定しています。

　私募は公募と比較して，金融商品取引法上の開示規制が緩やかに規定されており，ファンドの運営コストが抑制できることから，特定の顧客ニーズに

合わせた柔軟な商品設計が可能になるメリットがあり，年金資金の運用等で活用されています。

**ア　公　　募**

　新たに発行される受益証券の取得の申込み勧誘のうち，後述の適格機関投資家私募等を除く，不特定多数の投資家（50人以上）を対象とした募集形態のことをいいます（投信法2条8項）。

**イ　私　　募**

　新たに発行される受益証券の取得の申込み勧誘のうち，「適格機関投資家や特定投資家といった投資のプロのみを相手方として行う場合（適格機関投資家私募等）」，「公募・適格機関投資家私募等の何れにも該当しない少人数（50人未満）を相手方として行う場合（一般投資家私募）」の募集形態のことをいいます（投信法2条9項・10項）。

# 第3 | 不動産投資信託（REIT）

　実物の不動産や不動産証券化商品への投資は，金額面，管理面，換金面等さまざまな理由から個人投資家が手を出すことは容易ではありません。これに対し，不動産を主たる投資対象とする不動産投資信託（REIT（Real Estate Investment Trust））は，個人投資家が小口で不動産に投資することを可能とするもので，不動産の運用・管理についても専門家の能力を活用することができます。また，REITは換金が容易であることに加え，不動産からの賃料収入等を原資とした分配を行うため，インフレヘッジや他の資産運用手段との分散投資として活用することができます。

　REITは，投資法人による会社型のスキームで組成されることが一般的です。具体的には，不動産等を保有・運用することを目的として設立された投資法人が，均等の割合的単位に細分化された投資法人の社員の地位を示す投資口（投資証券）を投資家に発行し，投資家から集めた資金を使って不動産投資を行い，運用するものです。ただし，投資法人には直接運用判断するこ

**不動産投資信託（REIT）**

とが認められていないため，実際の不動産の選定や投資判断は資産運用会社（金融商品取引業者）が行います。なお，投資法人が取得した不動産の管理は資産保管会社が，投資証券の発行事務・名義書換等については一般事務受託者が行いますが，多くの場合信託銀行がこれらを担っています。

# 第4 | ETF

　ETF（Exchange Trade Funds）は，証券投資信託の一種で，株式のように金融商品取引所に上場し，日経平均株価や東証株価指数等に連動した値動きをします。ETF は，「投資判断・損益判断が容易」，「高い分散投資効果」，「日中時価での売買が可能」，「一般の投資信託と比して売買手数料・信託報酬が低い」といった特徴があります。

　現在上場されている ETF の大半は，現物拠出型で組成されています。現物拠出型 ETF は，投資信託委託会社が，指定参加者（機関投資家や金融商品取引業者）から指数を構成する現物株式の拠出を受けて設定します。指定参加者は，拠出の見返りとして ETF の受益証券を受け取り，金融商品取引所で一般投資家に販売します。

## 現物拠出型 ETF

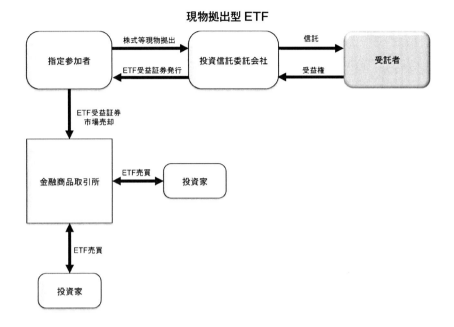

# 第**5**章

## 有価証券の信託

### 第**1** 有価証券管理信託

#### **1** 概　要

　有価証券管理信託は，受託者が，国債や社債，株式等の有価証券の管理を行う信託です。事業会社における有価証券管理のアウトソースや，信託名義での有価証券保有，事業承継を目的とした自社株式の長期管理といったニーズ等により設定されます。

　有価証券管理信託は，委託者自身が受益者となる場合と，他益信託として設定される場合があります。受益者には，信託財産である株式の配当，債券の利金等の収益が給付され，株式を信託財産とする場合には，一般的に，委託者が受託者に対し議決権行使の指図を行います。

　なお，信託財産である有価証券を何らかの破綻リスク等に備えた有事の際

**有価証券管理信託**

の分配原資として管理する信託については，管理のみでなく最終的な処分までを信託の目的としています。

## 2 有価証券管理信託の活用ニーズ

### (1)　レポーティングの統合

　数多くの有価証券を保有している事業会社等は，煩雑な有価証券の管理業務を一元化するため，有価証券管理信託を活用し，レポーティングを統合しています。

### (2)　財産保全

　顧客分別金信託（第9章第1参照）への有価証券の信託等，有価証券管理信託は，何らかの破綻リスク等に備えた有事の際の分配原資の管理に活用されています。

### (3)　事業承継

　有価証券管理信託は，企業オーナーの保有する自社株式の世代を超えた長期管理等において活用されています（第11章第4参照）。

# 第2 | 有価証券運用信託

## 1 概　　要

　有価証券運用信託は，受託者が，信託された有価証券を消費貸借や賃貸借の方法により第三者に貸し付け，委託者兼受益者に収益給付する信託です。

**有価証券運用信託**

## 2　有価証券の運用方法

### ⑴　消費貸借

　消費貸借による有価証券の運用では，当該有価証券の償還日まで貸付を行います。借り手は有価証券を売却して資金調達を行い，期日には同銘柄・同額面の別の有価証券を調達し返還しなければなりませんが，実際には，信託の期間と有価証券の償還日を一致させることから，受託者は借り手から金銭の弁済を受け，そのまま受益者へ交付しています。

　償還日まで貸し付ける消費貸借は近年取扱いが減少しており，その一方で，短期貸付目的の運用が増加しています。

### ⑵　賃貸借

　賃貸借による有価証券の運用は，借り手が貸出有価証券と同一の有価証券を受託者に返還するものです。

# 第6章

## 年金信託

# 第1 企業年金制度

## 1 わが国の年金制度の概要

　わが国の年金制度は概ね３階建ての構造となっており，１階部分として20歳以上60歳未満の国民全員が加入する国民年金（基礎年金），２階部分として会社員や公務員などが加入し，基礎年金の上乗せとして報酬比例年金の給付を受ける厚生年金保険，３階部分として確定給付企業年金，企業型

**年金３階構造**

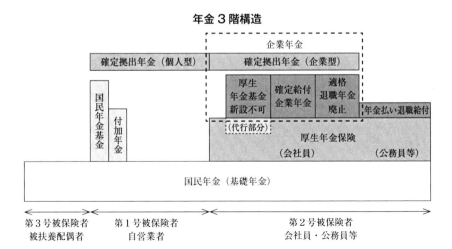

の確定拠出年金，厚生年金基金（新設不可），適格退職年金（廃止），個人型
の確定拠出年金などがあります。

　１階，２階部分は，国又はこれに準ずる公共団体が，公的年金として，最
低限の生活水準の確保のために所得の基礎部分を充足する社会保障の性格か
ら実施しているもので，対象者には加入が義務付けられています。

　３階部分は，私的年金として，公的年金を補完する目的で実施されており，
このうち，企業が従業員の老後の生活の安定のために運営しているものを企
業年金制度といいます。３階部分については，企業年金制度の他に，個人が
自助努力で老後に備えるために任意に加入する年金として，個人年金，財形
年金，国民年金基金，個人型の確定拠出年金等があります。

## 2　企業年金信託業務

　企業・団体において，企業年金制度を構築しようとする場合，数理計算や
決済に係るインフラの整備や，専門的ノウハウによる長期的・安定的な運営
が求められ，多大なコストを要します。

　そこで，信託銀行等は，企業・団体のニーズに応え，企業年金制度に求め
られる幅広い業務，すなわち，年金資産の管理・運用のみならず，年金制度
の設計から適正な掛金を計算する数理計算，財政検証，官庁への申請・折衝，
加入者・受給者のデータ管理，支払い事務等を引き受ける企業年金信託業務
を提供しています。また，企業年金制度を取り巻く市場環境や法制度，税
務・会計等は常に変化しており，信託銀行等は，企業年金信託業務に付随す
る様々なコンサルティング業務等のサービスも提供しています。

　なお，企業年金信託業務において活用される信託契約の類型は，「単独運
用指定金銭信託（包括信託）」と「単独運用特定金銭信託（包括信託）」です。
包括信託を活用する場合は，企業・団体の保有する有価証券の現物による信
託設定や追加拠出，年金資産の移管を簡便に行うことができるメリットがあ
ります。

# 第2 | 適格退職年金信託

「適格退職年金」とは，法人税法施行令附則 16 条を根拠とした次頁の「14 の適格要件」を満たす，国税庁長官の承認を受けた社外積立の年金制度で，わが国で初めて導入された企業年金です。事業主は，信託銀行等との年金信託契約（適格退職年金信託），生命保険会社との年金保険契約，全国共済農業協同組合連合会との年金共済契約の何れかを締結します。なお，投資運用業を行う金融商品取引業者は運用のみを引き受けることができますが，その場合，信託銀行等との特定金銭信託の契約の締結が必要です。

適格退職年金は，事業主の拠出が損金扱いとなり，従業員の掛金が生命保険料控除の対象となるといったメリットがありましたが，平成 14 年（2002 年）4 月 1 日の確定給付企業年金法の施行により，平成 24 年（2012 年）3 月末をもって廃止されました。

なお，学校法人等の非課税法人は，職員等の退職年金制度として，適格退

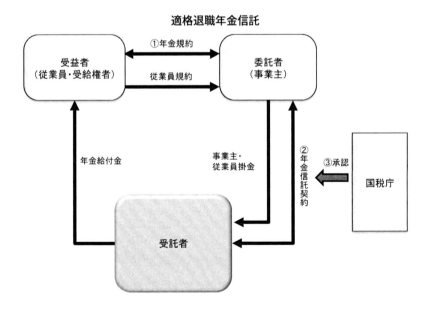

適格退職年金信託

職年金に準じた非適格退職年金制度を運営しています。

---

【14 の適格要件】
①目的，②契約形態，③受益者の範囲，④予定利率の変更時期，⑤適正
な年金数理，⑥通常掛金，⑦過去勤務債務等の償却，⑧超過留保額の返
還，⑨積立金の事業主への返還禁止，⑩解約返戻金の従業員帰属，⑪給
付減額の制限，⑫差別取扱いの禁止，⑬特別利益享受及び個別運用指示
の禁止，⑭契約の継続性

---

# 第3 | 厚生年金基金信託

## 1 概　要

　厚生年金基金制度は，「厚生年金保険法」に基づき，企業・団体を母体と
して設立される厚生年金基金が，厚生年金の老齢給付の一部（代行部分）を
国に代わって支給するとともに，企業・団体が独自加算した年金を給付する
制度です。事業主の基金への拠出金は福利厚生費として損金に算入され，従
業員の掛金は，社会保険料控除の対象となります。

　厚生年金基金の設立にあたっては，一定以上の加入員規模等のいくつかの
要件があることに加え，事業主は，従業員の同意を得て年金の給付内容等を
定めた厚生年金基金規約を作成し，厚生労働大臣の認可を受ける必要があり
ます。しかし，「公的年金制度の健全性及び信頼性の確保のための厚生年金
保険法等の一部を改正する法律」の制定によって，平成26年（2014年）4
月1日以降は，新規の設立が不可能となり，また，既存の厚生年金基金につ
いても，他の企業年金制度等への移行又は解散を促進する措置が講じられま
した。

　厚生年金基金は，年金給付積立金の管理・運用に関して，受託者との年金
信託契約（厚生年金基金信託），生命保険会社との生命保険契約，全国共済

農業協同組合連合会との生命共済契約，投資運用業を行う金融商品取引業者との投資一任契約（受託者との特定金銭信託が必要）の何れかを締結します。

　また，運用体制について，基金が一定の要件を備えている場合は，金融機関等に積立金の管理を委託し，一定の運用方法により自ら積立金の運用を行っています（自家運用）。

　信託協会の調べによると，令和2年（2020年）3月末時点の厚生年金基金信託は8件12兆6,652億円の受託残高となっています。

## 2　特　徴

　厚生年金基金は，母体の企業・団体から独立して受給者への年金給付事業を行う特別法人であり，厚生年金基金信託契約は，厚生年金基金を委託者兼

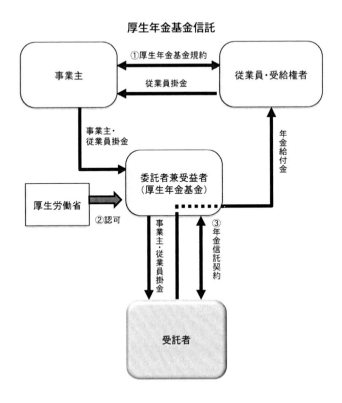

**厚生年金基金信託**

受益者とする自益信託として締結されます。

　受託者は，年金給付積立金の管理・運用とともに，別途業務委託契約を締結し，年金数理計算や，加入者・受給権者データの管理，給付金の支払いなどの事務を行います。

# 第4 | 確定給付企業年金信託

## 1 概　　要

　確定給付企業年金は，平成14年（2002年）1月の「確定給付企業年金法」の施行により導入されました。

　確定給付企業年金法の最大の特徴は「受給権の保護」にあり，①「積立義務」，②「受託者責任」，③「情報開示」に関する統一的な基準が定められています。

　確定給付企業年金には，「規約型」と「基金型」の2種類があります。

　事業主が従業員の同意を得て，制度内容を定めた年金規約に基づき，掛金を外部に拠出することにより，その年金資産を管理・運用し，年金給付を行うものを規約型企業年金といい，事業主が従業員の同意を得て，制度内容を定めた年金規約に基づき，別法人として設立された企業年金基金が年金資産を管理・運用するものを基金型企業年金といいます。このうち，信託銀行等がこれらの年金資産の管理・運用等を受託するものをそれぞれ，規約型企業年金信託，基金型企業年金信託といい，信託協会の調べによると，令和2年（2020年）3月末時点での双方合わせた受託残高は3,828件44兆4,412億円となっています。

　これらの信託を利用することにより，事業主は掛金の全額を損金算入できるなどのメリットが受けられ，従業員の掛金も生命保険料控除の対象となります。

## 2 特　　徴

　規約型の確定給付企業年金信託は，事業主を委託者，制度の加入者及び受給権者等を受益者とする他益信託の形態をとりますが，受給権保護の観点から，受益者代理人（受益者が未だ存在していない場合には信託管理人）が設置されます。一方，基金型は，委託者，受益者が基金となる自益信託の形態をとりますが，基金は母体企業から独立して事業を行う特別法人として設立されるものであるため，受益者代理人等は設置されません。

　確定給付企業年金信託の信託契約を締結する場合，規約型は複数事業主が共同委託者となることがありますが，基金型は共同設立の企業年金基金であっても，委託者は常に企業年金基金の単独となります。

　なお，確定給付企業年金信託において，制度管理業務を委託する場合や総幹事制を実施する場合には，信託契約とは別に業務委託契約や総幹事業務契約（副幹事の場合は副幹事業務契約）を締結する必要があります。

**確定給付企業年金信託**

# 第5 確定拠出年金信託

## 1 概　　要

　「確定拠出年金」は，平成13年（2001年）10月の「確定拠出年金法」の施行により導入されました。

　確定拠出年金は，掛金とその運用収益との合計額をもとに給付額が決定される年金であり，積立期間中の運用指図を加入者自らが行います。掛金は事業主が拠出しますが，規約に定めがあれば加入者も拠出（マッチング拠出）することができ，これらの掛金は個人毎に明確に区分管理されます。また，加入者が離転職した場合等は，他の確定拠出年金に個人毎に区分管理された資産を移換できるポータビリティを備えています。

　確定拠出年金には，①事業主が労使合意に基づいて実施し，60歳未満の従業員が加入者となる「企業型」（継続雇用者は規約により65歳未満まで可能）と，②国民年金基金連合会が実施し，60歳未満の自営業者等や専業主婦（主夫）等が申出により加入者となる「個人型」の2種類があります。なお，個人型は「iDeCo」（イデコ）と呼ばれています。

　事業主の拠出金は損金に算入でき，従業員等が拠出した掛金は所得控除が認められますが，いずれも法令上の拠出限度額の範囲内となります[8]。

## 2 特　　徴

　確定拠出年金を実施する事業主は，自らが委託者となり，加入者又は加入者であった者（受給権者）を受益者として，受託者と確定拠出年金特定金銭信託契約を他益信託の形態で締結し，受益者代理人を設置します。個人型の場合は国民年金基金連合会を委託者兼受益者として，受託者との間で，積立

---

[8]　事業主が拠出できる掛金の限度額は，他の企業年金制度に加入している場合は月額27,500円，加入していない場合は月額55,000円です。従業員等による拠出については，事業主の拠出額との合計額が限度額以内であり，かつ，事業主の拠出額を超えない範囲でなければなりません。

**確定拠出年金信託（企業型）**

金の管理について確定拠出年金特定金銭信託契約を締結します。

　受託者は，加入者の運用指図をまとめたレコード・キーパーの通知に基づき，運用商品提供機関と売買契約等を締結し，信託財産を運用します。

# 第6 退職給付信託

## 1 概　要

　退職給付信託は，企業が保有する有価証券又は金銭を，退職一時金の支給や退職年金制度への掛金の支払いを目的として拠出し，信託銀行が当該企業の従業員及び退職者のために管理，運用する信託です。

　退職給付信託は，日本公認会計士協会が，平成12年（2000年）の退職給

**退職給付信託**

退職一時金（従来通り）

受益者
（従業員・退職者）

②退職一時金

①信託契約

委託者
（企業）

受託者

②年金掛金

年金

年金基金等

年金掛金（従来通り）

付会計基準導入を見越し，要件を明確化したものです。当時，導入が予定されていた退職給付会計基準は，企業に対し退職給付債務の積立不足の償却を求める内容であったことから，企業は会計上の年金資産の積み増しを図る有効な手段として，信託の活用に注目していました。そこで，日本公認会計士協会は，退職給付会計基準導入前の平成11年（1999年）に，「退職給付会計に関する実務指針（中間報告）」（現在の「退職給付に関する会計基準の適用指針」）を公表しました。

退職給付会計基準導入後6ヶ月以内に設定される退職給付信託については，信託財産として拠出する有価証券の含み益の分だけ，会計上少ない費用負担で積立不足を圧縮できるといった特例措置がとられたこともあり，退職給付信託は導入初年度において5兆円を超える受託残高となりました。

退職給付信託の導入当初は，持合株式等の含み益のある有価証券の拠出及び当該有価証券の管理・処分を行うものがメインでしたが，配当金の積み上がりや持合解消等によって信託内の金銭の割合が高まったことにより，当該金銭の運用を行う運用型の退職給付信託が登場し，当初から金銭を拠出するものを含め，残高を増加させています。

## 2 退職給付信託の要件

退職給付に関する会計基準の適用指針は，退職給付信託の要件として以下

を定めています。

① 当該信託が退職給付に充てられることが退職金規定等で確認できること

② 信託財産は退職給付に充てることに限定した他益信託であること

③ 事業主から法的に分離されており，信託財産の事業主への返還及び受益者に対する詐害的行為が禁止されていること

④ 信託財産の管理・運用・処分については，受託者が信託契約に基づいて行うこと

## 3 退職給付信託のメリット

退職給付信託の設定は，企業にとって概ね以下のようなメリットがあります。

① 企業年金での長期的な制度対応と比して，拠出額に見合った退職給付債務の早期圧縮が可能

② 保有株式を拠出することにより，保有株式と退職給付引当金がオフバランス化され，バランスシートのスリム化を図ることができる

③ 運用型の退職給付信託では，会計上の期待収益を計上することにより，退職給付費用を削減することができる

④ 従業員の退職一時金支払原資や年金資産の確保が可能

# 第7 互助年金信託

## 1 概　要

互助年金信託は，公務員等により組織された互助団体が運営する私的年金制度である互助年金を支援する信託商品です。互助年金の加入者は公務員等の退職者であり，互助年金信託は，加入者の退職金を信託財産として受け入れ，管理・運用し，加入者への年金給付等を行います。

互助年金信託は，合同運用指定金銭信託による運営での収益性の低下や，平成20年（2008年）からの公益法人制度改革によって一般財団法人や一般

社団法人へ移行した互助団体において互助年金信託の非課税メリットが失われたこと等により，信託財産の流出が続いています。

## 2 互助年金信託の仕組み

互助年金信託は，二つの信託を組み合わせた年金制度として運営されています。

まず，加入者は，退職金を原資として，自らを委託者兼元本受益者，互助団体を収益受益者とする単独運用指定金銭信託を設定します。続いて，互助団体は，加入者への給付のため，前述の収益金を原資として，自らを委託者兼受益者とする単独運用指定金銭信託を設定します。加入者は，元本の給付を年金か一括で受け取り，また，互助団体から収益部分の給付を受けます。

**互助年金信託**

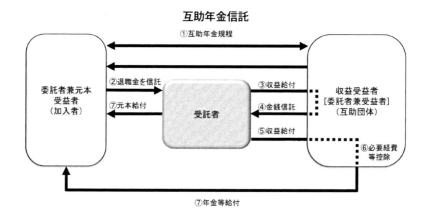

## 3 互助年金信託の給付

加入者は，互助年金信託の給付について，元本給付の分割か一括の別，また，信託財産の据置期間と給付期間を自由に設定することにより，ライフスタイルに合わせた年金給付を受けることができます。

なお，加入者は中途脱退（信託期間が5年未満の場合は原則として互助団体が解約手数料を徴求）により一時金を受け取ることもでき，また，加入者が死亡した場合には，一般的に，遺族が遺族年金か遺族一時金を選択できます。

第**7**章

## 資産の流動化を目的とする信託

# 第**1** 資産の流動化と信託

## **1** 概　　要

### ⑴　定義等

　資産の流動化とは，流動化対象資産の保有者（オリジネーター）が，オフバランス化や資金調達を目的として，当該資産を本体の倒産リスクから分離するとともにそのキャッシュフローを原資とした金融商品を組成するもので，さまざまな仕組みにより実施されています。

　具体的には，オリジネーターが流動化対象資産を信託や会社，組合といったビークル（SPV）に移転し，当該SPVによる受益権や出資証券等の有価証券の発行や借入れによって資金調達を行うものや，買戻特約付での資産譲渡を行うもの等があります。

　なお，資産の流動化のさまざまな仕組みのうち，「資産の流動化に関する法律（流動化法）」に基づく「特定目的会社」や「特定目的信託」については同法2条にて定義されており，各種の投資家保護の措置等が講じられていますが，特定目的信託については，流動化法上の資産信託流動化計画の作成が煩雑であるため，信託による流動化を行う場合は，同法に基づかない一般の信託方式によるものが主流となっています。

| 資産流動化法上の「資産の流動化」の定義概略 |
|---|
| **【特定目的会社（SPC）方式】**<br>一連の行為として，「特定目的会社」が「資産対応証券の発行若しくは特定借入れにより得られる金銭」をもって「資産を取得」し，「これらの資産の管理及び処分により得られる金銭」をもって，「債務の履行，利益の配当及び消却のための取得又は残余財産の分配」を行うもの |
| **【特定目的信託方式】**<br>一連の行為として，「受託者」が「資産の信託（特定目的信託）」を受けて「受益証券を発行」し，「これらの資産の管理及び処分により得られる金銭」をもって，「債務の履行」を行うもの |

## (2)　関係者のメリット

　資産の流動化の実施には，資金調達者と投資家の双方において，以下のようなメリットがあります。

### ア　資金調達者のメリット

#### (ア)　調達手段の多様化

　資金調達者自身の信用力に依拠した資金調達に加え，金銭債権や不動産といった保有資産を活用した資金調達手段がとられることによって，その時々の市場環境や財務状況に応じた財務戦略の自由度が高まるメリットがあります。

#### (イ)　低コストでの資金調達

　流動化の対象資産によっては，資金調達者自身よりも高い格付けを取得することができ，この場合，本体よりも低コストでの資金調達が可能となります。

#### (ウ)　財務体質の改善

　流動化による資産のオフバランス処理が認められ，調達した現金で負債を削減し，貸借対照表をスリム化することができた場合，各種財務指標の向上を図ることができます。また，流動化にあたり優先劣後構造を設け，優先部分を売却し，劣後部分を保有し続ける場合には，劣後部分で収益を得ながら優先部分の売却による早期の資金回収を図ることで，資産の投資効率を向上

させることができます。

---

●オフバランス基準

　会計上のオフバランス処理が認められるためには，一定の要件を満たす必要があります。企業会計基準委員会より公表されている「金融商品に関する会計基準」は，金融資産の契約上の権利の移転による消滅の認識要件を，以下の3要件がすべて満たされた場合としています。

① 譲渡された金融資産に対する譲受人の契約上の権利が譲渡人及びその債権者から法的に保全されていること

② 譲受人が譲渡された金融資産の契約上の権利を直接又は間接に通常の方法で享受できること

③ 譲渡人が譲渡した金融資産を当該金融資産の満期日前に買い戻す権利及び義務を実質的に有していないこと

　なお，日本公認会計士協会の「金融商品会計に関する実務指針」「金融商品会計に関するQ＆A」等は，「金融商品に関する会計基準」の実務上の取扱いについて，金融資産の譲渡に係る消滅の認識は財務構成要素アプローチ[9]によることを明記し，①の「法的安定性」が譲受人による第三者対抗要件の具備であること等を定めています。

---

## イ　投資家のメリット

### ㋐　投資対象の限定

　対象資産が資金調達者の信用リスクから分離されることから，対象資産のキャッシュフローに着目した投資が可能となります。

### ㋑　投資単位の柔軟化

　一般的に，一つの資産を流動化する場合，投資家は，資産そのものへの投資よりも小口単位での投資が可能となります。一方，規模の小さな資産を纏

---

9　金融資産を構成する財務構成要素の一部に対する支配が第三者に移転した場合に移転した当該財務構成要素の消滅を認識し，留保される財務構成要素の存続を認識します。財務構成要素には，将来のキャッシュの流入，回収コスト又は信用リスク及びその他の要素として期限前償還リスク等があります。

めて流動化する場合等については，投資家は，本来個別の投資を行うべきところを纏まった資金で効率的な投資を行うことができるメリットがあります。

## 2 わが国における資産の流動化の沿革

わが国における資産の流動化は，1970 年代前半に，住宅金融専門会社が資金調達のために住宅ローン債権信託による流動化を行ったことを契機として増加してきました。1980 年代後半には，銀行等の金融機関が自己資本比率改善のため，住宅ローン債権信託や一般貸付債権信託による流動化に積極的に取り組み始めたことで裾野が広がり，平成 5 年（1993 年）に施行された「特定債権等に係る事業の規制に関する法律」では，リース・クレジット債権の流動化手法として，譲渡方式，組合方式とともに信託方式が採用されました。また，同年には証券取引法の改正により住宅ローンの信託受益権が証券取引法上の有価証券とされ，流動化市場が拡大しました。

平成 10 年（1998 年）には，「特定目的会社による特定資産の流動化に関する法律」が制定（平成 12 年（2000 年）に現在の「資産の流動化に関する法律（流動化法）」へ改称）されるなど，流動化関連の法整備が進展し，金銭債権の取扱い種類が増加するとともに，新たに不動産の流動化も取り扱われるようになりました。

## 3 信託方式による流動化

### (1)　流動化対象資産

法令上の譲渡禁止資産を除き，経済価値の測定が可能な資産については流動化の対象資産とすることができます。

### (2)　信託受益権の第三者対抗要件

一般の信託における受益権は金融商品取引法上の有価証券として取り扱われますが，私法上の有価証券としての性格を有していないことから，資産の流動化における受益権の譲渡にあたっての第三者対抗要件は，確定日付のある受託者への通知又は受託者の承諾（信託法 94 条）となります。

　なお，流動化法に基づく特定目的信託により発行された受益証券は，私法上・金融商品取引法上の有価証券として取り扱われ，当該受益証券をもって譲渡が行われます（流動化法 234 条 2 項）。この場合の受託者への対抗要件は取得者の氏名や受益権の種類等の権利者名簿への記載又は記録とされています（同法 235 条 1 項）。なお，記名式の受益証券の譲渡については，取得者の氏名や名称を受益証券に記載しなければ，第三者（受託者を除く）に対抗することができないとされています（同条 2 項）。

## ⑶　信託方式による資産流動化の受託状況

　信託協会の調べによると，令和元年（2020 年）3 月末時点の資産流動化の信託の受託状況は，金銭債権，不動産，動産，その他の合計で，10,956 件 91 兆 1,029 億円の受託残高となっています。

### 資産流動化の信託の受託状況

（単位：件，億円）

| 年度 | 金銭債権の信託 | | 不動産の信託 | | 動産の信託 | | その他とも合計 | |
|---|---|---|---|---|---|---|---|---|
| | 件数 | 残高 | 件数 | 残高 | 件数 | 残高 | 件数 | 残高 |
| 2006 | 4,037 | 396,591 | 6,257 | 226,080 | 293 | 433 | 10,644 | 627,589 |
| 2007 | 3,912 | 404,240 | 6,678 | 260,059 | 323 | 393 | 10,984 | 667,639 |
| 2008 | 3,717 | 396,913 | 6,305 | 264,912 | 341 | 371 | 10,464 | 667,066 |
| 2009 | 3,547 | 372,416 | 5,643 | 258,138 | 339 | 358 | 9,641 | 635,347 |
| 2010 | 3,377 | 345,313 | 4,995 | 249,337 | 2 | 336 | 8,497 | 599,648 |
| 2011 | 3,332 | 344,133 | 4,584 | 249,503 | 2 | 340 | 8,087 | 600,804 |
| 2012 | 3,157 | 325,705 | 5,022 | 253,704 | 1 | 0 | 8,380 | 585,595 |
| 2013 | 2,807 | 311,691 | 5,053 | 264,716 | — | — | 8,094 | 583,265 |
| 2014 | 2,726 | 318,050 | 5,604 | 295,934 | — | — | 8,613 | 624,598 |
| 2015 | 2,463 | 318,823 | 6,007 | 321,286 | — | — | 8,776 | 651,481 |
| 2016 | 2,199 | 325,876 | 6,300 | 345,353 | — | — | 8,820 | 692,958 |
| 2017 | 2,146 | 336,281 | 6,752 | 374,100 | — | — | 9,247 | 737,829 |
| 2018 | 2,249 | 365,536 | 7,394 | 403,351 | — | — | 10,018 | 805,994 |
| 2019 | 2,388 | 417,361 | 8,179 | 446,845 | — | — | 10,956 | 911,029 |

注：件数及び残高には包括信託契約を含む（主たる資産ごとに区分し計上）。

# 第2 | 金銭債権の流動化のための信託

## 1 概　要

　金銭債権の流動化のための信託（金銭債権信託）は，委託者が保有する金銭債権を受託者へ信託して受益権を取得し，当該受益権を投資家に販売することにより資金調達を行う信託です。

　住宅ローン債権や売掛債権，リース料債権，クレジット債権等のさまざまな債権の流動化が行われています。

## 2 特　徴

### (1) 債権回収事務の事務代行

　金銭債権信託における債務者からの債権回収事務については，本来は受託者が担う事務ですが，業務の継続性，インフラの有効活用，信託譲渡を債務

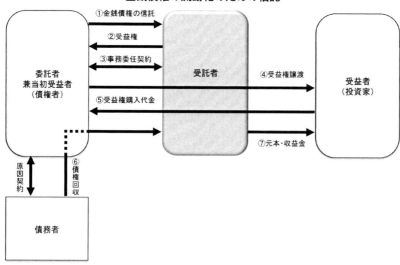

金銭債権の流動化のための信託

者へ告知しないサイレント方式の採用といった観点から，一般的には，受託者と委託者との間の事務委任契約により，委託者が代行しています。そのため，債務者は，委託者である原債権者との間で，信託設定前と同じ関係を継続することができます。なお，回収事務については，受託者が委託者以外の専門業者へ委任する場合もあります。

### (2)　金銭債権の信託譲渡

　従前，金銭債権の信託譲渡は，民法上の指名債権譲渡の手続により行われていましたが，平成 10 年（1998 年）に「債権譲渡の対抗要件に関する民法の特例に関する法律（平成 16 年（2004 年）改正により「動産及び債権譲渡の対抗要件に関する民法の特例に関する法律」に改称)」が施行されたことにより，法人による指名債権譲渡については，法務局に譲渡債権データを登記することで，債務者以外の第三者に対して対抗要件が具備されたとみなされることとなり，金銭債権信託の実務は簡素化されました。

　債務者への告知を要しない登記による第三者対抗要件の具備は，例えば，住宅ローン債権の流動化のような，心情的に債権の信託譲渡について債務者の理解を得ることが難しいものや，委託者からの大量の債権の信託譲渡といった実務を円滑に進める上で大きなメリットがあります（債務者への対抗要件の具備にあたっては，登記事項証明書の債務者宛通知や債務者の承諾を得る必要がありますが，これらは必ずしも行う必要がありません。債務者への通知を行わずに前記の通り原債権者が引き続き債権回収事務を行う場合，債務者から見ると表面上は何の変化もない債権債務関係が継続することになります）。

### (3)　金銭債権の流動化を信託で行うメリット

　金銭債権の流動化にはさまざまな手段がありますが，信託を活用することによって，以下のようなメリットがあります。

ア　低コスト

　信託による金銭債権の流動化は，SPC の設立といった法人格や組織を備える必要がなく，委託者と受託者との契約によりスキームを組成することが

可能であることから，機動的かつ低コストで取り組むことができます。

**イ　信託財産の独立性**

　信託を活用すると，信託財産である金銭債権に独立性が付与され，委託者，受託者，受益者の倒産から隔離されます（受益者の倒産については受益権が倒産手続に組み込まれます）。

**ウ　優先劣後構造**

　信託行為の定めにおいて，信託受益権を，元本償還や収益給付を優先して受ける優先受益権と，優先受益権に劣後した償還・給付を受ける劣後受益権の二層構造又はそれ以上の重層構造とすることにより，多様な投資家のニーズに応えることができます。

# 第3 | 不動産の流動化のための信託

## 1　概　　要

　不動産の流動化にはさまざまな形態がありますが，一般的には，信託と特定目的会社（SPC）を併用したスキームが利用されています。

　具体的には，流動化対象不動産の保有者が委託者となって受託者に不動産を信託し，受益権を取得します。委託者は，当該受益権をSPCへ譲渡し，SPCは，受益権を裏付けとして，借入れや出資を受け入れ，委託者へ受益権の購入代金を支払います。

## 2　流動化に信託を活用することのメリット

### (1)　売買手続の簡便さ

　実物不動産の売買を行う場合，所有権移転の登記手続や，各種契約書類の締結・授受等が伴いますが，信託を活用し不動産を受益権化することによって，受益権の譲渡により実物不動産の売買と同じ経済効果を得ることができます。

不動産の流動化のための信託

## (2)　担保設定の簡便さ

　不動産の保有者が借入れを行う場合，通常は，不動産に抵当権を設定し，更に賃料等の不動産周辺の金銭について個別に保全措置を講じていく必要がありますが，不動産を受益権化すれば，受益権に質権を設定することにより，実質的に不動産とその周辺の金銭の双方を同時に担保とすることができます。

## (3)　受託者の能力の活用

　不動産の流動化は長期のスキームとなることが一般的ですが，信託を活用することにより，受託者である信託銀行等の不動産専門部署の管理能力を活用することができます。

# 第4 一括支払信託

## 1 概　要

　一括支払信託は，主に製造業等の大企業（支払企業）と，部品納入企業等

の多数の中小企業（納入企業）との間の売掛債権の資金決済において，金銭債権信託のスキームを活用し，手形取引に代わる簡便なサービスを提供するもので，支払手形に係る事務，コストの削減や手形事故リスクの回避を図ることができます。

　具体的には，支払企業，納入企業，受託者の三者で一括支払信託スキームに係る基本協定を締結し，納入企業が委託者兼受益者[10]として，支払企業への将来の売掛債権を，信託財産の管理，処分並びに資金調達を目的として一括して信託します。受託者は，支払企業から買掛債務支払明細の提供を受け，納入企業に対し支払確定金額を連絡します。支払企業は，受託者に対して債務を支払い，納入企業は，支払期日に受託者から受益権に基づく給付として支払を受けます。なお，納入企業が手形割引と同様に期日前の資金化を希望する場合には，受託者を通じて受益権を投資家へ販売し，資金化を行います（一般的には分割対応も可能）。

## 2 一括支払信託のメリット

(1)　**支払企業のメリット**

　一括支払信託活用により，支払企業には以下のようなメリットがあります。

① 　手形発行，交付，分割振出，管理等の事務の合理化
② 　手形振出に係る印紙税，用紙代等のコスト削減
③ 　手形の偽造，盗難，紛失等のリスク回避

(2)　**納入企業のメリット**

　一括支払信託活用により，支払企業には以下のようなメリットがあります。

① 　資金調達手段の多様化・利便性の向上
② 　低利の資金調達の可能性（支払企業の信用力の活用）
③ 　収入印紙税の削減（手形受取領収書発行不要）
④ 　手形集金，取立て，現物管理事務の合理化

---

10　実務上は，多数の納入企業による信託設定事務負担軽減のため，支払企業が納入企業からの委任を受けた代理人として信託を設定します。

⑤ 手形の偽造，盗難，紛失等のリスク回避

## 一括支払信託

# 第 **8** 章

## 不動産の信託・動産の信託

### 第 **1** │ 不動産の信託

#### 1 概 要

　不動産の信託は，土地及びその定着物である建物や立木等の所有権，地上権，賃借権等を当初信託財産とする信託です。

　不動産の信託にはさまざまな目的があり，大別すると，①不動産の管理を目的とした不動産管理信託，②土地の有効利用を目的として受託者が企画立案・事業執行までの一切を行う土地信託，③不動産の流動化による資金調達を目的とした不動産管理処分信託（第7章参照），④不動産へのファンド投資を目的とした不動産投資信託（REIT）（第4章参照），があります。

　不動産管理信託は，不動産会社が民法上の委任として手掛ける不動産の管理委託に類似するものですが，信託の場合は不動産の所有権の移転までを伴うため，受託者の負う義務は委任の受任者と比べてより広範なものとなり，管理コストに見合う対象不動産は自ずと限定されます。わが国においては戦後の大地主層の没落もあって不動産管理信託のマーケットは限定的ですが，事業会社によって再開発されたビルの管理や，超富裕層の保有する複数大規模テナント物件の一元管理等において活用されています。

　土地信託は，大正11年（1922年）の旧信託法立法時から商品化が想定さ

れ，何度も具体化が検討されてきました。商品化の最終的な契機となったのは，1980年代前半の財政悪化を背景とした民間活力導入による内需振興政策にあり，昭和59年（1984年）の第一号受託を皮切りに取扱い件数を伸ばしていきました。しかし，その後の1990年代後半のバブル崩壊によって各地の土地信託の採算は悪化し，現在新規の受託はほとんど行われておらず，信託協会の調査によると，令和2年（2020年）3月末時点での契約数は261件となっています。

　2000年代に入ってからは，企業のオフバランス化ニーズと機関投資家等の投資ニーズの多様化に対応した不動産管理処分信託が受託を伸ばし，また，投信法改正により登場した不動産投資信託によって，不動産の流動化が浸透していきました。令和2年（2020年）3月末時点の不動産管理処分信託は8,179件44兆6,845億円（信託協会調べ），令和元年（2019年）末時点の不動産投資信託は公募がファンド64本純資産総額10兆2,099億円，私募がファンド35本純資産総額2兆886億円（投資信託協会調べ）となっています。

## 2　信託できる不動産

　例えば，国又は地方公共団体が所有する不動産のうち，普通財産は信託することができますが，行政財産については禁止されています（国有財産法18条・20条，地方自治法238条）。また，信託銀行や信託会社には，農地を信託することはできません（農地法3条1項・2項3号）。

## 3　信託の登記

　信託法14条の定めにより，登記又は登録制度のある財産については，信託の登記又は登録をしなければ，信託財産に属することを第三者に対抗することができません。

　信託の登記は，所有権の移転登記と同時に申請しなければならず，所有権の移転に関する登記申請は登記義務者である委託者と登記権利者である受託者が共同して行いますが，信託の登記については受託者が単独で申請するこ

とができます（不動産登記法98条2項）。

　信託の登記の申請書に基づき登記官が作成する信託目録には，委託者，受託者，受益者の氏名，名称，住所や信託の目的，信託財産の管理方法や終了事由等が記載され，その変更については受託者が遅滞なく変更登記を行わなければなりません（同法103条）。なお，受益権譲渡に伴う受益者の変更登記は第三者対抗要件ではないことから，第三者に対抗するためには，確定日付のある証書による受託者への通知又は受託者の承諾が必要となります（信託法94条）。

## 4　土地信託

### (1)　土地信託とは

　土地信託は，土地所有者が土地の有効利用のため受託者に土地を信託し，受託者が委託者に代わって土地の開発，建物の建設，資金調達，不動産賃貸等を行い，受益者へ賃料等を収益として給付する信託です。土地信託は個別性の強いオーダーメイドの信託ですが，一般的に，信託終了時に信託財産で

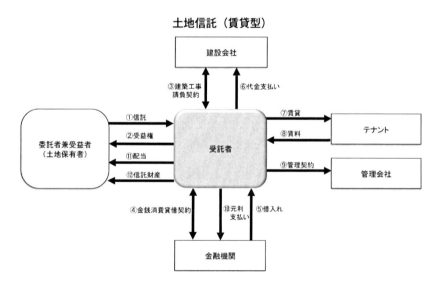

土地信託（賃貸型）

ある不動産を現状有姿で受益者へ交付する賃貸型と，不動産を分譲等により処分し受益者へ金銭を交付する処分型に分類されます。

　土地信託の大きな特徴は，受託者が自ら裁量権を持って事業の執行を行うことにあります。例えば，信託事務処理の一環で，信託された土地で建物の建設を行う場合には，受託者が発注者となって建設業者と建築工事請負契約を締結し，また，建設費用を金融機関から借り入れる際は，受託者が金銭消費貸借契約を締結して債務者となります。委託者は，土地信託により受託者を事業者として活用することで，自ら土地を有効利用しようとする場合と比べ，信用力やノウハウ，管理負担軽減といった観点からのメリットを享受することができます。

(2)　**受託者による資金調達**

　土地信託の受託者が，建物の建設等を行う場合の資金は，①「委託者からの金銭の信託（土地信託を土地と金銭の包括信託として受託）」，②「信託事務処理上収受する金銭（建物の入居保証金の預託等）」，③「金融機関等からの資金調達」によって工面されます。

　このうち，③「金融機関等からの資金調達」を借入れで行う場合は受託者が債務者となりますが，当該債務は信託法21条1項5号の定める信託財産責任負担債務であることから，固有財産から債務を返済した受託者は，信託財産へ補償請求することができます（信託法48条1項）。受託者から受益者への補償請求については，受託者と受益者の間で別途合意しない限りは認められません（同条5項）。

　なお，資金調達については，受託者以外の金融機関からの調達と，受託者からの調達に大別され，受託者からの調達については，更に，受託者の他の信託財産からの調達と，受託者の固有財産からの調達とに分けられます。旧信託法においては，受託者自身が信託財産に対して権利を取得することが禁じられていたことから，受託者からの調達は他の信託財産からの調達に限られていました。しかし，平成16年（2004年）の信託法・信託業法の改正により，受託者の固有財産からの調達も信託行為の定めや受益者の承認を得た

場合等の一定の要件のもとで認容されました（信託法 31 条 2 項，信託業法 29 条 2 項）。

## 5 不動産関連税制の取扱い

### (1) 不動産取得税

地方税法 73 条の 7 の定めにより，信託の設定，終了等による委託者，受託者間の信託財産の移転については不動産取得税が課されません（委託者への移転については，当該委託者が設定時から唯一の元本の受益者である場合に限られます）。なお，オリジネーターである委託者以外の者へ受益権が譲渡された場合には，当該受益者が信託終了により不動産を取得する際に不動産取得税が課されます。

また，信託財産である土地に建物を建設した場合は，不動産取得税が課されます。

### (2) 登録免許税

不動産登記にかかる登録免許税については，登録免許税法 7 条の定めにより，信託の設定，終了等による委託者，受託者間の所有権移転にかかるものについては課税されません（委託者への移転については，当該委託者が設定時から唯一の元本の受益者である場合に限られます）。しかし，信託の登記については登録免許税が課されます[11]。

なお，信託された土地に建物を建設した場合は，所有権保存登記と信託登記の双方に登録免許税が課されます。

### (3) 固定資産税

信託財産に課される固定資産税は，不動産の法律上の所有者である受託者に課されます。

---

11 登録免許税法 9 条別表第 1 の定めにより，信託財産が土地の所有権であるときの信託の登記は不動産評価額の 1,000 分の 4，先取特権，質権又は抵当権は債権金額又は極度金額の 1,000 分の 2，その他の権利は不動産評価額の 1,000 分の 2 の税率が課されます。

# 第*2*｜動産の信託

## 1 概　要

　動産の信託は，動産を当初信託財産とした信託です。美術品の管理や処分
を目的とした富裕層向けの信託も動産の信託に含まれますが，これらの取り
扱い実績は乏しく，動産の信託といえば，一般的には，メーカーが委託者兼
受益者となって製品である輸送用機器や機械設備を信託し，受益権の売却に
よって資金調達を行う動産設備信託があげられます。

　動産設備信託は，戦後，GHQ経済顧問のジョセフ・ドッジが資金調達の
手段として活用を促したことが契機となり，昭和31年（1956年）に鉄道車
両の建造資金の調達を目的とした車両の信託が初めて受託されました。以降，
船舶，航空機，トラック，コンピュータ等の動産が動産設備信託の対象とな
りましたが，現在はあまり取り扱われていません。

## 2 動産設備信託

　動産設備信託は，受託者による信託財産の管理・処分等の方法の違いに
よって賃貸型，即時売却型，管理型に類型化されます。

### (1)　賃貸型

　賃貸型の動産設備信託は，受託者が信託された動産をユーザーへ一定期間
賃貸して賃借料を収受するもので，最終的に動産は当該ユーザーへ売却され
ます。

### (2)　即時売却型

　即時売却型の動産設備信託は，受託者が動産の受託と同時に当該動産を
ユーザーへ割賦で売却するもので，受託者は割賦債権を信託財産として管理
します。

### (3)　管理型

　管理型の動産設備信託は，受託者が信託された動産をユーザーへ一定期間

**動産設備信託（賃貸型）**

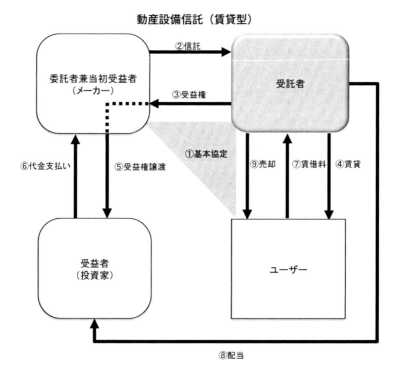

賃貸して賃借料を収受し，信託終了時に信託財産が受益者に交付されますが，信託行為において，委託者がすべての受益権を買い取ることが定められているものです。

## 3 動産の移転

　動産の譲渡に関する第三者対抗要件は民法178条の引渡しですが，動産の信託の場合，対象となる動産の規模が大きいことから，委託者が受託者のために動産を占有する意思表示を行う民法183条の占有改定による引渡しが行われてきました。しかし，占有改定の有無は当事者以外の第三者からはわかりにくいことから，平成17年（2005年）より，法人を対象とした動産譲渡登記の制度が導入されました。当該譲渡登記を行うことにより，民法178条

動産設備信託（即時売却型）

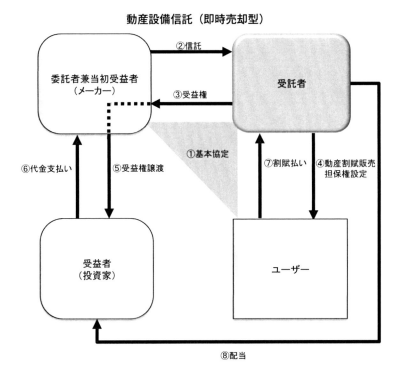

の引渡しがあったものとみなされます（動産債権譲渡特例法3条1項）。

## 4　信託財産であることの公示

　動産の信託における動産は，賃貸等によってユーザーの手元にあるため，第三者による即時取得が行われるリスクがあります（民法192条）。そのため，公示方法が法定された動産については，公示の手続を行っておく必要があり，公示方法の定めのない動産についても，譲渡登記や，第三者対抗要件ではありませんが，注意喚起のために信託財産であることを明示したプレートが取り付けられることがあります。

# 第9章
## 財産の保全を目的とする信託

### 第1 顧客分別金信託

#### 1 概　要

　証券会社をはじめとする金融商品取引業者等は，万一の破綻に備え，顧客からの預託資産を分別管理し，スムーズに返還できる体制を整えなければならないとされています。顧客分別金信託は，顧客からの預託資産のうち，有価証券等の買付けのための金銭や，売却代金・償還金等の一時的な滞留資金，信用取引の委託保証金等を保全するために活用されています（金商法43条

**顧客分別金信託**

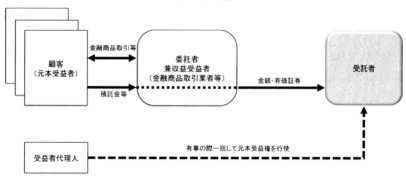

の２第２項，同業府令141条）。顧客分別金信託は，平成10年（1998年）の証券取引法の改正により導入されました[12]。

顧客分別金信託は，金融商品取引業者等が委託者兼収益受益者となり，顧客を元本受益者（受益者代理人が元本受益権を一括行使し，行使までの間の顧客は受益者としての権利を有しません）として，顧客からの金融商品取引業に係る金銭等の預託資産に相当する財産を信託し管理運用する商品です。

## 2 特　　徴

### (1) 信託できる財産

委託者が信託できる財産は，金銭，国債その他の金融庁長官が指定する有価証券といった流動性の高い資産に限定されます。なお，有価証券については貸付けによる運用を行うことはできず，金銭の運用については以下の方法に限られます。

① 国債その他金融庁長官の指定する有価証券の保有
② 金融庁長官の指定する銀行その他の金融機関への預金
③ その他金融庁長官の指定する方法（元本補てん付き合同運用指定金銭信託等）

### (2) 顧客分別金必要額の算定・追加

金融商品取引業者等は，顧客ごとに算定した当該顧客に返還すべき額及びその合計金額である顧客分別金必要額を毎日算定し，週に１日以上設ける基準日（差替計算基準日）における信託財産の元本の評価額が顧客分別金必要額に満たない場合には，翌日から起算して３営業日以内にその不足額に相当する額の信託財産を追加しなければなりません。

### (3) 受益者代理人の選任

顧客分別金信託は，受益者代理人を選任することとし，金融商品取引業者

---

12 平成22年（2010年）から導入された，有価証券関連店頭デリバティブ取引の預託金銭等に係る顧客分別金信託の要件は金商法業府令141条の２に規定されています。また，金商法43条の３，同業府令143条の２には，通貨関連デリバティブ取引（FX取引等）の保証金の保全を目的とした顧客区分管理信託が規定されています。

等が複数の顧客分別金信託契約を締結する場合には，これらの顧客分別金信託契約に係る受益者代理人は同一の者としなければなりません。

受益者代理人は，顧客分別金信託の契約の当事者となり，元本受益者のために行動することが求められます。

誰を受益者代理人とすべきかについては，金融商品取引業者等の役職員の中から選任する場合は内部管理統括責任者等，社外から選任する場合には弁護士，公認会計士等とすることが一般的です。

なお，金融商品取引業者等が通知金融商品取引業者（経営破綻による登録取消しや業務停止を受けたり，破産・更生手続開始の申立てを行ったりした金融商品取引業者等）に該当することとなった場合には，投資者保護基金が特に認める場合を除き，投資者保護基金が受益者代理人となります。

(4)　元本受益権の行使

顧客分別金信託契約に係る元本受益権の行使は，受益者代理人が必要と判断した場合に，当該受益者代理人がすべての顧客について一括行使します。

(5)　解約・一部解約

顧客分別金信託の解約又は一部の解約を行うことができる場合は，差替計算基準日の信託財産の元本の評価額が顧客分別金必要額を超過する場合における超過額相当の金額の範囲内等に限定されます。

(6)　定期監査

顧客分別金信託の状況については，定期に，公認会計士又は監査法人の監査を受けなければなりません。

(7)　罰　　則

分別管理義務に違反した場合，その行為をした会社は6ヶ月以内の業務停止等の行政処分，3億円以下の罰金が科せられることになっており，代表者，従業員等は，2年以下の懲役又は300万円以下の罰金又は併科に処せられます。

# 第*2* | デット・アサンプション

## **1** 概　要

デット・アサンプション（debt assumption）とは，企業が自社の特定の債務を第三者に引き受けてもらうと同時に当該第三者に見返りの資金を支払う取引形態のことをいいます。

具体的な例としては，社債を発行している企業がその社債の期限前償還や買入償還により有利子負債の削減を図ろうとしたところ，債権者の都合や市場環境等の様々な要素によって実施が不可能な場合に，その社債に係る債務を会計上消滅させるために利用されています。

一般に，デット・アサンプションは，原債務者から引受人へ原債務を移転するものではないことから，債権者の承諾は必要ありませんが，原債務は引き続き原債務者が負担するため，引受人が履行不能となると，原債務者が遡求請求を受けることとなります。そのため，デット・アサンプションによる会計処理のオフバランス化が認められる場合は，取消不能の信託契約等による一定の要件を満たすものに限られます。

信託を活用したデット・アサンプションは，社債発行企業が委託者となり，

**デット・アサンプション**

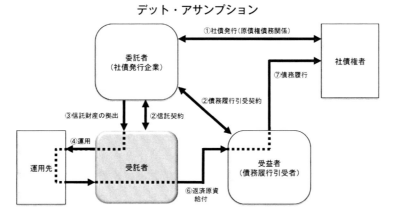

受託者に元利金債務額に手数料等を上乗せした金額を信託し，受託者は，当該信託財産を一定格付以上の預金や公社債等の安全性の高い資産で運用し，受益者として指定された銀行等の債務履行引受者へ社債債務の弁済原資を給付します。信託を活用することによって，社債の返済原資を債務履行引受者の倒産リスクから切り離すことができます。

## 2 会計処理

企業会計基準委員会の企業会計基準第10号「金融商品に関する会計基準」において，当分の間の経過措置として，オフバランス化が認められる場合のデット・アサンプションの要件として以下が明記されています。

> 取消不能の信託契約等により，社債の元利金の支払に充てることのみを目的として，当該元利金の金額が保全される資産を預け入れた場合等，社債の発行者に対し遡求請求が行われる可能性が極めて低い場合

また，「金融商品に関する会計基準」を受け日本公認会計士協会が定める「金融商品に関する実務指針」では，元利金の支払いに充てる信託財産の拠出は，高い信用格付けの金融資産（例えば，償還日が概ね同一の国債又は優良格付けの公社債）によることとし，この場合，社債の発行体又はデット・アサンプションの受託機関に倒産の事実が発生しても，当該発行体の当該社債権者以外の債権者等が，信託した金融資産に対していかなる権利も有しないことが必要ということを明記しています。

## 第3 | エスクロー信託

## 1 概　要

エスクローとは，売買等の商取引において，目的物や代金の交付が確実に行われるよう，取引の当事者の他に信頼のおける第三者を置き，当該第三者

へ目的物や代金を預託し，一定の条件の充足が確認された後に交付を行うことによって取引の安全を確保する仕組みのことを指します。

　エスクローは，1940年代後半にアメリカで法制化され，不動産の取引等で発展してきました。今日では，インターネットを通じた個人間の売買においても広く活用されています。

　わが国においては，一部の金融機関や士業等がエスクローと同様のサービスを手掛けており，このうち，信託銀行・信託会社のエスクロー信託は，信託の倒産隔離機能を活用した取引の安全を確保する決済サービス・インフラとして，さまざまな用途で活用されています。

## 2 具体例

### (1) 大口取引に係るエスクロー信託

　エスクロー信託は，不動産・船舶等の大口の売買契約において活用されています。具体的には，売買契約の買主が委託者兼収益受益者となって受託者に代金相当の金銭を信託し，売主を一定事由の充足を条件とする元本受益者とします。例えば，不動産の売買であれば，物件の完成，引渡し，登記変更等を条件として設定し，条件の充足が確認された後，売主が元本受益者として代金を受領します。

### (2) エスクロー信託のセーフティネット的活用

　本章第1の顧客分別金信託のように，エスクロー信託は多数の投資家等を対象としたセーフティネット的な役割を担っており，いわゆるFX取引における証拠金の保全や，プリペイドカード等の前払式支払手段に係る発行保証金の保全（発行保証金信託契約），貸金移動業者による為替取引に係る履行保証金の保全（履行保証金信託契約），暗号資産交換業者が取り扱う利用者の金銭の保全等で活用されています。

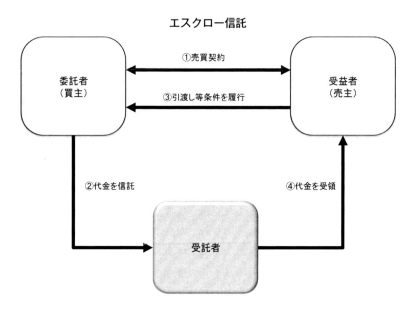

エスクロー信託

# 第4 | 弁済資金保全信託

## 1 概　要

　会社法は，さまざまな条文で，債権者が異議を申し述べた場合に，会社に対し，当該債権者保護のため，①「弁済」，②「相当の担保提供」，③「弁済を受けさせることを目的とした相当の財産の信託」の何れかの対応を行わなければならないということを定めています。

　例えば，会社法449条は，株式会社が資本金又は準備金の減資を行う場合，異議申出のあった債権者のため，前記の①～③の何れかの対応を行うべき旨を定めています。

　このうち，③の信託の活用については，会社が委託者となり，異議申出のあった債権者を停止条件付きの受益者として，相当の財産を受託者へ信託します。停止条件については，債権に関する判決や和解等により会社の弁済義

## 異議申述債権者保護のための弁済資金保全信託

務・金額が確定し，債権者が受益の意思表示を行うことと定めることが一般
的です。なお，条件成就までの間は受益者が現に存しない信託として取り扱
われ，また，債権者への弁済金額以上の信託財産については，委託者へ交付
されます。

## 2 具体的場面

　会社法は，異議申述債権者保護のための弁済資金保全信託が選択肢となる
場面として，次頁のとおりの条文を定めています。

| 会社法 | 債権者による異議申出の対象等 |
|---|---|
| 449条 | 株式会社が資本金又は資本準備金の額の減少を行う場合 |
| 627条 | 合同会社が資本金の額の減少を行う場合 |
| 635条 | 合同会社が社員に交付する持分払戻額が剰余金額を超える場合 |
| 670条 | 持分会社（合名会社，合資会社に限る）が解散した場合の財産の処分方法 |
| 779条 | 株式会社が組織変更を行う場合 |
| 789条 | 吸収合併が行われる場合（消滅株式会社の債権者） |
| | 吸収分割が行われる場合（吸収分割後吸収分割株式会社に対して債務の履行を請求することができない吸収分割株式会社の債権者） |
| | 株式交換契約新株予約権が新株予約権付社債に付された新株予約権である場合（当該新株予約権付社債についての社債権者） |
| 799条 | 吸収合併が行われる場合（吸収合併存続株式会社の債権者） |
| | 吸収分割が行われる場合（吸収分割承継株式会社の債権者） |
| | 株式交換完全子会社の株主に対して交付する金銭等が株式交換完全親株式会社の株式その他これに準ずるものとして法務省令で定めるもののみである場合以外の場合又は株式交換契約新株予約権が新株予約権付社債に付された新株予約権であるとき（株式交換完全親株式会社の債権者） |
| 810条 | 新設合併を行う場合（新設合併消滅株式会社の債権者） |
| | 新設分割を行う場合（新設分割後新設分割株式会社に対して債務の履行を請求することができない新設分割株式会社の債権者） |
| | 株式移転計画新株予約権が新株予約権付社債に付された新株予約権である場合　当該新株予約権付社債についての社債権者 |
| 820条 | 外国会社の登記をした外国会社の日本における代表者（日本に住所を有するものに限る）の全員が退任しようとする場合 |

　なお，信託法においても，信託の併合や信託の分割をする際の債権者保護手続として同様の仕組みが定められています（信託法152条5項，160条5項）。

# 第10章

## 知的財産権の信託

# 第1 知的財産権の特性

　知的財産とは，①発明，考案，植物の新品種，意匠，著作物その他の人間の創造的活動により生み出されるもの（発見又は解明がされた自然の法則又は現象であって，産業上の利用可能性があるものを含む），②商標，商号その他事業活動に用いられる商品又は役務を表示するもの，③営業秘密その他の事業活動に有用な技術上又は営業上の情報に分類され（知的財産基本法2条1項），これら知的財産に関して法令により定められた権利又は法律上保護される利益に係る権利を知的財産権といいます（同条2項）。

　具体的には，①特許権，実用新案権，育成者権，意匠権，回路配置利用権，著作権・著作隣接権，②商標権，商号，③営業秘密などがあげられます。

　知的財産権は，その多くが，「"（目にみえて形のある）モノ"ではない」「費消されない」といった特性から，伝統的に信託財産として取り扱われてきた不動産や有価証券と異なり，次のような特性があり，信託の設定にあたっては，これらに基づくリスクを念頭に置いておく必要があります。

> ①　「占有」することができないため，簡単にコピーされたり，利用されてしまうなど権利を侵害されやすい。
> ②　知的創造の産物であることから製造原価がないこと，個別性が高く

> 取引市場が存在しないこと，確立した評価手法がないことなどから，
> 経済的価値を評価することが難しい。
> ③　時限的な権利であり，無効や訂正の審決により消滅したり，その範
> 囲が縮小したりする場合がある。

# 第2 知的財産権の管理を目的とする信託

　知的財産権の信託は，平成 16 年（2004 年）の信託業法改正によって営業
信託として受託することが解禁され，さまざまな目的で利用されています。

　知的財産権の管理を目的とした信託については，例えば，グループ企業内
の複数の子会社に特許権等が分散している企業において，子会社が委託者と
なって親会社へ知的財産権を信託財産とした信託を設定し，親会社が受託者
として知的財産権の集中管理を行っている事例があります。また，中小企業
や大学では，保有する優れた特許権等の有効活用のため，特許権等を信託し，
受託者において第三者と当該特許権等のライセンス契約を締結し，その利用
料を受益者（委託者）へ配当する取組みも行われています。

**グループ内企業の知的財産権集中管理**

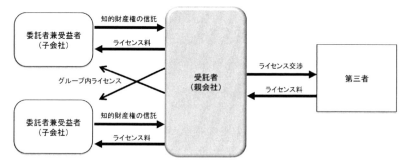

# 第*3*｜知的財産権の流動化を目的とする信託

　一般的に，資産の流動化を行う場合には，資金調達のニーズとオフバラン
ス化のニーズが存在していますが，知的財産権はほとんど企業のバランス
シートには計上されていないため，知的財産権を流動化する場合のニーズに
ついては，その知的財産権を活用した新商品の開発資金の調達や，ライセン
ス収入や著作権に基づく印税など，将来見込まれる収入を前倒しで資金化す
ることが中心となります。

　知的財産権の流動化を目的とした信託の実例としては，映画の制作費用の
資金調達のために著作権の信託を行ったものや，金銭信託を介して製作委員
会の出資持分を流動化したものなどがあります。

　資産を流動化して資金調達を行うためには，その資産が現在既にキャッ
シュフローを生み出しているか，あるいは，近い将来確実に生み出すと見込
まれる必要があり，これは，信託を活用して知的財産権を流動化する場合も
同様です。また，投資家は，前述の知的財産権の特性に基づくリスクを念頭
に置いた投資を行う必要があります。

**知的財産権の流動化**

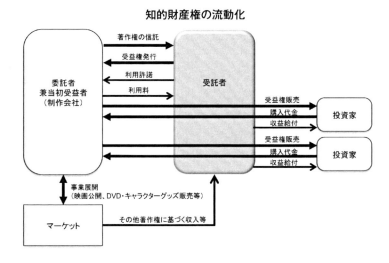

# 第11章

## 事業会社運営に関する信託

## 第1 | 信託型ライツプラン

### 1 概　要

　信託型ライツプランは，1980年代後半にアメリカで導入が進んだ買収防衛策であるライツプランを参考に開発された商品です。

　一般に，ライツプランとは，買収者が一定割合の株式を買い占めた場合，買収者だけが行使できない新株予約権を無償で割り当て，買収者の株式取得割合を低下させる仕組みで，ポイズンビルとも呼ばれています。ライツプランは買収への抑止力として導入され，買収者は新株予約権の消却を求め会社側と交渉していくことになります。

　わが国でのライツプラン導入にあたっては，株式と新株予約権に随伴性がなく，これを結合して流通させることができないため，ライツプランが実際に発動されると，新株予約権の割当日より後に株式を取得した株主は，買収者かどうかに関わらず，保有株式希釈化による大きな損失を被り，ライツプランが実際に発動されなくとも，株価形成が著しく不安定となるおそれがありました。

　そこで，平時に新株予約権を直接又はSPCを介して受託者に信託し，有事の際にその時点での株主を受益者として新株予約権を交付することで，実

質的に株式と新株予約権の随伴性を確保した，信託型ライツプランの仕組み
が考案されました。

　2000年代初頭，わが国においては，株式持合解消の進展や株主のオー
ナーシップの高まり，企業の時価総額格差の広がり等を背景として友好的な
企業再編ではない敵対的買収への脅威が高まりました。一方で，これらに対
する企業の過剰防衛は，経営陣による自己保身にも繋がることから，平成
17年（2005年）に，経済産業省・法務省が，企業が買収防衛策を導入する
にあたっての指針として，「企業価値・株主共同の利益の確保又は向上のた
めの買収防衛策に関する指針」を示し，以後，この指針を踏まえ，信託型ラ
イツプランを含む多くの買収防衛策が導入されていきました。

## 2　信託型ライツプランの種類

### (1)　直接型

　直接型は実務において数多くとり入れられています。会社が委託者となり，
将来の買収者登場時の株主を受益者とする金銭信託を設定し，平時のうちに，
買収者だけが行使できない差別的行使条件を付した新株予約権（行使価額は
1円若しくは時価より安価）を受託者宛に無償で発行します。受託者は，買
収者登場による受益者確定後，受益者（全株主）に対し新株予約権を無償で

**信託型ライツプラン（直接型）**

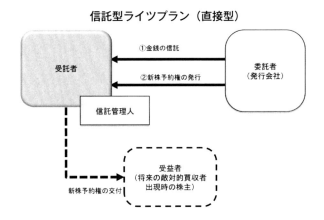

## 信託型ライツプラン（SPC型）

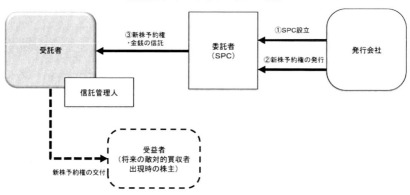

交付します。

### (2)　SPC型

　会社がSPCを設立し，平時のうちに，買収者だけが行使できない差別的行使条件を付した新株予約権（行使価額は1円若しくは時価より安価）をSPC宛に発行します。SPCが委託者となり，将来の買収者登場時の株主を受益者として受託者に新株予約権と金銭を信託し，受託者は，買収者登場による受益者確定後，受益者（全株主）に対し新株予約権を無償で交付します。

## 3　信託型ライツプランの留意事項

### (1)　新株予約権の発行

　信託型ライツプランの新株予約権は，ほとんどの場合無償で発行されることから，特に有利な発行として株主総会の特別決議が必要となります。

### (2)　発　　動

　信託型ライツプランの発動にあたっては，経営陣による恣意的な判断を回避するため，外部有識者や社外取締役からなる機関を設け，買収者からの提案が企業価値や株主利益を損なうものかどうかを検討し，取締役会に勧告する仕組みがとられています。

## (3)　信託管理人の設置

　信託型ライツプランの受益者は将来の買収者登場時の株主であるため，それまでの間は受益者が存在しないことから，一般的には信託管理人が設置されます。

# 第2 | 自己株式取得指定金外信・自己株式処分指定金外信

## 1　概　要

　自己株式取得指定金外信は，発行会社が委託者兼受益者となり，金銭を信託し，受託者の裁量で証券会社に対して買付の発注を行う信託です。

　発行会社自身が自社株式の売買を行うには，金融商品取引法上のインサイダー取引規制や相場操縦の禁止規制に抵触しないよう社内体制を整備する必要がありますが，信託を活用することにより，これら法務面・事務面の負担を軽減することができます。なお，発行会社は，信託契約において，期間（1年超不可），銘柄，数量等の条件を指定することができますが，売買の指図，中途解約や契約の変更を行うことはできません。

　従前，発行会社による自己株式の取得については，特別な場合に限定されていましたが，平成6年（1994年）からの商法改正により取扱いが拡大し，現在は目的を定めずに自社株式の取得，保有（金庫株）を行うことができるとされており，自己株式取得指定金外信は株主還元やストックオプションに

**自己株式取得指定金外信**

279

充てる株式の確保等さまざまなニーズで活用されています。

　自己株式処分指定金外信は，自己株式取得指定金外信と同様のスキームに
おいて株式の処分を行うものですが，企業オーナーやその資産管理会社が保
有する自社株式を売却することで創業者利益を資金化する目的等で活用され
ています。

## 2 特　徴

### ⑴　自己株式取得の決定

　発行会社が自己株式取得を行うには，株主総会決議又は取締役会決議（定
款に取締役会決議をもって自己株式取得を行う旨の定めがある場合）を行う
必要があります。発行会社は，信託契約の締結にあたり，受託者に対し，こ
れらの機関決定を証する書類を差し入れます。

### ⑵　インサイダー情報を保有していない旨の確認

　信託契約の締結にあたり，受託者は発行会社に対して，インサイダー情報
を保有していない旨を確認し，発行会社から宣誓書の提出を受けます。

　なお，信託契約締結後は，発行会社におけるインサイダー情報の保有有無
に係わらず，受託者は自社株式の売買を継続することができます。

### ⑶　受託者内の情報遮断

　信託契約締結後は，受託者内の自社株式の売買発注を行う担当者に，発行
会社のインサイダー情報が伝わらないよう，受託者は，発行会社との窓口部
署と売買発注部署の間に情報遮断措置を講じなければなりません。また，自
社株式の売買発注部署の行動が他の運用担当者に伝わらないようにする措置
も必要となります。

# 第3 | ESOP 信託

## 1 概　要

　ESOP 信託は，会社が従業員のインセンティブ向上を目的として導入するスキームで，従業員の在職時の福利厚生充実や退職後の生活の安定のため，信託を活用し金銭や自社株式を給付・交付するものですが，従業員の経営参画意識を高める効果も有した商品です。

　ESOP 信託には，従業員持株会の仕組みを活用した従業員持株会型 ESOP 信託と，アメリカの ESOP（Employee Stock Ownership Plan）を参考に開発された，株式給付型 ESOP 信託があります。

## 2 従業員持株会型 ESOP 信託

　従業員持株会型 ESOP 信託は，従業員持株会を活用し，自社の株価上昇

**従業員持株会型 ESOP 信託**

をインセンティブとして従業員持株会加入の従業員に給付する信託です。

　具体的には，まず，会社が取締役会決議に基づき委託者となって従業員持株会の加入者を受益者とする信託を設定し，当該信託は，会社が保証する借入れをします。信託は，借入れを原資として市場から自社株式を購入し，これを従業員持株会に時価で定期売却します。

　自社の株価が上昇していけば借入れを返済してもなお信託に金銭が残り，従業員持株会の加入者に給付されます。反対に，株価が下落すれば借入れが返済できなくなり，この場合，会社が保証することとなります。

　なお，信託期間中の自社株式の議決権行使は信託管理人が従業員持株会の意思を反映し指図します。

## 3　株式給付型 ESOP 信託

　株式給付型 ESOP 信託は，会社が自社株式を従業員に交付し，福利厚生の充実を図る信託です。

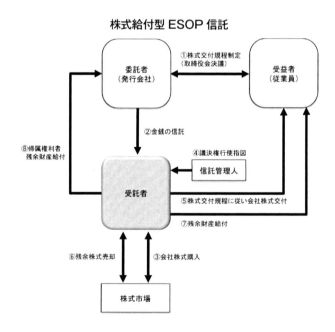

**株式給付型 ESOP 信託**

　具体的には，まず，会社が，従業員へのインセンティブとして株式を交付するにあたってのポイント制等を定めた株式交付規程を取締役会決議により制定します。続いて，会社は，株式交付規程上の受益者要件を満たす従業員を将来の受益者とする信託を設定して金銭を移転し，当該信託が自社株式の買入れを行います。従業員は株式交付規程に従い在職年数や職位に応じポイントを付与され，信託はポイントに応じ受益者要件を満たす従業員へ株式を交付します。

　なお，信託期間中の自社株式の議決権については，一般的に，信託管理人が行使しますが，この場合，あらかじめ定められた議決権行使基準に従い，受益者候補である従業員の賛否比率に応じ行使されます。

# 第4　事業承継のための信託

## 1　概　　要

　近年，中小企業経営者の高齢化の進展や，相続による自社株式の議決権分散による経営の混乱回避の要請等から，信託を活用した円滑な事業承継に注目が集まっています。

　そうした中，平成20年（2008年）に，中小企業庁が「信託を活用した中小企業の事業承継円滑化に関する研究会」を設け，中間整理として，既存の法体系に抵触することのない信託スキームについての一つの考え方を提示したこともあり，現在，信託銀行各社において，円滑な事業承継を目的とした信託商品の開発やオーダーメイド的な対応が進展しています。

　事業承継には，「財産権の承継」と「経営権の承継」の二つの側面がありますが，株式会社の承継の場合，信託を活用することによって，現オーナーの保有株式を，受益権と議決権行使の指図権に分割し，承継先を柔軟にアレンジしていくことができます。

## 2 具体例

### (1) 遺言代用信託の活用

　企業にとって，遺産分割協議や株式の名義変更等の事務に伴う経営の空白期間の発生は大きなリスクとなります。

　そこで，遺言代用信託（第 1 編第 17 章第 8 参照）を活用し，企業オーナーが委託者となって保有株式を信託し，後継者を委託者死亡後の受益者として指定しておくことによって，円滑な事業承継を行うことができます。なお，委託者である企業オーナーは，多くの場合，議決権行使の指図権を自身に留保し，経営権を維持しながら後継者の育成に努めています。

**遺言代用信託による事業承継**

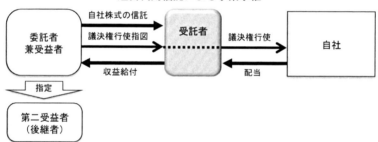

### (2) 受益者連続信託の活用

　高齢の企業オーナーの後継者も高齢である場合や，数世代分の後継者を指定しておきたい場合には，受益者連続信託（第 1 編第 17 章第 9 参照）を活用することにより，次世代よりも更に先の世代まで事業の承継者を指定することができます。

## 受益者連続信託による事業承継

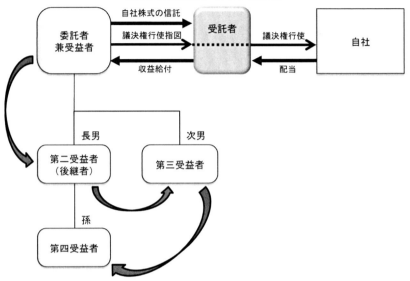

# 第 *12* 章

## 個人のための信託

### 第 *1* 特定障害者扶養信託

#### 1 概　　要

　特定障害者扶養信託は，昭和 50 年（1975 年）の相続税法改正によって同法 21 条の 4 に設けられた「特定障害者に対する贈与税の非課税制度」に基づく信託商品で，一般的には特定贈与信託と呼ばれています。

　特定贈与信託は，特定障害者（重度の心身障がい者，中軽度の知的障がい者及び障害等級 2 級又は 3 級の精神障がい者等）の方の生活の安定を図るため，その親族や篤志家等の個人[13]が委託者（複数人の共同委託も可能）となって，特定障害者の方を受益者[14]として，金銭や有価証券等の財産を信託銀行等[15]に信託するもので，特別障害者の方については 6,000 万円，特別障害者以外の特定障害者の方については 3,000 万円を限度として贈与税が非課税となります。

　信託銀行等は，信託された財産を管理・運用し，信託契約の定めに従い，委託者の死亡後も，特定障害者の方の生活費や医療費として長期に渡り金銭

---

13　法人からの贈与は対象外であり一時所得扱いとなります。
14　委託者以外の一人の特定障害者を信託の利益の全部の受益者とする必要があります。
15　受託者は信託会社及び信託業務を兼営する金融機関に限定されています。

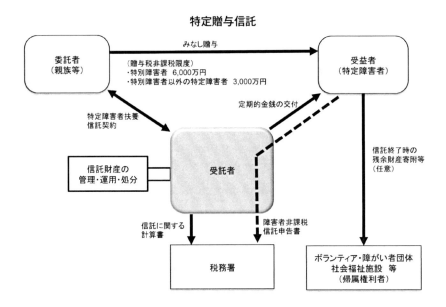

特定贈与信託

を定期的に交付していくことから，単純な贈与と比して，課税面以外にも，財産の費消・散逸を防止することができるというメリットがあります。

　信託協会の調査によれば，令和2年（2020年）3月末時点での特定障害者扶養信託の受託残高は，2,136件478億円，受益者数は2,010人となっています。

## 2　対象となる特定障害者の範囲

　贈与税非課税の対象となる特定障害者の方は，障がいの程度によって「特別障害者」と「特別障害者以外の特定障害者」の二種類に分けられており，非課税限度額が異なります。

### ⑴　特別障害者

　心身障がい者の中でも精神又は身体に重度の障がいがある特別障害者の方は，6,000万円までの贈与税が非課税となります。特別障害者の範囲は，法令により次のとおりとされています。

① 　精神上の障がいにより事理を弁識する能力を欠く常況にある者又は
児童相談所，知的障害者更生相談所，精神保健福祉センターもしくは
精神保健指定医の判定により重度の知的障がい者とされた者
② 　精神障害者保健福祉手帳に障害等級が１級である者として記載され
ている精神障がい者
③ 　１級又は２級の身体障害者手帳保有者
④ 　特別項症から第３項症までの戦傷病者手帳所有者
⑤ 　原子爆弾被爆者として厚生労働大臣の認定を受けている者
⑥ 　常に就床を要し，複雑な介護を要する者のうち精神又は身体の障が
いの程度が上記①又は③に準ずるものとして市町村長等の認定を受け
ている者
⑦ 　精神又は身体に障がいのある年齢65歳以上の者で，その障がいの
程度が上記①又は③に準ずる者として市町村長等の認定を受けている
者

## (2) 特別障害者以外の特定障害者

特別障害者以外で次のいずれかに該当する方は，3,000万円までの贈与税
が非課税となります。

① 　児童相談所，知的障害者更生相談所，精神保健福祉センター又は精
神保健指定医の判定により中軽度の知的障がい者とされた者
② 　精神障害者保健福祉手帳に障害等級が２級又は３級である者として
記載されている精神障がい者
③ 　精神又は身体に障がいのある年齢65歳以上の者で，その障がいの
程度が上記①に準ずる者として市町村長等の認定を受けている者

## 3 信託の期間・残余財産の帰属

特定贈与信託はあらかじめ信託の期間を定めることはできず，信託契約は，

受益者である特定障害者の方の死亡の日に信託が終了するよう定めておく必要があります。

　特定障害者の方が死亡した際の残余財産については，その相続人又は受遺者に交付されますが，信託契約において，ボランティア・障がい者団体や社会福祉施設等を帰属権利者として指定しておくこともできます。

## 4　信託財産の範囲

　特定贈与信託は，定期的に金銭を交付する必要があるため，信託できる財産は，収益を生じる財産や換金性の高い以下の財産に限られます。

---

① 　金銭
② 　有価証券
③ 　金銭債権
④ 　立木及び立木の生立する土地（立木とともに信託されるものに限ります）
⑤ 　継続的に相当の対価を得て他人に使用させる不動産
⑥ 　受益者である特定障害者の居住の用に供する不動産（上記①から⑤までの財産のいずれかとともに信託されるものに限ります）

---

# 第2　教育資金贈与信託

## 1　概　要

　教育資金贈与信託は，高齢者の資産を若年層に移転させるとともに，教育・人材育成をサポートする観点から，平成25年度税制改正（2013年度）において導入された「直系尊属から教育資金の一括贈与を受けた場合の贈与税の非課税」の特例に基づき創設された信託商品です。

　教育資金贈与信託は，祖父母等が委託者となって，孫等を受益者に，その

## 教育資金贈与信託

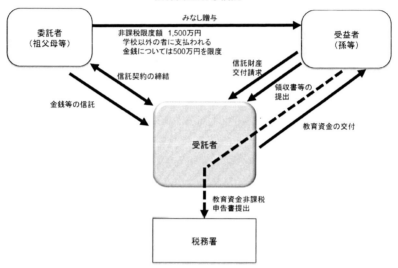

教育資金に充当することを目的として信託銀行等に金銭等[16]を信託した場合，1,500 万円（学校等以外の教育資金の支払いに充てられる場合には 500 万円）を限度として贈与税が非課税になります[17]。

　ただし，非課税の適用を受けることができる信託契約は，令和 3 年（2021 年）3 月 31 日までの間に設定されたものに限られます[18]。

　なお，教育資金贈与信託の利用は，一受益者につき一信託銀行等一営業所に限られており，一つの信託銀行等と契約を締結すると，他の信託銀行等又は同一の信託銀行等の他の営業所で契約を締結することはできません。

　信託協会の調査によると，教育資金贈与信託の契約数・信託財産設定額合

---

16　信託できる財産は，金銭若しくはこれに類するものに限定されます。

17　信託財産の運用により生じる収益は，受益者の所得となりますので，受益者に所得税が課税されます。なお，運用収益に贈与税は課税されません。

18　類似の信託商品として，平成 27 年度税制改正（2015 年度）において導入された「結婚・子育て資金の一括贈与に係る贈与税の非課税措置」に基づき創設された「結婚・子育て支援信託」があります。非課税となるのは，令和 3 年（2021 年）3 月 31 日までの間に信託されたものに限られます。

計は，平成 26 年（2014 年）4 月の取扱い開始以降順調に増加しており，令和 2 年（2020 年）3 月末時点での契約数は 230,011 件，信託財産設定額合計は 1 兆 6,701 億円となっています。

## 2 贈与者・受贈者

教育資金贈与信託の委託者（贈与者）は，受益者（受贈者）の祖父母，父母等の「直系尊属」に限られます。また，受益者は，「信託契約締結日において 30 歳未満の個人」で，「前年の合計所得金額が 1,000 万円以下の方」に限られます[19]。

なお，受益者（未成年の場合は親権者）は，信託契約締結の際，税務署宛に提出が必要な「教育資金非課税申告書」に記入し，信託銀行等が提出等の手続を行います。

## 3 贈与税非課税の対象となる教育資金の払出し

贈与税非課税の対象となる教育資金の範囲は以下のとおりです。ただし，②の金銭については，非課税となる金額の上限は 500 万円となります。

① 次の施設に直接支払われる入学金，授業料，学用品の購入費等
- 学校教育法 1 条に規定する学校（幼稚園，小学校，中学校，高等学校，中等教育学校，特別支援学校，大学，高等専門学校），学校教育法 124 条に規定する専修学校，外国におけるこれらに相当する教育施設又はこれらに準ずる教育施設
- 学校教育法 134 条 1 項に規定する各種学校
- 保育所，認定こども園等

---

19　信託契約の締結にあたっては，委託者が受益者の直系尊属であることや，受益者が 30 歳未満であること，さらに信託を設定する日の前年における受益者の所得が 1,000 万円以下であることを確認する必要があるため，戸籍謄本など親族関係や年齢を確認できる書類および合計所得金額の確認書類を信託銀行等へ提出する必要があります。

> ●水産大学校，海技教育機構の施設，航空大学校等
> ② 学校等以外の者に，教育を受けるために直接支払われる金銭
> 　学習塾や習い事の「謝礼」「月謝」，学習塾に支払う教材費等，通学定
> 期券代，留学渡航費等。
> （※）23歳以上の受益者については，上記のうち，学習塾や習い事の
> 　　「謝礼」「月謝」，学習塾に支払う教材費等が教育費から除外され
> 　　ます。ただし，教育訓練給付金の支給対象となる教育訓練を受講
> 　　するために教育訓練実施者に支払う費用は除外されません。

　教育資金に充てた金額の払出し請求にあたっては，信託銀行等に対し，教育資金の支払いに充てたことを証明する書類（領収書等）を提出する必要があり，信託銀行等はこれらを記録します。

## 4 信託期間

　教育資金贈与信託は，原則として受益者が30歳に達した日又は受益者が死亡した日のいずれか早い日に終了することとされており，これ以外の信託期間を定めることはできません。

## 5 信託終了時の信託財産

　教育資金贈与信託の信託終了時，非課税拠出額（特例の適用を受けて信託された金銭等の合計金額）から教育資金支出額（教育資金として払い出した金額の合計金額（学校等以外の者に支払われた金額のうち500万円を超える部分を除く））を控除した残額がある場合は，信託終了日に贈与があったものとして，その残額に対して受益者に贈与税が課税されます。

　なお，受益者の死亡により信託が終了した場合には，信託財産は受益者の相続人に相続され，相続税の課税対象となります。

# 第**3**　後見制度支援信託

## **1**　概　　要

　後見制度支援信託は，平成24年（2012年）2月から取扱いを開始した商品で，家庭裁判所の指示に従い，後見制度による支援を受ける方（被後見人）の財産を信託銀行等が管理することによって，被後見人の安定的な生活の確保と財産保護を両立することを目的としています。取扱い開始以降，受託件数・残高は順調に増加しており，最高裁判所の調査では，平成24年（2012年）2月から令和元年（2019年）12月末までの累計利用者数は26,191人となっています。

　後見制度支援信託の仕組みは，最高裁判所事務総局家庭局からの提案を契機として設置された信託協会，法務省民事局の三者による勉強会での検討を踏まえ取り纏められたもので，高齢化の進展等による成年後見開始事件数の増加に伴う一部親族後見人等の不正事案発生への具体的な対処法として信託が活用されています。

　後見制度支援信託は，信託された金銭の中から，後見人が管理する預貯金口座に対して，被後見人の生活費用などの支出に充当するための定期交付や，医療目的などの臨時支出に充当するための一時金の交付が行われますが，信託契約の締結や被後見人への一時金の交付，追加信託，信託の変更，解約は，

**後見制度支援信託**

すべて家庭裁判所の指示書に基づいて行われることから，家庭裁判所の関与のもとで安全に被後見人の財産を保全することができます。また，この他に，後見人による長期の財産管理の負担軽減，財産管理の方法をめぐる親族間のトラブルの未然防止といったメリットもあります。

## 2　利用者

後見制度支援信託の利用は，法定後見制度及び未成年後見制度の被後見人を対象としています。法定後見制度の被保佐人・被補助人や，任意後見制度の本人は利用することができません。

## 3　信託財産

信託できる財産は金銭に限られており，受託者は，信託財産を安定的に運用するため，元本補てん付の合同運用指定金銭信託を利用します。

## 4　信託期間

成年後見の場合，原則として，被後見人の死亡により信託は終了し，信託財産は被後見人の相続財産として相続人に承継されます。

未成年後見の場合は，原則として，被後見人が成年に達すると信託は終了し，信託財産は本人に引き渡されます。

## 5　契約手続

後見制度支援信託の利用については，家庭裁判所への後見開始（又は未成年後見人選任）の申立てがなされることが前提となります[20]。

当該申立てに対し，家庭裁判所は，後見制度支援信託の利用適否を審理し，次頁の手順で信託契約が締結されます。

---

20　申立人となることができるのは，本人，配偶者，4 親等内の親族，未成年後見人，保佐人，補助人，市町村長等です。

●**一般的な手続の流れ（家庭裁判所「後見制度において利用する信託の概要」抜粋）**

| | | |
|---|---|---|
| 家庭裁判所 | 後見開始又は未成年後見人選任の申立て | |
| | 審理 | 家庭裁判所は，後見を開始（又は未成年後見人を選任）するかどうかを審理するとともに，専門職に継続的に後見人（又は後見監督人）として活動してもらうべきか，後見制度支援信託の利用を検討すべきかなどを審理します。 |
| | 審判 | 家庭裁判所は，後見制度支援信託の利用を検討すべきと判断した場合には，弁護士，司法書士等の専門職を後見人に選任します。なお，専門職に加え，親族を併せて後見人に選任し，それぞれの役割を分担する場合もあります。 |
| 専門職後見人 | 後見制度支援信託の利用の適否についての検討 | 専門職後見人は，ご本人の生活状況や財産状況を踏まえて，後見制度支援信託の利用に適しているか検討します。 |
| | 家庭裁判所に信託契約をする旨の報告書提出 | 専門職後見人は，後見制度支援信託の利用に適していると判断した場合には，①信託する財産の額，②親族後見人が日常的な支出に充てるための額などを設定し，家庭裁判所に報告書を提出します。なお，専門職後見人が後見制度支援信託の利用に適さないと判断した場合には，家庭裁判所は，その意見を聴いて再検討します。 |
| | 信託契約締結 | 家庭裁判所は，報告書の内容を確認し，後見制度支援信託の利用に適していると判断した場合，専門職後見人に指示書を発行します。その後，専門職後見人は利用する信託銀行等に指示書を提出し，信託契約を締結します。 |
| | 専門職後見人が辞任親族後見人への財産の引継ぎ | 関与の必要がなくなれば，専門職後見人は辞任します。なお，辞任後，専門職後見人から，親族後見人に対し，専門職後見人が管理していた財産の引継ぎが行われます。当初専門職後見人のみ選任されている場合は，この段階で親族後見人を選任します。 |

# 第4 | 認知症に備える手続代理機能付信託

## 1 概　要

　我が国では，認知症患者の数が急増しており，厚生労働省の調べでは，平成 24 年（2012 年）に 65 歳以上人口の約 7 人に 1 人であった患者数が，令和 7 年（2025 年）には約 5 人に 1 人の約 730 万人に達するものと予想されています[21]。

　患者とその周囲では，本人の財産管理に関するさまざまな弊害が生じていますが，これに真正面から対応した成年後見制度の利用者数は，裁判所の公

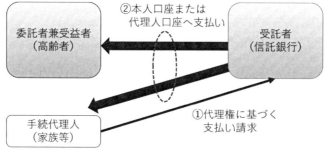

**手続代理機能付信託**

---

21　厚生労働省「認知症施策推進総合戦略（オレンジプラン）の概要〜認知症高齢者等にやさしい地域づくりに向けて〜（平成 27 年 1 月策定・平成 29 年 7 月改定）」

表によると令和元年（2019年）12月末時点で約22万人に留まっています。

　そこで，信託銀行各社は，令和元年（2019年）から，認知症発症後に生じる代表的な財産管理上の弊害である「資金凍結」の回避にフォーカスした金銭信託を投入し，取扱い件数を拡大させています。この新たな金銭信託は，委託者兼受益者が，あらかじめ，自身の認知症発症後の支払い手続きを行う代理人を指定できる機能を付帯した商品で，本稿においては，「手続代理機能付信託」と呼びます（詳細は拙稿「財産管理信託の新展開とフィデューシャリー・デューティー—人生100年時代の認知症への備え—」（信託フォーラム，2019）をご参照ください）。

## ２　利用者・手続代理人

　手続代理機能付信託の信託契約を締結できるのは，認知症発症前の健常な個人に限られます（締結後に認知症を発症しても，信託は終了しません）。

　手続代理人に指定できる者の範囲は取り扱い信託銀行によって異なりますが，一定の親等内の親族や，弁護士や司法書士等が指定可能とされています。

## ３　代理権の発生・支払い請求の目的範囲等

　代理権発生のトリガーは取り扱い信託銀行によって異なっており，手続代理人から受託者への申し出のみを要件とするものや，医師の診断書の提出を求めるもの等があります。

　支払い請求の目的範囲等も取り扱い信託銀行によって異なっており，定時払い以外の随時払いの目的範囲を代理人による経済搾取のリスクに鑑みて，医療費，介護費，住居費に限定しているもの等があります。また，オンラインでの支払い請求や取引記録閲覧に対応しているものがあります。

## ４　信託財産

　信託財産は金銭に限られます。

## **5** 他の財産管理制度・商品との比較

　認知症発症前の健常時における財産管理の選択肢は，概ね，「何もしない」，「任意後見制度」，「手続代理機能付信託」，「家族信託（第 5 ご参照）」に大別されます。

　「何もしない」場合には，認知症発症後，資金凍結に至り，法定後見制度の申し立てが必要となる場合が多くあります。なお，後見人については，親族以外の弁護士や司法書士といった専門職が就任する場合が約 8 割となっています。

　一方，残り 3 つの「任意後見制度」，「手続代理機能付信託」，「家族信託」については，本人が自ら主体的に誰を頼るのかを選択することができます。ただし，その保護範囲やコスト負担には大きな違いがあることから，何れが

| | 各制度・商品による保護の範囲 |

●**法定後見制度**

| 財産管理 | | | 身上保護 | |
|---|---|---|---|---|
| 包括財産 | | | 法律行為 | |
| | 特定財産 | | | |
| | | 金銭 | 事実行為 | |

| コスト | 相対的に高い傾向 |
|---|---|
| 備考 | 利用開始後の取り止めはできない |

●**任意後見制度**

| 財産管理 | | | 身上保護 | |
|---|---|---|---|---|
| 包括財産 | | | 法律行為 | |
| | 特定財産 | | | |
| | | 金銭 | 事実行為 | |

| コスト | 相対的に高い傾向 |
|---|---|
| 備考 | 対象範囲等は任意後見契約で設定可能 |

●**手続代理機能付信託**

| 財産管理 | | | 身上保護 | |
|---|---|---|---|---|
| 包括財産 | | | 法律行為 | |
| | 特定財産 | | | |
| | | 金銭 | 事実行為 | |

| コスト | 相対的に安い傾向 |
|---|---|
| 備考 | 健常時から使える機能等を有する商品もあり |

●**家族信託**

| 財産管理 | | | 身上保護 | |
|---|---|---|---|---|
| 包括財産 | | | 法律行為 | |
| | 特定財産 | | | |
| | | 金銭 | 事実行為 | |

| コスト | セットアップは掛かるが相対的に安い傾向 |
|---|---|
| 備考 | 柔軟であるがスキームの安定性に難あり |

最も優れた選択肢となるのかは単純比較できず，個々の高齢者のニーズと負担するコストへの納得感を起点として考える必要があります。

　すなわち，財産管理の保護範囲については，法定後見制度と任意後見制度が広く，手続代理機能付信託と家族信託は特定の範囲に留まります。コスト負担については，相対的に，法定後見制度と任意後見制度が高く，手続代理機能付信託は安い傾向にあります。家族信託については，ランニング報酬は親族間であればゼロということも多くありますが，士業者等へ支払うセットアップのコンサルティング報酬と併せて考える必要があります。

# 第5 家族信託

## 1 概　　要

　司法書士や弁護士等の士業者が主導し，私人間等で設定される信託は，家族信託や民事信託と呼ばれており，高齢者の財産管理や処分の手段として，近年その露出を高めています。

　代表的な利用例は，高齢の親が委託者兼受益者となり，子供を受託者として設定する金銭や不動産の信託です。高齢の親の認知症発症後も，子供は受託者として自己名義で財産を管理することが可能であり，信託目的を幅広く定めることで，各所への支払い等も円滑に対応することができます。

　家族信託には，既存の営業信託では対応できない柔軟なスキームを組成す

**家族信託の典型例**

ることができるメリットがある一方で，プロではない受託者による信託の健全な運営や，セットアップも含めたトータルのコスト負担等について留意が必要です（詳細は拙稿「民事信託の利便性向上に向けた信託銀行のインフラ活用について」（信託フォーラム，2016）をご参照ください）。

## 2 家族信託の柔軟性

家族信託の利用者が，信託銀行や信託会社の営業信託ではなく家族信託を積極的に選択する動機としては，家族等の受託者への強固な信頼に加え，「不動産等の金銭や有価証券以外の財産の管理」，「給付や受益者指定等のアレンジメント」といったスキーム組成の柔軟性が挙げられます。これらは，従来の営業信託が大口案件以外では十分に踏み込めていなかった領域であり，家族信託を利用するメリットと評価することができます。

また，家族信託については，「受託者に対する信託外での身上保護への配慮」についても期待が寄せられる傾向にあり，特に，受託者が相続人となる場合には，このような傾向が高まります。

## 3 留意点

家族信託は，受託者がプロではないことから信託実務に精通しておらず，信託財産の分別管理や帳簿作成等が適切に行われないリスクがあります。特に，親族を受託者として信託報酬をゼロとする場合には，義務感が欠如する傾向もあり，注意が必要です。また，受託者を自然人とすると，死亡リスクが付随するため，全般に，家族信託は営業信託と比して，スキームの安定性を欠きます。

また，コストについても，信託期間中の運営コストは親族間であればゼロとすることも可能ですが，信託契約の締結にあたり，士業者のコンサルティングが入る場合には，相応の報酬が発生することから，費用対効果はトータルで考えていく必要があります。

# 第6 特定寄附信託

## 1 概　　要

　特定寄附信託は，信託を通じた寄附を促進し，より一層の公益活動を促す観点から，平成23年度税制改正（2011年度）において創設された寄附の制度です。

　特定寄附信託では，信託された金銭は，信託期間中毎年定期的に，運用収益（非課税）とともに，信託銀行等と契約した公益法人等のうち，委託者が指定した先に寄附され，寄附金については，確定申告により寄附金控除を受けることができます（寄附先が一定の要件を満たす公益法人等の場合には寄附金特別控除を選択して税額控除を受けることもできます）。

　なお，委託者は，信託期間中，寄附先の公益法人等から公益活動の状況の

**特定寄附信託**

公益法人・認定特定非営利法人（認定NPO）等

寄附受領証・活動報告等　　　　寄附金　　　寄附に関する契約

特定寄附信託契約の締結

金銭の信託

委託者
（受益者）　　　　　　　　　受託者

寄附先の指定

（元本の3割以内）

確定申告
（寄附金控除等）　　　　　特定寄附信託申告書等

税務署

報告を定期的に受け，また，寄附先については毎年指定（変更）することができるため，従来とは異なる長期的な視野に立った寄附を行うことができます。

## 2 利用者

特定寄附信託の委託者は個人に限られます。委託者は，自己を受益者として，信託銀行等を受託者に，信託財産を公益法人等へ寄附する特定寄附信託を設定します。

## 3 寄附先

特定寄附信託の寄附先となる公益法人等は，信託契約の定めにより指定できますが，寄附先は信託銀行等と寄附に関する契約を締結していることが前提となります。なお，寄附先は毎年指定（変更）できるため，その時々の委託者の意向を反映することができます。

寄附先とすることができる公益法人等の範囲は以下です。

| | |
|---|---|
| ●公益社団法人 | ●社会福祉法人 |
| ●公益財団法人 | ●更生保護法人 |
| ●私立学校法に規定する学校法人，専修学校及び各種学校 | ●認定特定公益信託 |
| | ●認定特定非営利活動法人（認定NPO） |

## 4 信託期間

信託期間は，5年以上10年以下の範囲内で，1年毎に設定することができます。なお，原則として解約はできず，委託者が死亡した場合には，信託は終了し，あらかじめ指定した公益法人等に信託財産の全額が寄附されます。

## 5 信託財産

特定寄附信託の信託財産は金銭に限られ，その運用方法も，預貯金，国債，

地方債，合同運用指定金銭信託等に限られます。

## 6 税制上の優遇措置

### (1)　寄附金控除等

　委託者が指定した寄附先への信託銀行等からの毎年の寄附については，確定申告によって寄附金控除を受けることができます（寄附先が一定の要件を満たす公益法人等の場合には寄附金特別控除を選択して税額控除を受けることもできます）。

　なお，信託銀行等は，元本と運用収益をあわせて寄附しますが，寄附金控除等の対象となる金額は，元本の部分に限られ，公益法人等から交付を受ける寄附受領証には，寄附金控除等の対象となる金額が記載されます。

### (2)　運用収益の非課税

　特定寄附信託の信託財産は，預貯金，合同運用指定金銭信託等で運用されますが，受託者を経由し特定寄附信託申告書を税務署へ提出することにより，その運用収益は非課税とされます。ただし，当該運用収益は，全額が寄附に充てられます。

## 7 一部受取り

　例えば老後の生活資金として，委託者は，信託した金銭のうち3割以内の範囲内で，一部を毎年定期的に受け取ることもできます。

# 第7 遺言代用信託を利用した信託

## 1 概　要

　遺言代用信託（第1編第17章第8参照）は，自身の生前に特定の財産の承継先（受益者）をあらかじめ指定しておくことができることから，自身の死後に用立てが必要となる葬儀費用や，家族の当面の生活資金の工面等の手

### 遺言代用信託の新規受託件数の推移

|  | 2015 年度 | 2016 年度 | 2017 年度 | 2018 年度 | 2019 年度 |
|---|---|---|---|---|---|
| 新規受託件数 | 133,781 | 148,418 | 158,849 | 169,020 | 180,711 |

（一社）信託協会　信託の受託概況より

当て等に活用されています。

　例えば，銀行においては，預金者の死亡が確認されると，故人の口座は凍結され，その払出しにあたっては，故人の戸籍謄本や，相続人全員の戸籍謄本や印鑑証明などが必要となり，手間がかかります。一方，あらかじめ受取人が指定されている遺言代用信託については，受取人は，故人の死亡診断書や自身の実印，印鑑証明書，本人確認書類等を示し迅速に払出しを受けることができます。

　信託協会の調べによると，遺言代用信託は，平成 24 年度（2012 年度）以降，急激に件数が増加しています。

## 2 活用例

　遺言代用信託は，以下のような用途で活用されています。なお，信託財産の運用については，合同運用指定金銭信託が利用されることが一般的です。

| 一時金型 | 委託者の死後，あらかじめ指定された受取人（受益者）が信託財産を一括で受け取ります。なお，委託者の生存中は委託者が受益者として定期給付を受けるタイプのものもあります。 |
|---|---|
| 年金型 | 委託者の死後，あらかじめ指定された受取人（受益者）が信託財産の定期交付を受けます。委託者の生存中は委託者が受益者として定期給付を受けるタイプのものもあります。 |
| 複合型 | 一時金型と年金型の複合型として，委託者の死後，あらかじめ指定された受取人（受益者）が信託財産中の一定金額の一時給付を受け，残額について定期給付を受けます。 |
| 親族外給付型 | 遺言代用信託の受取人は親族内から指定されることが一般的ですが，親族外の第三者や団体を指定するタイプのものがあります。 |

# 第13章　公益信託

## 1 概　　要

　公益信託は，大正 11 年（1922 年）制定の旧信託法において規定された信託であり，個人や企業等（委託者）が拠出した財産を信託銀行等（受託者）に信託し，信託銀行等が，定められた公益目的に従い，その財産を管理・運用し，不特定多数の方（受給者）のために役立てる制度として設けられましたが，法制後 50 余年の間は利用されていませんでした。

　その後，社会貢献に関する意識の高まりや，信託協会による実用化研究，関係各省庁への働きかけ等により，昭和 52 年（1977 年）に第一号が受託され，以来，個人や企業等の善意に支えられ，奨学金の支給，自然科学・人文科学研究への助成，海外への経済・技術協力，まちづくりや自然環境保護活動への助成等，幅広い分野で活用されています。

　現在，公益信託は信託法に直接の規定はされておらず，「公益信託ニ関スル法律（公益信託法）」に旧信託法と同じ内容が規定されています。

　信託協会の調べでは，令和 2 年（2020 年）3 月末の公益信託の受託件数は 417 件，信託財産残高は 594 億円となっており，信託目的別件数の上位三つは，奨学金支給が 137 件 235 億円，自然科学研究助成が 64 件 72 億円，教育振興が 53 件 19 億円となっています。なお，助成先への給付状況は，昭和 52 年（1977 年）の第一号発足以降の累計で，助成先数 21 万 8 千件，給付額

**公益信託**

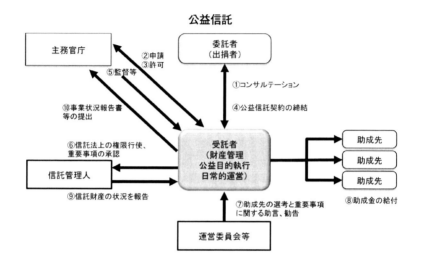

916億円となっています。

## 2 公益信託の特色

公益信託には，以下のような特色があります。

①　公益財団法人と異なり，法人登記や事務所の設置が不要であり，また，受託者が主務官庁への許可申請等を行うことから，設置手続が簡単です。

②　公益信託は，信託財産を取り崩して公益活動に活用でき，また，専任の職員も置く必要がないため，一般に，公益財団法人に比べて小規模の資金を効率的に公益のために役立てることができます。

## 3 公益信託のポイント

①　主務官庁の許可

公益信託の設定には，主務官庁の許可が必要です（公益信託法2条）。

②　信託財産

公益信託には引受財産の規制はありません。ただし，後述の特定公益信託については金銭（現金）に限られます。

③　受給者

公益信託は受益者の定めのない信託であり，信託財産の受給者（助成先）は，利益を受けるにすぎず，私益信託の受益者のような権能は有しません。

④　信託管理人の設置

公益信託法上の要件ではありませんが，主務官庁が許可を与える際の条件となっている場合がほとんどです。なお，後述の特定公益信託については法定条件となっています。

⑤　運営委員会の設置

公益信託法上の要件ではありませんが，助成対象者の選定等の極めて重要な役割を果たすための機関として，原則，運営委員会が設置されます。なお，後述の特定公益信託については法定条件となっています。

⑥　名　　称

公益信託は，委託者の名や信託目的を冠した「公益信託○○基金」といった名称を付すことができるため，末永く篤志を顕彰することができます。

## 4　公益信託の種類

公益信託には，公益信託法上の要件を満たすのみの一般的な公益信託の他に，税制上のメリットを享受することができる以下のものがあります。

### (1)　特定公益信託

公益信託のうち，以下のような一定の要件等を満たすものとして主務官庁の証明を受けたものは，特定公益信託として，税制上のメリットを享受することができます。

①　信託終了の時における信託財産がその委託者に帰属しないこと

②　信託契約は，合意による終了ができないものであること

③　出捐する財産が金銭に限られていること

### (2)　認定特定公益信託

特定公益信託のうち，以下の信託目的を有するとともにその目的に関し相当と認められる業績が持続できることについて主務官庁の認定を受け，かつ，

その認定を受けた日の翌日から 5 年を経過していないものは，認定特定公益信託として税制上のメリットを享受することができます。

① 科学技術（自然科学に係るものに限る）に関する試験研究を行う者に対する助成金の支給

② 人文科学の諸領域について，優れた研究を行う者に対する助成金の支給

③ 学校教育法 1 条（定義）に規定する学校における教育に対する助成

④ 学生又は生徒に対する学資の支給又は貸与

⑤ 芸術の普及向上に関する業務（助成金の支給に限る）を行うこと

⑥ 文化財保護法 2 条 1 項（定義）に規定する文化財の保存及び活用に関する業務（助成金の支給に限る）を行うこと

⑦ 開発途上にある海外の地域に対する経済協力（技術協力を含む）に資する資金の贈与

⑧ 自然環境の保全のため野生動植物の保護繁殖に関する業務を行うことを主たる目的とする法人で当該業務に関し国又は地方公共団体の委託を受けているもの（例えば，国又は地方公共団体が出資しているものなど，これに準ずるものとして財務省令（所得税法施行規則 40 条の 9 第 2 項）で定めるものを含む）に対する助成金の支給

⑨ 優れた自然環境の保全のためその自然環境の保存及び活用に関する業務（助成金の支給に限る）を行うこと

⑩ 国土の緑化事業の推進（助成金の支給に限る）

⑪ 社会福祉を目的とする事業に対する助成

⑫ ①～⑪の 2 以上をあわせてその目的とするもの

## 5 公益信託の税制

### (1) 信託設定時

特定公益信託，認定特定公益信託を設定した委託者や当該信託への寄附者については，以下の表のとおりの税制優遇措置があります。

| | | 公益信託の種類 | |
|---|---|---|---|
| | | 特定公益信託 | 認定特定公益信託 |
| 委託者<br>（寄附者） | 個人 | | 寄附金控除<br>（相続又は遺贈により取得した財産の金銭を支出した場合には相続税非課税） |
| | 法人 | 一般寄附金として損金算入 | 別途損金算入 |

## ⑵　運用収益

　公益信託の信託財産の運用収益については，非課税となりますが，委託者が法人の場合，特定公益信託，認定特定公益信託以外の一般的な公益信託については課税対象となります。

## ⑶　公益信託を生前に設定した「個人」が死亡した時

　特定公益信託，認定特定公益信託については，その信託に関する権利の価額はゼロとして取り扱われ，相続税は非課税となります。

# 第14章

## 信託の税制・会計

## 第1 信託の税制

### 1 概　要

　信託に関する税制の取扱いは，委託者から受託者への財産の移転，受益者への収益給付，信託の終了等のさまざまな場面を考慮する必要があります。

　このうち，信託の収益への課税については，信託は財産管理のための制度であることから，原則として実質所得者課税が適用されます。具体的には，信託の収益発生時に受益者等へ課税され，このような取扱いが行われる信託は，税法において「受益者等課税信託」として定義されています（所得税法13条1項本文，法人税法12条1項本文）。

　ただし，受益者が複数存在するなど，集団で投資するような信託の場合には，収益発生時に課税することが実際上困難であること等により，収益を受益者等が受領した段階で課税することとされています。これらの信託は，税法において「集団投資信託」，「退職年金等信託」，「特定公益信託」として列挙されています。また，受益者やみなし受益者が存在しない信託，租税回避行為が懸念される信託等は，特定目的会社等への課税とのバランス等の観点から，「法人課税信託」として定義され，受託者に対し，固有の所得とは区分して信託設定段階で法人税が課されます（所得税法13条1項ただし書，

法人税法 12 条 1 項ただし書)。

## 2 収益への課税

### (1) 受益者等課税信託

　信託財産から生ずる収益は，法律上は信託財産の所有者である受託者に帰属しますが，信託の経済的利益は受益者が享受します。そこで，信託財産に属する資産及び負債，信託財産に帰せられる収益及び費用は，受益者（受益者としての権利を現に有するものに限る）が有するものとみなされ，信託財産からの収益発生時には受益者に対して課税されます。この場合，受益者が受託者から収益を受け取っているかどうかは関係なく，収益の発生時に受益者に課税されます。

　なお，受益者以外で，信託を変更する権限を現に有し，信託財産の給付を受けることとされているものも，受益者とみなされ課税されます。

### (2) 集団投資信託

　集団投資信託とは，合同運用信託，公社債投資信託，証券投資信託，国内公募投資信託，特定受益証券発行信託のことをいいます。合同運用信託の収益の分配は利子所得，公社債投資信託以外の証券投資信託の収益の配当は配当所得とされ，他の金融商品との平仄等の観点から，収益の分配時に利子所得，配当所得として課税されます。

### (3) 退職年金等信託

　退職年金等信託とは，厚生年金基金信託，確定給付企業年金信託，確定給付企業年金基金信託，確定拠出年金信託，国民年金基金信託，適格退職年金信託のことをいいます。これらの信託は，個々の受給者への帰属関係が確定する給付時まで課税が繰り延べられ[22]，支払の事由により，退職所得，雑所得（公的年金等控除の適用あり）等として課税されます。

---

22　繰り延べられることによる延滞利子税に相当するものとして，信託財産である積立金から従業員負担掛金相当額を控除した金額に対し特別法人税が課されますが，運用環境の低迷等により，平成 11 年（1999 年）4 月より，課税が停止されています。

⑷ **特定公益信託等**

　特定公益信託等とは，法人税法において規定されている信託で，特定公益信託及び加入者保護信託をいいます（法人税法 12 条 4 項 2 号）。

⑸ **法人課税信託**

　法人課税信託には，①特定受益証券発行信託以外の受益証券発行信託，②受益者等が存しない信託，③委託者を法人とする信託のうち，「法人の重要な資産を信託するもので，株主を受益者とするもの」，「自己信託に類するもので，長期の信託」，「自己信託に類するもので，配当に裁量権を有するもの」，④国内公募投資信託以外の投資信託，⑤特定目的信託があります。法人課税信託は，租税回避行為の防止，特定目的会社等への課税とのバランス等の観点から，信託段階で受託者に対して法人税が課されます。

**信託税制の概要**

| 受益者等課税信託<br>（受益者等に対する発生時課税となる信託） | 不動産・動産の管理等の一般的な信託 | |
|---|---|---|
| （受益者に対する分配時課税となる信託） | 集団投資信託 | 合同運用信託 |
| | | 証券投資信託 |
| | | 国内公募投資信託 |
| | | 特定受益証券発行信託 |
| | 退職年金等信託 | 厚生年金基金信託 |
| | | 確定給付企業年金信託 |
| | | 確定拠出年金信託 |
| | | 国民年金基金信託　　等 |
| | 特定公益信託　　等 | 特定公益信託 |
| | | 加入者保護信託 |
| 法人課税信託<br>（受託者に対して法人課税がなされる信託） | 受益証券発行信託 | |
| | 受益者等が存しない信託 | |
| | 法人が委託者となる一定の信託 | |
| | 国内公募投資信託以外の投資信託 | |
| | 特定目的信託 | |

## 3　他益信託の受益者への課税

　信託の効力が生じた時に，委託者以外の者が受益者である場合，受益者は，委託者から信託の利益を享受する権利を贈与（委託者の死亡により権利を得た場合には遺贈）により取得したものとみなされます。

## 4　受益者の追加・交代

　受益者が存する信託において，受益者が追加，交代した場合には，新たに受益者となった者は，既に受益者であった者から贈与（遺贈）を受けたものとみなされます。この受益者には，信託法上の受益者のほか，特定委託者[23]が含まれます。

　例えば，受益者連続型信託の場合には，第1受益者が一旦，信託財産全体について贈与（遺贈）を受けたものとして取り扱われ，第1受益者の死亡や受益者変更権の行使によって，後続する第2受益者が受益者となった場合，第2受益者は第1受益者から，相続，贈与を受けたものとみなされます。

## 5　信託の終了

　信託終了時に，受益者以外の者が信託財産の給付を受けた場合には，その者（帰属権利者）は，受益者から贈与又は遺贈によって信託財産の給付を受けたものとみなされます。

# 第2 | 信託の会計

## 1　概　要

　信託法13条において，信託の会計は，一般に公正妥当と認められる会計

---

23　特定委託者とは，受益者以外の者で，所得税法等におけるみなし受益者と同様の者であり，信託の変更権限を有し，かつ信託財産の給付を受けることができる者をいいます。

の慣行に従うものとすると定められており，また，信託法に基づく省令である信託計算規則においても，具体的な会計処理方法は明記されていません。

　信託の会計には，受託者による信託事務処理の結果として分配可能となる財産を明らかにするための「受託者会計」の視点と，受益権を保有する受益者が株主や債権者に対する開示を行うための「受益者会計」の視点があり，これらを踏まえた実務対応が行われています。

## 2　受託者会計

　平成19年（2007年）に企業会計基準委員会により公表された実務対応報告第23号「信託の会計処理に関する実務上の取扱い」（実務対応報告）では，受託者会計について，明らかに不合理であると認められる場合を除き，信託行為の定め等に基づいて，一般に公正妥当と認められる会計の慣行等により行うことが認容されており，信託実務における会計の慣行としては，合同運用指定金銭信託における配当可能額の算出等のために発展してきた信託慣行会計があげられます。

　一方，限定責任信託や受益者が多数となる信託については，債権者が存在したり現在の受益者以外の者が受益者になることが想定されることから，利害関係者に対する財務報告をより重視する必要性があると考えられるため，原則として，一般に公正妥当と認められる企業会計の基準に準じて行うこととされています。

●信託慣行会計

　信託の会計は，合同運用指定金銭信託等の集団信託を中心として発展してきました。具体的には，信託は財産の管理又は処分のための法制度であることから，分配可能な財産を明らかにする必要があるとの考え方を踏まえた厳格な保守主義をベースとして培われてきました。

　集団信託では，日々の受益者の加入と脱退に伴い，信託財産も変動することから，その会計は全受益者に対して健全で公平かつ客観的な基準

であるとともに，ルーチンとして対応可能な簡便なものである必要があります。

　そこで，集団信託の会計は，次のような特徴を持った制度として発展し，これをベースとして集団信託以外の信託の会計にも応用適用されてきました。

- 信託設定時の受入財産が金銭のときはその金額そのものを信託財産価額とし，金銭以外のときは時価とせずに委託者における何らかの客観的価額とする（固定資産税評価額，帳簿価額等）。
- 信託財産の運用により取得した資産については，原則として原価法を用い，相場変動による価格修正は行わない。
- 信託財産の収支については厳格な保守主義基準を用いる。

## 3 受益者会計

　「信託の会計処理に関する実務上の取扱い」（実務対応報告）は，委託者及び受益者の会計を，「金銭の信託か金銭以外の信託か」，「委託者兼受益者が単数か複数か」によって四つに分類し，また，事業の信託，目的信託，自己信託の会計を個別に定めています。

| 信託財産 | 委託者兼当初受益者 | |
|---|---|---|
| | 単数（合同運用除く） | 複数（合同運用含む） |
| 金銭の信託 | Q 1 | Q 2 |
| 金銭以外の信託 | Q 3 | Q 4 |

### (1) 委託者兼当初受益者が単数の金銭の信託（Q1）

　信託設定時は，信託財産となる金銭を金銭の信託であることを示す適切な科目に振り替え，期末時は「金融商品に関する会計基準」及び「金融商品会計に関する実務指針」により付すべき評価額を合計した額をもって貸借対照表価額とし，その評価差額は当期の損益として処理します。

⑵　**委託者兼当初受益者が複数の金銭の信託（Q２）**

　信託設定時は，信託財産となる金銭を金銭の信託であることを示す適切な科目に振り替えます。受益権売却時及び期末時は原則として有価証券として又は有価証券に準じて会計処理をしますが，預金と同様の性格を有する合同運用の金銭の信託（投資信託を含みます）は取得原価をもって貸借対照表価額とします。

⑶　**委託者兼当初受益者が単数の金銭以外の信託（Q３）**

　信託設定時及び受益権売却時は，信託財産を直接保有する場合と同様の会計処理を行います。

　期末時も原則として信託財産を直接保有する場合と同様の会計処理を行いますが，受益権が質的に異なるものに分割されている場合や受益者が多数となる場合には，受益者の個別財務諸表上，受益権を当該信託に対する有価証券の保有とみなして処理します。

⑷　**委託者兼当初受益者が複数の金銭以外の信託（Q４）**

　信託設定時は原則移転損益を認識しませんが，委託者兼当初受益者が信託について支配することも，重要な影響を及ぼすこともない場合には，財産に対応する経済的効果を実質的に反映しているときを除き，移転損益を認識します。

　受益権売却時及び期末時について，委託者兼受益者が複数であってもそれぞれにおける経済的効果が信託前と実質的に異ならない場合には，受益者が信託財産を直接保有する場合と同様の会計処理を行い，それ以外の場合には，受益権を信託に対する有価証券の保有とみなして評価します。

⑸　**事業の信託**

　委託者兼当初受益者が単数である場合には，Q３に準じて処理し，複数である場合にはQ４に準じて処理します。

⑹　**目的信託**

　委託者がいつでも信託を終了することができるなど，通常の信託とは異なるため，原則として委託者の財産として処理することが適当であると考えら

れています。

⑺　**自己信託**

　自己信託が金銭の信託として行われる場合にはＱ１に準じて，金銭以外の信託として行われる場合にはＱ３に準じて会計処理を行うこととなります。また，追加情報として，自己信託の信託財産及び受益権の注記を行うことが適当としています。

# 事 項 索 引

## 【アルファベット】

ESOP ……………………………………………… 281
ESOP 信託 ……………………………………… 281
ETF ……………………………………………… 228
NISA ……………………………………………… 219
REIT ……………………………………… 221, 256
SPV ……………………………………………… 245
TLO 信託 ……………………………………… 168

## 【あ】

後継ぎ遺贈型の受益者連続信託 ……… 157, 158, 159

## 【い】

遺言 …………………………………………… 22, 123
遺言信託 …………………………………………… 23, 24
遺言代用信託 ………………………… 156, 157, 303
委託者指図型投資信託 ………………………… 219
委託者の権利 …………………………………… 118
委託者の占有の瑕疵の承継 …………………… 43
委託者の地位の移転 …………………………… 122
委託者の地位の承継 …………………………… 122
委託者非指図型投資信託 ……………………… 219
一括支払信託 …………………………………… 253
一般投資家 ……………………………………… 201
一般投資家私募 ………………………………… 227
委任 ………………………………………………… 3
インサイダー情報 ……………………………… 280
インサイダー取引規制 ………………………… 279

## 【う】

運営委員会 ……………………………………… 307
運用型信託会社 ………………………… 167, 168

## 【え】

営業 ……………………………………………… 167
営業信託 ………………………………………… 274
エスクロー信託 ………………………………… 268

## 【お】

大口信用供与規制 ……………………………… 186
オフバランス化 ………………………………… 268

オフバランス基準 ……………………………… 247
オリジネーター ………………………………… 245

## 【か】

開示制度 ………………………………………… 195
会社分割 ………………………………………… 184
確定給付企業年金 ……………………………… 238
確定給付企業年金信託 ………………………… 238
確定給付企業年金法 …………………………… 238
確定拠出年金 …………………………………… 240
確定拠出年金信託 ……………………………… 240
確定拠出年金法 ………………………………… 240
貸付信託 …………………………………… 16, 207
貸付信託法 ………………………………… 16, 208
家族信託 ………………………………………… 299
合併 ……………………………………………… 184
株式給付型 ESOP 信託 ………………………… 282
株式投資信託 …………………………………… 226
官報公告 ………………………………………… 160
元本の補てん等 ………………………………… 186
元本補てん ……………………………………… 209
元本補てん契約 ………………………………… 187
管理型信託会社 ………………………… 167, 168

## 【き】

企業価値・株主共同の利益の確保又は向上のため
の買収防衛策に関する指針 ………………… 277
企業年金信託業務 ……………………………… 234
企業年金制度 …………………………… 233, 234
基金型企業年金 ………………………………… 238
基金型企業年金信託 …………………………… 238
基準価額制 ……………………………………… 219
帰属権利者 ……………………………… 136, 137
基礎年金 ………………………………………… 233
規約型企業年金 ………………………………… 238
規約型企業年金信託 …………………………… 238
吸収信託分割 …………………………………… 160
吸収分割 ………………………………………… 129
教育資金贈与信託 ……………………………… 289
狭義の適合性原則 ……………………………… 172
競合貸付 ………………………………………… 63
競合行為 ………………………………………… 65

事項索引

競合行為の制限‥‥‥‥‥‥‥‥‥‥‥61
競合行為の制限の例外‥‥‥‥‥‥‥‥62
共有物の分割‥‥‥‥‥‥‥‥‥‥‥‥42
金銭債権信託‥‥‥‥‥‥‥‥‥‥‥250
金銭信託（一般口）‥‥‥‥‥‥‥‥210
金融機関の信託業務の兼営等に関する法律（兼営
　法）‥‥‥‥‥‥‥‥‥‥‥15, 166, 185
金融商品会計に関するQ＆A‥‥‥‥247
金融商品会計に関する実務指針‥247, 315
金融商品取引業‥‥‥‥‥‥188, 191, 194
金融商品取引法‥‥‥‥‥‥‥‥‥166
金融商品に関する会計基準‥247, 268, 315
金融商品に関する実務指針‥‥‥‥268

【く】

グループ間信託‥‥‥‥‥‥‥‥‥168

【け】

継続開示‥‥‥‥‥‥‥‥‥‥195, 196
契約締結前交付書面‥‥‥‥‥202, 203
結婚・子育て支援信託‥‥‥‥‥‥290
検査役制度‥‥‥‥‥‥‥‥‥‥‥34
原状の回復‥‥‥‥‥‥‥‥‥‥‥77
現状有姿‥‥‥‥‥‥‥‥‥‥‥214
限定責任信託‥‥‥‥‥‥148, 150, 151
現物拠出型ETF‥‥‥‥‥‥‥‥228

【こ】

公益信託‥‥‥‥‥‥162, 163, 164, 305
公益信託ニ関スル法律‥‥‥‥‥305
公益信託法‥‥‥‥‥‥‥‥‥‥305
公益の確保のための信託の終了を命ずる裁判‥134
公益法人制度改革‥‥‥‥‥‥‥243
広義の適合性原則‥‥‥‥‥‥‥172
後見制度支援信託‥‥‥‥‥‥‥293
公告‥‥‥‥‥‥‥‥‥‥‥160, 164
広告‥‥‥‥‥‥‥‥‥‥‥‥202
公社債投資信託‥‥‥‥‥‥‥‥226
公衆縦覧‥‥‥‥‥‥‥‥‥‥‥196
公正証書‥‥‥‥‥‥‥‥‥‥‥142
厚生年金基金‥‥‥‥‥‥‥‥‥236
厚生年金基金信託‥‥‥‥‥‥‥236
厚生年金保険‥‥‥‥‥‥‥‥‥233

厚生年金保険法‥‥‥‥‥‥‥‥236
公的年金‥‥‥‥‥‥‥‥‥‥‥234
公的年金制度の健全性及び信頼性の確保のための
　厚生年金保険法等の一部を改正する法律‥‥236
合同運用‥‥‥‥‥‥‥‥‥‥‥208
合同運用指定金銭信託‥‥‥‥‥210
公平義務‥‥‥‥‥‥‥‥‥‥‥66
公募‥‥‥‥‥‥‥‥‥‥‥‥227
合有‥‥‥‥‥‥‥‥‥‥‥‥94
顧客分別金信託‥‥‥‥‥‥‥‥264
国民年金‥‥‥‥‥‥‥‥‥‥‥233
国民年金基金‥‥‥‥‥‥‥‥‥234
互助年金‥‥‥‥‥‥‥‥‥‥‥243
互助年金信託‥‥‥‥‥‥‥‥‥243
個人年金‥‥‥‥‥‥‥‥‥‥‥234
固定資産税‥‥‥‥‥‥‥‥‥‥260
混同の特例‥‥‥‥‥‥‥‥‥‥42

【さ】

財形年金‥‥‥‥‥‥‥‥‥‥‥234
債権者の保護措置‥‥‥‥‥‥‥149
債権者保護手続‥‥‥‥‥‥128, 130
債権償却準備金‥‥‥‥‥‥‥‥212
債権譲渡の対抗要件に関する民法の特定に関する
　法律‥‥‥‥‥‥‥‥‥‥‥251
債権説‥‥‥‥‥‥‥‥‥‥‥6
財産状況開示資料‥‥‥‥‥‥‥72
再信託‥‥‥‥‥‥‥‥‥‥‥224
裁判所‥‥‥‥‥‥‥‥‥‥34, 124
裁判所の管理命令に基づく管理人‥140
財務構成要素アプローチ‥‥‥‥247
債務超過‥‥‥‥‥‥‥‥‥139, 140
サイレント方式‥‥‥‥‥‥‥‥251
詐害信託‥‥‥‥‥‥‥‥‥‥30
詐害信託の否認‥‥‥‥‥‥‥‥31
差止請求権‥‥‥‥‥‥67, 104, 106
残余財産受益者‥‥‥‥‥‥‥‥136
残余財産の帰属‥‥‥‥‥‥‥‥136

【し】

自家運用‥‥‥‥‥‥‥‥‥‥237
事業の信託‥‥‥‥‥‥‥‥155, 316
自己運用行為‥‥‥‥‥‥‥‥194
自己株式取得指定金外信‥‥‥‥279

320

自己株式処分指定金外信……………………… 279

自己執行義務…………………………………… 70

自己信託……………… 22, 24, 25, 168, 185, 317

自己募集………………………………………… 192

資産信託流動化計画…………………………… 245

資産の流動化…………………………………… 245

資産の流動化に関する法律…………………… 245

実質的法主体性説…………………………… 6, 53

実績配当型金銭信託…………………………… 210

実績配当主義…………………………… 110, 209

実務対応報告…………………………………… 314

指定金外信……………………………………… 214

指定単…………………………………………… 214

私的年金………………………………………… 234

支払不能………………………………………… 139

私募……………………………………………… 227

従業員持株会型 ESOP 信託 ………………… 281

従前の信託……………………………… 130, 131

集団信託………………………………………… 314

集団投資信託…………………………………… 311

重要な信託の変更等…………………………… 184

受益権…………………………………………… 99

受益権原簿…………………………… 144, 145, 146

受益権原簿管理人……………………………… 145

受益権取得請求権……………………………… 103

受益権の質入れ………………………………… 108

受益権の譲渡…………………………………… 107

受益権の放棄…………………………………… 109

受益債権……………………… 99, 110, 140, 141

受益債権の消滅時効…………………… 110, 111

受益者指定権………………………………… 99, 100

受益者集会……………………………………… 102

受益者代理人………………………………… 113, 116

受益者等課税信託……………………………… 311

受益者の定めのない信託…………………… 152, 153

受益者変更権………………………………… 99, 100

受益証券……………………………… 143, 144, 198

受益証券発行限定責任信託…………………… 151

受益証券発行信託… 143, 144, 145, 147, 191, 198, 199

受託者会計……………………………………… 314

受託者の解任…………………………………… 86

受託者の義務…………………………………… 58

受託者の権限…………………………………… 56

受託者の権限違反行為………………………… 56

受託者の資格…………………………………… 27

受託者の辞任………………………………… 86, 87

受託者の責任…………………………………… 75

受託者の任務の終了…………………………… 85

受託者の破産…………………………………… 45

受託者の利益享受の禁止……………………… 27

主務官庁……………………………… 163, 164

少額投資非課税制度…………………………… 219

承継信託……………………………… 130, 131

証券業…………………………………………… 188

証券投資信託…………………………………… 222

証券投資信託以外の投資信託………………… 222

証券投資信託法………………………………… 221

商事信託………………………………………… 7

商事信託の法理………………………………… 7

商事信託要綱…………………………………… 19

新規信託分割………………………………… 129, 160

新受託者の選任………………………………… 89

信託会計………………………………………… 32

信託型ライツプラン…………………………… 276

信託慣行会計…………………………………… 314

信託監督人………………………… 112, 113, 114

信託管理人………………………………… 112, 113

信託業……………………………… 167, 187

信託業法……………………………… 166, 185

信託業務………………………………………… 187

信託業務の委託………………………………… 181

信託契約代理業……………………………… 168, 194

信託契約代理店………………………………… 18

信託契約締結時の書面交付義務……………… 173

信託契約の締結……………………………… 22, 23

信託債権……………………………… 140, 141

信託債権者……………………………………… 140

信託財産………………………………………… 26

信託財産管理者……………………………… 90, 140

信託財産限定責任負担債務………………… 126, 127

信託財産状況報告書…………………………… 183

信託財産責任負担債務………… 44, 47, 48, 128, 130

信託財産に係る行為準則……………………… 175

信託財産の特定性……………………………… 68

信託財産の独立性……………………………… 68

信託財産の破産……………………………… 138, 139

信託財産の範囲………………………………… 36

信託財産法人管理人……………… 88, 91, 140

事項索引

信託事務遂行義務···················58
信託事務の処理の状況等についての報告義務······72
信託事務の処理の第三者への委託·········70, 71, 76
信託事務の引継ぎ····················93
信託社債······················152
信託受益権······················190
信託受益権売買等業務················169
信託受益権販売業者··················18
信託帳簿等の閲覧又は謄写の請求··········73
信託帳簿等の作成，報告及び保存の義務······72
信託登記·····················37, 38
信託の会計処理に関する実務上の取扱い······314
信託の起源·······················8
信託の機能·······················4
信託の構造·······················1
信託の財産管理・承継機能·············4
信託の終了······················132
信託の終了事由···················132
信託の清算······················135
信託の清算開始原因·················135
信託の存続の擬制··················135
信託の転換機能····················4
信託の倒産隔離機能·················6
信託の特色·······················2
信託の引受け··········167, 169, 170, 172
信託の付合······················41
信託の分割···················129, 130
信託の併合················126, 127, 128
信託の変更···················124, 126
信託の本旨····················26, 58
信託法························166
信託法改正要綱····················20
信託報酬························83
信託法リステイトメント···············13
信託目的························26
信託目録························39
信託を活用した中小企業の事業承継円滑化に関す
　る研究会······················283

【せ】

清算受託者···················135, 137
誠実公平義務·············113, 114, 116
責任財産限定特約··················148
セキュリティ・トラスト··············154

説明義務····················172, 203
善管注意義務·········59, 113, 114, 116, 174

【そ】

相殺············48, 49, 50, 51, 52, 53, 54, 55
相場操縦の禁止規制·················279
双方未履行双務契約の解除権············45
訴訟信託························29
損失てん補······················77
損失てん補責任等に係る債権の消滅時効······78

【た】

第一項有価証券··················191, 196
第一種金融商品取引業···············189
待機義務························79
対公衆性·······················193
退職給付会計基準··················241
退職給付信託·····················241
退職給付に関する会計基準の適用指針······242
退職年金等信託···················311
第二項有価証券··········190, 192, 198, 199
第二種金融商品取引業············189, 192
諾成契約説······················23
多数決の原理····················101
脱法信託························29
他の受益者の氏名等の開示の請求··········74
単独運用指定金銭信託···············214
担保付社債信託法··················14

【ち】

知的財産権······················273
忠実義務····················59, 175
忠実義務違反···················65, 76
忠実義務違反の効果················63

【て】

定型的信託契約約款················186
適格機関投資家···················196
適格機関投資家私募等···············227
適格退職年金····················235
適格退職年金信託··················235
適合性原則··················172, 173
手続代理機能付信託················296
デット・アサンプション·············267

## 【と】

統一信託法典………………………………13
動産及び債権譲渡の対抗要件に関する民法の特例
　に関する法律……………………… 251
倒産隔離機能……………………… 269
動産譲渡登記……………………… 262
動産設備信託……………………… 261
投資運用業……………………… 189
投資口……………………… 227
投資証券……………………… 227
投資助言・代理業……………………… 189
投資信託……………………… 219
投資信託委託会社……………… 221, 224
投資信託及び投資法人に関する法律……… 219
投資法人……………………… 227
投信法……………………… 219
登録金融機関業務……………………… 189
登録免許税……………………… 260
特金……………………… 216
特金外……………………… 216
特定運用金銭信託……………………… 216
特定寄附信託……………………… 301
特定金外信……………………… 216
特定公益信託……………………… 307
特定公益信託等……………………… 312
特定債権等に係る事業の規制に関する法律…… 248
特定障害者に対する贈与税の非課税制度……… 286
特定障害者扶養信託……………………… 286
特定信託契約……………… 200, 202
特定贈与信託……………………… 286
特定投資家……………………… 201
特定目的会社……………………… 245
特定目的会社による特定資産の流動化に関する法
　律……………………… 248
特定目的信託……………………… 245
特定有価証券……………………… 197
特別の事情による信託の終了を命ずる裁判…… 133
特別法人税……………………… 311
特別留保金……………………… 209
匿名組合……………………… 3, 4
土地信託……………………… 258
トラスト………………………11

## 【な】

内部管理体制……………………… 179

## 【に】

二重信託………………………25
認定特定公益信託……………………… 307

## 【は】

発行開示……………………… 195
発行時……………… 191, 193
発行者……………… 191, 193, 196
罰則……………… 161, 165

## 【ひ】

ビッグ……………………… 209
非適格退職年金制度……………………… 236
費用等の償還請求権………………79, 80, 81

## 【ふ】

ファンド・トラスト……………………… 214
ファンドマネージャー……………………… 219
フォーリン・アンド・コロニアル・ガバメント・
　トラスト……………………… 220
複数受託者……………… 96, 97
藤本有価証券投資組合……………………… 220
物上代位性………………………36
物的有限責任……………………… 110
不動産管理処分信託……………………… 256
不動産取得税……………………… 260
不動産投資信託……………… 221, 256
プロラタ弁済………………………63
分割信託……………… 130, 131
分別管理義務………………68, 69, 76, 179
分別管理の方法………………………68

## 【へ】

弁済資金保全信託……………………… 270

## 【ほ】

ポイズンビル……………………… 276
法人課税信託……………………… 312
法人受託者の合併………………………85
法人受託者の役員の責任………………………75

法人受託者の役員の連帯責任····················· 77, 78
法人税基本通達···································· 215
法定帰属権利者···································· 122
法定信託·········································· 135
簿価分離·········································· 215
保守主義·········································· 314

**【ま】**

マッチング拠出···································· 240

**【み】**

みなし賛成制度···································· 101
ミューチュアルファンド···························· 220
民事信託·············································· 7
民商法上の有価証券································ 189

**【む】**

無指定金銭信託···································· 205

**【も】**

目的信託·········································· 316
目論見書····································· 196, 203

**【ゆ】**

遺言··········································· 22, 123
遺言信託········································ 23, 24
遺言代用信託······························ 156, 157, 303
有価証券運用信託·································· 231
有価証券管理信託·································· 230
有価証券信託受益証券························ 191, 198

有価証券投資事業権利······························ 199
有価証券届出書···································· 196
有価証券の募集···································· 196
有価証券の募集又は私募···························· 192
有価証券表示権利·································· 190
有価証券報告書····························· 196, 197, 198
ユース············································ 9, 10
優先受益権········································ 252
優先劣後構造······································ 252

**【よ】**

要物契約説········································· 23
預金保険·········································· 209
予想配当率制······································ 209
予定配当率制······································ 210

**【ら】**

ライツプラン······································ 276

**【り】**

利益取得行為······································· 66
利益相反行為······························· 63, 64, 177
利益相反行為の制限································· 60
利益相反行為の制限の例外························· 62
利益吐き出し責任··································· 66
利益補足特約······································ 209
流動化法·········································· 245

**【れ】**

劣後受益権········································ 252

# 編　者　紹　介

## 公益財団法人トラスト未来フォーラム

　公益財団法人トラスト未来フォーラムは，住友信託銀行（現三井住友信託銀行）創業 60 周年を記念する事業の一環として 1987 年に設立された財団法人。

　当財団は，信託制度及びそれに関連する金融・経済に関わる調査・研究やそれらに対する助成を主な事業として活動することによって，信託の一層の普及や健全な発展に寄与することを目的としている。研究の成果は，書籍の出版や叢書の発行等によって公表されている。

　また，大学等への寄付講座，学生向けの懸賞論文，海外からの留学生への奨学金等の事業も手掛けている。

　なお，信託の未来へ向けての発展をイメージし，信託をめぐって幅広い関係者が集う場であることを目指し，2014 年 10 月に，従来の「トラスト 60」から，現在の「トラスト未来フォーラム」に名称を変更した。

# 著 者 略 歴

## ●執筆代表

田 中 和 明 （たなか かずあき）

生年月日　1957 年 6 月 21 日（63 歳）

三井住友トラスト・ホールディングス株式会社　法務部アドバイザー
兼　三井住友信託銀行株式会社　法務部アドバイザー
公益財団法人トラスト未来フォーラム　研究主幹
一橋大学法学部客員教授，東北大学法学部客員教授
慶應大学大学院法務研究科非常勤講師，関西学院大学法学部非常勤講師，学習
　院大学非常勤講師，立教大学法学部非常勤講師
法制審議会臨時委員（信託法部会）2004 年 10 月〜 2016 年 6 月
一橋大学博士（経営法）

**主な著書・論文**
［単著］
　『新信託法と信託実務』（清文社，2007），『詳解　信託法務』（清文社，2010），
『信託法案内』（勁草書房，2019）
［共著］
　新井誠編『新信託法の基礎と運用』（日本評論社，2007），新井誠編『キー
ワードで読む信託法』（有斐閣，2007），川村正幸監修・畠山久志・田中和明編
『登録金融機関のための金融商品取引法の実務対応 Q&A』（清文社，2008），東
京弁護士会弁護士研修センター運営委員会編『平成 18 年度春季　弁護士研修
講座』（商事法務，2007），小林秀之編『資産流動化・証券化の再構築』（日本
評論社，2010），新井誠・神田秀樹・木南敦編『信託法制の展望』（日本評論社，
2011），能見善久・道垣内弘人編『信託法セミナー⑴〜⑷』（有斐閣，2013 〜
2016），田中和明編『アウトライン会社法』（清文社，2014），新井誠編集代表
『信託法実務判例研究』（有斐閣，2015），三井住友信託銀行債権法研究会編

著者略歴

『民法改正で金融実務はこう変わる！』（清文社，2015），トラスト未来フォーラム編『信託の理論と実務入門』（日本加除出版，2016），神田秀樹編著『中国信託法の研究』（日本加除出版，2016），田中和明編著『新類型の信託ハンドブック』（日本加除出版，2017），神田秀樹代表『金融商品取引法と信託規制』（トラスト未来フォーラム研究叢書，2017），須藤修監修・田中和明編『コーポレートガバナンスにおける社外取締役・社外監査役の役割と実務』（日本加除出版，2018），田中和明・田村直史著・丁相順他訳『信托法理論与実務入門』（中国人民大学出版社，2018），田中和明編著『詳解　民事信託』（日本加除出版，2018），樋口範雄・神作裕之編著『現代の信託法』（弘文堂，2018），電力と金融に関する研究会編『電力事業における信託活用と法務』（民事法研究会，2018），畠山久志監修，田中和明編著『地域金融機関の信託・相続関連業務の手引き』（日本加除出版，2019）

[論文等]

「信託兼営銀行の営業譲渡及び合併に関する一考察」（信託法研究24号），「信託法改正と信託実務」（信託法研究30号），「事業の信託に関する一考察（上）」（NBL829号），「信託の併合・分割」（金融・商事判例増刊1261号），「信託実務の視点から」（ジュリスト1335号），「資産流動化型信託の視点から見た新信託法」（信託231号），「リバースモーゲージの現状と課題」（実践成年後見26号），「新信託法下における日本版チャリタブル・トラスト」（法律時報通巻1011号），「信託業務と金融商品取引法制」（信託240号），「平成18年信託法と商事信託——実務的観点から」（信託法研究35号），「2006年日本事業信託」（中国法評論2011-2012年巻）楊林凱訳，「信託業法と兼営法における元本補てん等に関する規律の意義」（ジュリスト1450号），「取締役の忠実義務に関する一考察」（民事研修688・689・690・691号），「信託法改正7年を振り返って」法務省民事局参事官村松秀樹・中央大学新井誠教授・三井住友信託銀行田中和明の鼎談（信託フォーラム3号），「限定責任信託のすすめ」中野竹司・田中和明共著（信託フォーラム4号），「判例紹介　投資信託受益権等の共同相続」（信託フォーラム6号），「受託財産の運用としての株式の議決権行使に関する比較研究」楊林凱・田中和明共著（青山ビジネスロー・レビュー第6

巻 1 号），「遺言代用信託に関する諸問題の検討」（市民と法 122 号），「信託管理人・信託監督人・受益者代理人制度の隙間問題への実務的対応」（市民と法 123 号），「信託における遺留分の侵害と相続法の改正」（市民と法 124 号）

## ●執筆者

田 村 直 史 （たむら　ただし）

生年月日　1981 年 3 月 23 日（39 歳）

三井住友信託銀行株式会社　個人企画部　主任調査役
兼　三井住友トラスト・資産のミライ研究所　主任研究員
2003 年入社後，業務部，経営企画部，プライベートバンキング部を経て，現職では営業企画プロジェクトチームのリーダーとして業務に従事

### 主な著作・論文

［共著］
　『Q&A 信託業務ハンドブック［第 3 版］』（金融財政事情研究会，2008）
　トラスト未来フォーラム編『信託の理論と実務入門』（日本加除出版，2016）
　JPBM 医療研究部会編『Q&A 地域医療連携推進法人の実務』（中央経済社，2017）
　『信託活用コンサルティングコース』（経済法令，2017）
　田中和明・田村直史著・丁相順他訳『信托法理论与实务入门』（中国人民大学出版社，2018）
　浅岡輝彦・佐久間亨編著『家族信託を用いた財産の管理承継』（清文社，2018）
　電力と金融に関する研究会編『電力事業における信託活用と法務』（民事法研究会，2018）
　『Step Up で学ぶ事業承継のための信託スキーム活用術』（清文社，2018）
　畠山久志監修，田中和明編『地域金融機関の信託・相続関連業務の手引き』

著者略歴

（日本加除出版，2019）　など

［論文］

「民事信託の利便性向上に向けた信託銀行のインフラ活用について」（信託フォーラム，2016）

「民事信託・家族信託の基本および留意事項」（銀行法務21，2017）

「民事信託受託者による信託預金口座を用いた分別管理」（信託フォーラム，2017）

「地域金融機関と信託業務」（信託フォーラム，2018）

「財産管理信託の新展開とフィデューシャリー・デューティー――人生100年時代の認知症への備え」（信託フォーラム，2019）

「人生100年時代における高齢者の財産管理」（年金と経済，2019）

［共同論文］

「メガ・システム論」（青山ビジネスロー・レビュー第2巻第1号）

改訂　信託の理論と実務入門

2016年1月29日　初版発行
2020年9月10日　改訂版発行
2024年9月9日　改訂版第4刷発行

編　者　　　公 益 財 団 法 人
　　　　　　トラスト未来フォーラム

著　者　　　田　中　和　明
　　　　　　田　村　直　史

発行者　　　和　田　　　裕

発行所　　日本加除出版株式会社
本　　社　　〒171-8516
　　　　　　東京都豊島区南長崎3丁目16番6号

組版　㈱亨有堂印刷所　　印刷・製本（POD）　京葉流通倉庫㈱

**定価はカバー等に表示してあります。**
落丁本・乱丁本は当社にてお取替えいたします。
お問合せの他、ご意見・感想等がございましたら、下記まで
お知らせください。

〒171-8516
東京都豊島区南長崎3丁目16番6号
日本加除出版株式会社　営業企画課
電話　　03-3953-5642
FAX　　03-3953-2061
e-mail　toiawase@kajo.co.jp
URL　　www.kajo.co.jp

# 信託の80の難問に挑戦します！

井上聡 監修　田中和明 編著

小出卓哉・佐久間亨・関貴志・高橋智彦・冨田雄介・長屋忍 著

2021年6月刊 A5判 320頁 定価3,850円（本体3,500円）978-4-8178-4738-6

- 伝統的な解釈論の及ばない領域に踏み込んで検討・分析を行い、信託の利用形態の多様化に幅広く対応した一冊。疑問→検討→私見→実務上の対応の流れでコンパクトに解説。自らも実務に携わる専門家らの知見を集約し、最先端で起きている信託の「難問」を解き明かす。

商品番号：40880
略　　号：信託80

---

# 地域金融機関の 信託・相続関連業務の手引き

畠山久志 監修　田中和明 編著

2019年6月刊 A5判 328頁 定価3,630円（本体3,300円）978-4-8178-4562-7

- 「地域金融機関」が信託・相続業務を行っていくためのわかりやすい手引き。
- 信託業務参入のための手法や、信託コンサルティング業務・信託商品代理店業務等様々な実務について、わかりやすく解説。
- 金融機関と連携して高齢者をサポートしていく士業にとっても必携の一冊。

商品番号：40765
略　　号：信相手

---

# 新類型の信託ハンドブック

セキュリティ・トラスト／自己信託／受益証券発行信託／限定責任信託／信託社債／事業の信託／受益者の定めのない信託／遺言代用信託／後継ぎ遺贈型受益者連続信託

田中和明 編著

荒巻慶士・小川宏幸・後藤出・佐久間亨・中野竹司・森田豪丈 著

2017年6月刊 A5判 372頁 定価3,740円（本体3,400円）978-4-8178-4398-2

- 受益証券発行信託や限定責任信託等、信託法改正にて導入された信託類型の実務を余すことなく掲載。法制面だけでなく税務・会計を含め、創設経緯、条文解釈、理論的問題の提起とその検討、活用事例・想定事例、実務上の問題提起とその対応、現状における評価と今後の展望について詳解。

商品番号：40677
略　　号：類信

---

# コーポレートガバナンスにおける 社外取締役・社外監査役の 役割と実務

須藤修 監修　田中和明 編

2018年5月刊 A5判 272頁 定価2,860円（本体2,600円）978-4-8178-4479-8

- 「本人が社外取締役等に就任する場合」、「企業が導入を検討する場合」に役立つポイントを整理・解説。CGコードにも対応。
- 社外取締役等に期待される役割や必要な法務知識、職務・責任の整理と併せて、就任後の具体的な実務や緊急事態への対応についても横断的に解説。

---

日本加除出版

〒171-8516　東京都豊島区南長崎3丁目16番6号
TEL（03）3953-5642　FAX（03）3953-2061（営業部）
www.kajo.co.jp